APEC 地域主義と世界経済

今川　健・坂本正弘・長谷川聰哲　編著

中央大学経済研究所
研究叢書 35 号

中央大学出版部

はしがき

　中央大学経済研究所の国際経済部会は，『APEC 地域主義と国際通商・金融体制――WTO 下のグローバリズムとリージョナリズム――』のテーマで，1993－96 年度の期間で組織され，研究活動を行ってきた．その成果として，叢書の出版をようやくここにこぎ着けることができた．

　APEC（アジア太平洋経済協力会議）が組織化された 1989 年から数えて，まだ 10 年ほどの歳月が経過したに過ぎない「開かれた地域主義」を謳って，APEC はこれまでの構成国に，中南米諸国，ロシアを加えて，21 カ国の大所帯に成長してきた．反面，経済・地域の発展段階には，EU などの比較的同質な加盟国からなる統合体とは異なり，大幅な所得格差を内包する組織である．こうした APEC の役割を，グローバルな自由主義を標榜する WTO（世界貿易機関）の枠組みに整合させ，どのようなリージョナルな発展の仕組みを実現できるのかが最大の課題となってきた．こうした課題を検討することを意図して，この国際経済部会の研究テーマが設定されたのである．

　本書は，国際経済部会の 7 名の研究者の論文から構成されている．はじめの 5 本の論文までは，実物的な側面から検討したもので，最後の二論文は貨幣的な分野からの検討である．

　第 1 章，坂本正弘氏による「グローバリズムと APEC 地域主義」は，地域主義の再評価をしたものである．グローバルな問題も，アジア太平洋諸国の参加により，開放性と広範な経済協力を志向し，民間部門の参加などで，地域的な対応がより効率的な事項が多く，グローバルな WTO の役割を補完するものであることを説明している．

　第 2 章の「アジア太平洋地域の相互依存性」は，長谷川聰哲により，独立の

経済・地域が貿易と対外直接投資を媒介にして，相互にいかに依存しているかを検証する．そして，相互依存の強度を様々な説明変数を導入し，貿易理論や直接投資理論に登場する決定因の妥当性を検証しようとした．輸送技術の進歩に拘らず，相互依存性が地理的距離に依存することが見出されている．

　第3章の今川健氏執筆の「APECの発展とEUの対応——EUの対アジア進出戦略をめぐって——」は，EUのAPECに焦点をあてた対アジア進出戦略について論じる．世界の三極構造の中で，EUが弱いとされるアジアとのリンクを，「新アジア戦略」を推進する中で，ダイナミックなアジアへの投資を拡大しようとしていることを分析する．

　第4章の小柴徹修氏による「APEC地域における日本企業のグローバルな事業のネットワーク化」では，世界の中でもエネルギッシュでダイナミックな地域経済圏であるAPECを，貿易と直接投資の分析に留まるだけではなく，域内における日系企業のグローバルな事業展開とそのネットワーク化の関連にスポットをあてた論文である．

　第5章の鄭尚哲氏の「韓国のAPEC戦略——貿易・投資構造分析からみた場合——」は，韓国のAPECに対する姿勢を分析したものである．WTOを補完するものとして，APECに対して積極的な姿勢を示すのは，政治，経済の両面からの理由と，外交戦略に合致するからだと位置づける．論文は，そうした立場に立つ韓国が，APECによる自由化がどのような経済的影響を受けるかを分析したものである．

　第6章の倉科寿男氏の『APECの動向と現行国際通貨制度』では，APEC参加国・地域の貿易構造と為替相場制度との関連を分析する．論文は，APECは，4つの異なる通商・通貨グループにより構成される集合体であることを明らかにしている．

　本書の最終章を飾る第7章では，益村眞知子氏により，「東アジア通貨圏と円の国際化」と題して，東アジアにおける通貨圏，とりわけ円圏の可能性についての検討が行われる．東アジア地域における円への信認が得られるかどうかが，過渡的にでも円圏の創設実現への鍵であるとする一方で，安定的な為替

レート制度を確立する上で，世界的共通通貨の導入，ドル，ユーロ，円を含む通貨バスケットに各通貨をペッグする方式などが検討された．

　編集幹事の作業の滞りのため，大幅に出版時期が遅れてしまいました．執筆者や経済研究所の担当の方々には，大変ご迷惑をお掛けしました．お詫びします．

　2001年2月

国際経済部会

主査　長谷川　聰哲

目　次

　　はしがき

第1章　グローバリズムとAPEC地域主義 ………… 坂本　正弘 … 1
　　第1節　地域主義の再評価 ………………………………………… 1
　　第2節　現代地域統合の特色 ……………………………………… 8
　　第3節　APEC地域主義の特色 …………………………………… 11
　　第4節　日本の役割＝グローバリズムと地域協力の活用 ……… 22

第2章　アジア太平洋地域の相互依存性 ………… 長谷川聰哲 … 27
　　はじめに …………………………………………………………… 27
　　第1節　APEC：開かれた地域主義の出現 ……………………… 28
　　第2節　APEC地域における経済的相互依存性についての測定 … 30
　　第3節　貿易集約度とFDI集約度の関係 ………………………… 34
　　第4節　経済的相互依存性の決定因 ……………………………… 45
　　第5節　結　論 …………………………………………………… 66

第3章　APECの発展とEUの対応
　　　　──EUの対アジア進出戦略をめぐって── … 今川　健 … 69
　　はじめに …………………………………………………………… 69
　　第1節　アジア太平洋の発展とEUの対応 ……………………… 71
　　第2節　「新アジア戦略」とアジア欧州首脳会議（ASEM） …… 79
　　第3節　EUの対アジア投資戦略策定にいたる背景 …………… 86

第4節　EUとアジアとの連携強化策 ……………………………………… 93
　　おわりに …………………………………………………………………… 97

第4章　APEC地域における日本企業のグローバルな
　　　　事業のネットワーク化 ……………………… 小柴　徹修 … 105
　　はじめに …………………………………………………………………… 105
　第1節　貿易構造の変化…………………………………………………… 106
　第2節　直接投資フローの変化 ………………………………………… 124
　第3節　APEC地域における日系企業のグローバルな
　　　　　事業ネットワーク化 ……………………………………………… 138
　第4節　結　　語 ………………………………………………………………… 153

第5章　韓国の対APEC戦略
　　　　――貿易・投資構造分析からみた場合―― … 鄭　尚哲 … 157
　　はじめに …………………………………………………………………… 157
　第1節　拡大する韓国の対APEC貿易・投資 ………………………… 158
　第2節　韓国の対APEC貿易構造分析 ………………………………… 166
　第3節　APEC自由化と韓国経済への影響 …………………………… 171
　第4節　韓国の対APEC戦略 …………………………………………… 174
　　結　　語――韓国の役割 …………………………………………… 177

第6章　APECの動向と現行国際通貨制度 ……… 倉科　寿男 … 183
　　はじめに …………………………………………………………………… 183
　第1節　APECの発足と動向 ……………………………………………… 184
　第2節　世界とAPEC域内の為替相場制度の動向 …………………… 192
　第3節　APEC域内の貿易・通貨体制の現状と展望 ………………… 201
　　むすびに代えて …………………………………………………………… 213

第7章　東アジア通貨圏と円の国際化 ………………… 益村眞知子… 217
　はじめに ……………………………………………………………… 217
　第1節　東アジア通貨圏をめぐる議論 ……………………………… 219
　第2節　円の国際通貨化と円の使用状況 …………………………… 221
　第3節　東アジア各国の為替レート政策 …………………………… 238
　第4節　円の国際化の進展のための環境整備 ……………………… 241
　むすびにかえて ……………………………………………………… 242

第 1 章

グローバリズムと APEC 地域主義

第1節　地域主義の再評価

1. グローバリズムと地域主義

　戦後の国際システムにおいてグローバリズムは正統性を主張してきた．ガットによる自由貿易が典型だが，自由貿易は地球的規模で追求されてこそ，最適の資源配分を通じる極大成長が実現するという主張である．これに対し，地域主義の主張は必ずしもはっきりしないが，地域的な取り決めがより効果的な場合があるという主張を含んでいると思われる[1]．

　R.クーパーは地域主義にはグローバリズムへの過程としての地域統合を行うものと，地域統合自体が目的のものがあるとする．前者はグローバリズムへの過程としての地域主義であり，グローバリズムと矛盾するものではない．NAFTA は投資やサービスのルールでの WTO への先駆としての立場を主張する．しかし，後者は EC が典型だが，政治的な目的が強く，時としてグローバリズムに矛盾することがあることになる（Cooper, 1976）．

　地域主義は地域統合を促進するための地域協力の枠組みが必要だとの立場だが，地域協力の枠組みがなくても，実態的に地域統合が進み，逆に地域協力が必要となる場合もある．APEC はこのケースの典型と思われるが，世界の現状

はグローバリゼーションの進行の中で地域統合が急激に進んでいる状況である．

バラッサは（地域主義による）地域統合について，自由貿易地域から関税同盟，経済統合，通貨統合など，経済同盟まで6つの段階を区別するが（Balassa），自由貿易地域が一番差別性が少なく，統合度が高まるにつれて外部への差別性が高まる区別となっている．地域統合については，関税同盟・自由貿易地域協定が典型だが，域内での貿易創出効果に対し，域外に対する貿易転換効果を持つため，外部に差別性を持っていると批判されてきた．

従って，グローバリズムの立場からは地域主義は世界における適正な資源配分に阻害的であるとし，その正統性に疑問を提示してきた．このような正統性への疑問は特に地域主義が保護主義，ブロッキズムにつながらないかという懸念から強くなる．1930年代の各国，各地域の保護貿易が互いに貿易摩擦を高め，通貨ブロックの形成に発展し，ついには第二次大戦へ発展したという苦い経験を想起させるからである．

GATT 24条は関税同盟，自由貿易地域の目的が当事国間の貿易の一層の拡大が目的であり，域外との貿易に対する障害を引き上げることがないよう求めている．しかし，この場合も，域内での貿易創造効果とともに，域外の貿易転換効果を生じることは，ECなどの経済統合に関連して常に問題とされてきた[2]．

2. 地域主義の見直し

このような批判に対し，ECの推進者からは地域統合は短期的には貿易差別効果があるが，中長期的には統合地域の成長高揚による世界経済拡大効果が大きく，域外との貿易も拡大するという反論があった．戦後の世界貿易は欧州のの貿易拡大を大きな柱に拡大してきた．国際貿易投資研究所の研究でも北米自由地域協定の効果については短期的な貿易代替効果はあるが，中期的な成長効果は域外にも大きな効果があるとする（国際貿易投資研究所，1993）．

WTOは1995年の「地域主義と世界貿易システム」の報告書の中で地域主

図 1-1 現在は,「地域主義の第 2 の波」(ガットに通知された地域協定の数)

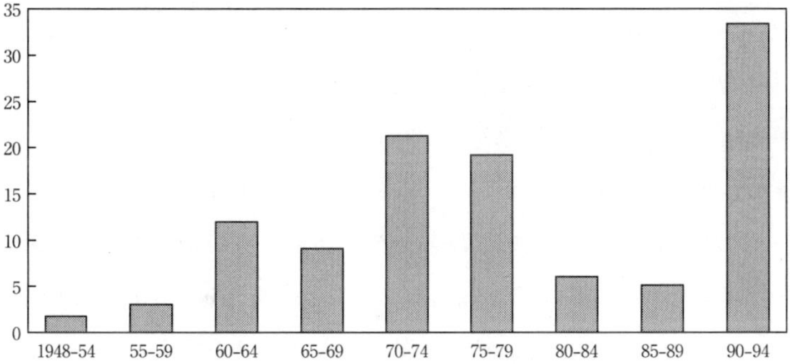

期間	数
1948-54	2
55-59	3
60-64	12
65-69	9
70-74	21
75-79	19
80-84	6
85-89	5
90-94	33

(資料) WTO (1995):Regionalism and The World trade System.

義の短所が少なくなり,むしろグローバリズムを補完してきた面があるとする (WTO, 1995, pp. 2-3). すなわち,地域統合協定は第 1 に,戦後の相次ぐ,関税引き下げの結果,各国の関税率は大きく減少し,「要塞的」地域協定はほとんどなくなり,従って貿易転換効果は低くなったとする. 第 2 に,関税が下がって,むしろ非関税障壁が重要になったが,非関税障壁は第 3 国へ差別的に適応できにくいとし,差別効果がこの面からも薄くなったとする. 第 3 に,地域協定が農業,サービス,知的所有権などの分野での国際ルールの導入に先駆的役割を果たし,WTO のこの分野の取り組みを容易にしたとする. 地域統合がグローバルな統合が進まない場合の次善の策としての効果を持つ,つまり,グローバリズムな自由化への一里塚だとの主張である. NAFTA 形成の際にみられた主張である.

全体として見れば,地域協定はグローバリズムを補完し,相互に,自由化を促進したと,WTO の報告書は結論する.

また,戦後の欧州地域主義の登場はアメリカのグローバリズムを促進し,欧州の地域主義の障壁を減らし,EC 内部の競争を促進し,域外への貿易転換効果を少なくすることの効果が大きかった (和気,1991). その結果,世界貿易の大幅な拡大があったとすれば,地域主義の登場はむしろグローバリズムを補完,促進し,戦後の世界貿易を支えたことになる.

3. 地域主義の新局面──第2の波

WTO の報告書は，また，現代を地域主義の波の第2の時期とする．すなわち，1980年代以来，世界では多くの地域統合が形成されているが（ジェトロの1996年白書は現在，地域協定は100を越えるとする），それは地域主義の第1の波と異なっているとする．第1の波は1950，60年代に欧州でのEECを始め，中南米のLAFTAやアフリカのOASなどが典型だが，これらの地域主義はクーパーの言う地域の統合を高めることに強い優先順位を持っていた型の地域主義であった．EECが関税同盟を作ったのは米ソの巨大国の中で疲弊した欧州を共通の農業，通商政策により，規模の利益を拡大し，経済を立て直し，政治的地位の向上を意図していた．LAFTAも米国などの大国への対抗のための地域的枠組みであった．1967年形成のアセアンも域外大国への安全保障上の団結の意味が大きかった．

表1-1 "旧い"経済統合との比較

特徴の次元＼地域統合	"旧い"地域経済統合	"新しい"地域経済統合
参　加　国	少ない	多い
参加国の経済発展のレベルと経済規模	均質	非均質
制度化のレベル	高い	混合形態
内部志向／外部志向	内部志向	より外部志向
外部へのインパクト	小さい	大きい
GATT との関係	GATT のサブ・システム	世界経済システムの基本的構成要素
政治・安全保障問題との関係	東西対立との直接の関係なし（薄い，間接的）	政治・安全保障問題の"内部化"の可能性
南北問題との関係	南北対立から"独立"	南北問題の"内部化"の可能性

（出所）山本吉宣『第一章地主義──政治的側面』（1996）6ページ．
　　　　国際貿易投資研究所『マクロモデルによる地域統合の経済効果の試算』（1996）6ページ．

図 1–2 発展的システム（空間配置）

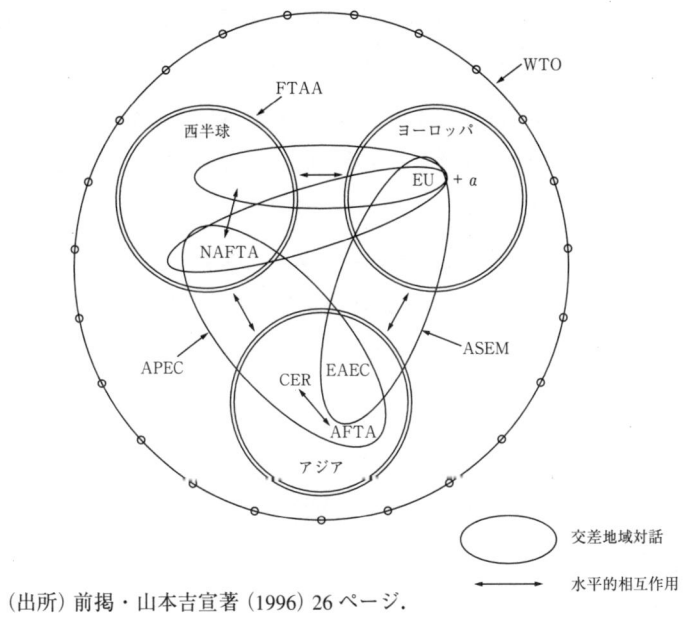

（出所）前掲・山本吉宣著（1996）26 ページ．

　これに対し，山本は第二の波の特色として，次表のような特色を指摘する．すなわち，参加国が多く，均質でない．制度化のレベルは低く，より外部志向であり，政治・安全保障問題，南北問題の内部化など世界経済システムの基本的構成要素となり得るとする（山本，1996）．第二の波は欧州，北米，アジアを中心とするが，中南米，インド洋諸国などでの地域協力がある．しかも，EU は東に拡大し，NAFTA は西半球と連携を深め，アジア諸国はインド洋諸国と欧州と米国の間の協力が進むなど，メガリージョンベースの連携がある．

　1980 年代から高まった第 2 の波の状況を地域別にみると，今回の波も，まず，日本・アジアの台頭，米国の発展に刺激された EC が 1985 年にいたり，92 年に向けての統合計画を策定し，規模の利益の実現を進めたことが口火となった．1992 年のマーストリヒト条約により，さらに通貨統合と政治統合を強化することになり，EU が成立し，統合の深化が図られている．1999 年ユーロが導入され，2002 年に向けての共通通貨圏の完成が進められている．EU はまた，

北欧諸国に加盟国を拡大する一方，東欧諸国と相次ぐ協定を結び，また，トルコや北アフリカ諸国との協定により，欧州周辺との協力の進展を進めている．

深化は統合の度合いを強める地域主義であるが，拡大はむしろ開放性を高める．欧州の域内貿易の依存は横ばいであるのに，拡大は外部との貿易で生じている．NAFTAやアジアとの提携など大地域間の連携が目だつのは欧州の統合も他地域との関係を重視せざるをえない状況を示す，

欧州での統合の進展もあり，北米では1989年には米国・カナダの自由貿易協定が成立したが，これは戦後強く進んだ相互依存を背景とする地域統合であった．1994年にはこれに，メキシコという南の国を加えたNAFTAの成立となった．これまでの統合は先進国同士或いは途上国同士であったが，冷戦終了，東の消滅の中でメキシコが米国とのつながりを強めようとし，また，米国がメキシコのみならず，他の国とも自由貿易協定を進めようと考えていたことがかかる統合の原因であった．欧州に比べると，実態的に進んでいた米国一極の地域統合の確認の面があるが，加盟国は投資やサービスなどWTOでの検討の先駆的役割を持ったとする．

西半球ではNAFTAの成立とならんで，中米共同貿易圏（1992），MERCOSUR（1994, 南米共同市場）やカリビアン共同市場の成立が相次ぎ，米国はさらに2005年までの西半球全体の自由貿易地域化をめざすなど（FTAA），外延的拡大を目指している．

アジア・太平洋地域の経済協力構想は1960年代からあったが，PECC（環太平洋協力会議）が1980年に形成され，学，民，官の三者構成で活動を活発化させていた．このような活動は情報の交換が主であり，なんら拘束を持ったものでなかった．しかし，80年代のアジア・太平洋の経済交流の実態は急激な域内交易の拡大であった．戦後，長期に互り，米日二極のアジア太平洋の貿易・投資構造も80年代の後半からの中進国，アセアンさらに中国の参加により，急速に多角化し，域内交易の飛躍的拡大があった．このような地域統合の拡大を背景に地域協力の重要性が高まり，1989年には，政府間の協力体制としてAPECが成立した．1993年以降，非公式ながら首脳会議が行われ，ボゴー

図 1-3-1 　域内貿易と域外貿易 ── 世界全体

（出所）K. Anderson and R. Blackhurst, eds., *Regional Integration and The Global Trading System* NY : Harvester, 1993, Tables A 5, A 6, A 7 から作成.

図 1-3-2 　域内貿易と域外貿易 ── 北アメリカ（アメリカ, カナダ, メキシコ）

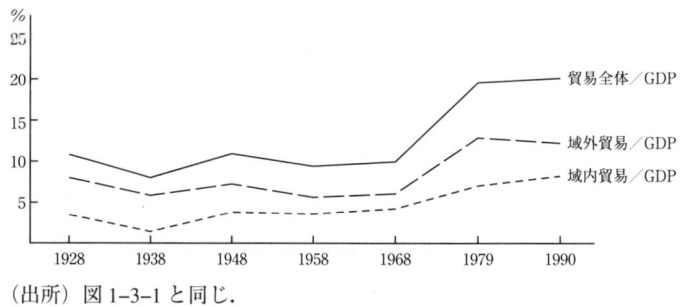

（出所）図 1-3-1 と同じ.

図 1-3-3 　域内貿易と域外貿易 ── 西ヨーロッパ

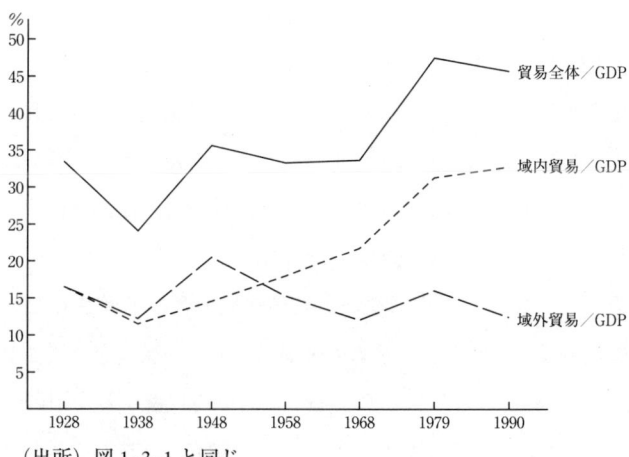

（出所）図 1-3-1 と同じ.

ルでは2020年へ向けての貿易投資の自由化，加盟国間の経済協力の促進が決定された．このあと大阪会議，マニラ会議と協力の進展が見られた．

しかし，APECでの協力は開かれた地域主義の標語の示すごとく，各国の貿易自由化は域外にも適用される，自由化計画は各国が一方的に行うものであるなどきわめて開放的である．また，APECはその地域の中にNAFTAのほか，ASEAN（AFTA）や豪州・ニュージーランド間の経済協力を含んでいる．ASEANはこの間ラオス，カンボジアやミヤンマーに拡大し，さらに，AFTAや豪州・NZ間でCER協定が結ばれている．ロシアやインドのAPEC加盟申請もあるなど，地域主義第二の波の特色を多く持っている．EUに比較すると，地域協力があって地域統合が発展したのでなく，地域統合が発展して地域協力が必要になった点が大きな特色である．

第2節　現代地域統合の特色

以上のように地域主義と地域統合の関係はEUでは地域主義が先行し，アジアでは地域統合は基礎となり，NAFTAでは地域統合と地域主義の関係が中間である．しかし，これらの差異はあるが，80年代以来の構造変化の中で発展した地域主義の第2の波は共通の特色を持っている．

第1は，3地域の統合はパックス・アメリカーナの中で進展したことである．戦後の国際関係は米国の主導する国際主義，自由貿易，民主主義を基礎に発展した．3極は東西対立の中，アメリカのグローバリズムの主導によって，これまでの工業地帯である北米，欧州，日本を中核に拡大した．これら地域のダイナミズムが自由貿易の拡大の中で引き出され，各々の地域，及び，これら地域間の交易を拡大して，世界経済を牽引した．欧州及び北米では戦後一貫した域内貿易の拡大がその交易を支えたことが示す．

欧州の場合はすでにみたように地域主義が地域統合を進展させたであろうが，戦後の経済発展がグローバリズムの進展の中で地域統合を発展させた．北米では地域主義的協定は80年代からであるが，その以前から米国のダイナミズムの浸透があった．アジアでの地域統合は東西対立で，多くのアジア諸国が

大陸から分断され，各国の経済水準が異なったこともあって遅れる．しかし，80年代以降地域統合は実態として進み，相互依存，地域経済の統合上に地域協力を必要とする状況となった．以上からみれば多かれ少なかれ，地域統合の進展が地域協力を必要とした状況が強く，従って，地域協力の内容も第1の波よりはるかに開放的だということである．

　第2に，このような地域統合の進展は企業活動の国際化によるところが大きい．戦後の米国主導の貿易自由化は企業活動の自由化の特色を持つ．このような企業活動の国際化は戦後における西側諸国の安全保障，経済政策の密接な国際協調の上に進展した．まず，米国の多国籍企業が先鞭をつけたが，欧州，日本企業がこれに次いだ．企業は規模の利益を求め，その国際兵站戦略は地域的交流を高めたが，地域統合の強化の要請を高める．EUやNAFTAの形成の背後には欧米多国籍企業の要請があったといわれるが，その活動は地域統合を促進した．

　第3に，しかし，企業活動の国際化は1990年代，冷戦終了，情報革命，運輸革命，金融革命を基礎とするグローバリゼーションに大きく促進され，飛躍的な変化を遂げた．冷戦の終了は世界全体を市場経済化するとともに，このような世界を流れる新しい技術革命の波は，国際金融をグローバルなレベルで統合し，企業活動を地球化し，その経営を大きく変化させている．今や，企業はその経営資源を求めて，国境を越えた戦略を展開している．その結果，これまでは企業は国籍を持っていたが，今や，企業が国，地域を選んで投資を行う状況である．規制の強い国は敬遠され，良質な労働力，最適のインフラを持つ国を求めて企業が移動する状況であり，結果的には北米，欧州，アジアなどの地域の進展とその地域統合を進めている．

　情報革命は組織の集中化とともに分散化を促進し，経営資源の国際化に影響している．労働の国際移動は依然限られている．しかし，情報革命は特に知的労働の国際移動を促進し，個人も国を選ぶ状況が強まっている．以上の結果は南の国，特に労働を含むインフラの整っているアジアなどの国際優位を高めた．しかし，米国も個人の創意を尊重し，企業活動を活性化する適地として優

位を高めている．

　第4に，以上のように現在の地域統合は戦後の地域統合を基礎にしながらも，市場経済の世界化，情報革命の進展を背景とする企業経営，個人行動の地球化を背景とする結果，地域統合は開放性を強めざるをえないことである．国家は企業や個人の要請をより取り入れる必要に迫られ，規制を少なくせざるを得ない．地域主義は第二波型の経済統合にならざるをえない．

　第5に，現在の地域主義はグローバリズムを補完するものが多いが，それはグローバルな世界管理に関係する．いずれの地域も経済協力と並んで地域的な安全保障機構を持っている．戦後の国際社会は東西対立が激しかったが，それぞれの陣営は米ソを頂点に強い政治，経済的統合があった．冷戦終了後の状況は一時は旧西側の協力の求心力は薄れた．しかし，二極体制崩壊後10年を経てグローバルな体制とともに地域的な機構の補強がある．国連の強化とともに，一時は不要とされた米軍の関与も続き，NATOはさらに拡大した．アジアでは日米安保の見直しとともに，ARFが成立し，安全保障の対話が深まっている．EU，APECは経済の協力が重要な仕事だが，政治的な機構でもある．

　情報革命，グローバリゼーション，冷戦の集結はいずれも，世界市場の一層の統合化の作用を持っているが，世界の統合が進む中で地域的に対応すべき問題，地域的な主導の必要な問題もあり地域主義を台頭させている．環境問題などはその例である．

　以上のように第2の波の地域協力は地域統合を基礎とし，企業活動のグローバリゼーションに支えられたものである．企業がもっとも有利な適地を選んでいる結果がアジア・太平洋地域の発展である．情報化を背景とし，企業の国際戦略が基礎となっている地域統合は閉鎖的になりにくい．APECはこのような第2の波の地域協力の典型であり，EUとは対極にあるともいえる性格である．

　APECでは，しかし，域内貿易の拡大は急速な経済の相互依存の上昇を結果し，域内での政策調整の必要性が増大しているとの認識は強まった．ただし，強制力をもった地域的枠組みが必要だとも，そのような枠組みが有効だという

認識は未だ薄い．その意味では地域主義を欠く，地域統合といっても良かろう．しかし，90年代後半の経済危機はAPECにおける経済協力をマクロ政策，通貨問題などに拡大した面がある。

第3節　APEC地域主義の特色

1.　ダイナミズムに基づく地域統合先行の地域主義

APEC地域主義の特色は「開かれた地域主義」や，「一方的，自主的，協調自由化」などの表現で言われるが，いくつかの特色を持つ．

まず第一は，地域主義に基づく協力機構であるというよりも，アジア太平洋地域のダイナミズムの中での地域統合に基礎をおくことである．

アジアはかつて「アジア的停滞」の言葉のように後進性の象徴の時代があった．戦後の東西対立はアジアの地域を大きく分断し，日本を初めとする西側アジア諸国は旧宗主国や米国との交易で生きてきた．米国のアジア諸国への市場の提供が工業化の基礎を培い，日本の工業化による原材料需要もアジア経済を潤したが，域内貿易の比重は小さく，自立的発展の基礎は弱かった．70年代にいたり中進国の発展が加わり，ASEAN諸国も一次産品ブームに潤ったが，野心的すぎる工業化計画は失敗した．米日二極の比重が大きかったが，地域統合を高める状況ではなかった．

80年代に入り，しかし，事態は急激に変化し，地域統合が進む．まず，中進国がさらに工業化を進めるなかで，80年代半ばの通貨調整をきっかけに，日本と中進国からの投資が活発化し，アセアン諸国の工業化が始まったことは画期的であった．人口大国・アセアンの工業化は域内貿易・投資の拡大を引き起こし，東アジアの奇跡が始まったが，90年代に入るとさらに中国の発展が加わった．アジアの域内の交易が急激に拡大，多角化し，太平洋を挟んだ経済交流も一層強くなった．アジア太平洋の交易はかつての日米二極の中心から急激に多角化し，現在は，北米，日本，中進国，中国，アセアンの諸地域の間に多角的した貿易と投資の波が拡大し，世界の新しい成長の極に発展しつつある．

図 1-3-4　域内貿易と域外貿易 ——アジア

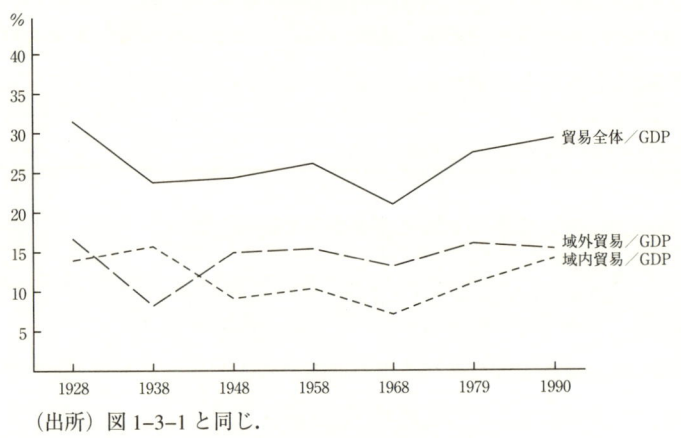

（出所）図 1-3-1 と同じ．

図 1-4　アジア・太平洋における国際的枠組み（1995 年 8 月現在）

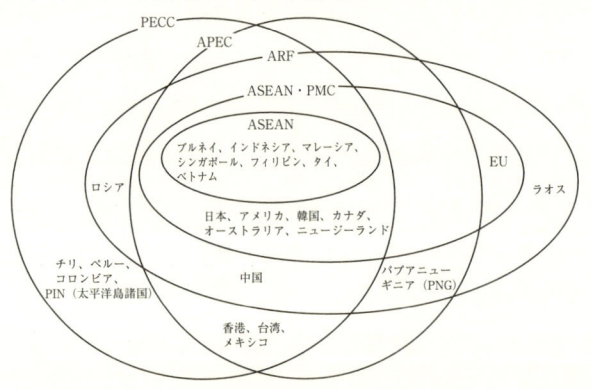

（注）ASEAN（東南アジア諸国連合）　　　PECC（環太平洋経済協力会議）
　　　ASEAN・PMC（ASEAN 拡大外相会議）　ARF（ASEAN 地域フォーラム）
（出所）外務省資料．

　アジアのこのような発展はすでにみたようにこの地域における貿易・投資の拡大に大きく支えられ，地域統合が進展したことによる．まず，各国の政策当局の強い成長意識と適切な政策選択，節度ある政策運営による発展の継続にもある．雁行形態的発展は先行国の成長モデルを提供し，後発国の成長意識を強く刺激した．多くの国が輸入代替政策から早期に輸出主導政策に切り替えたこ

とも市場経済の導入，競争の促進に寄与している．また，日本企業，中進国企業の直接投資も情報化技術の進展の中でアジアのダイナミズムを高めた．この結果，東アジア諸国の成長が途上国としては希にみる物価の安定，財政の節度，教育の普及などを伴った．

以上の結果，1993年，世界銀行は「東アジアの奇跡」との報告書を提示し，東アジア諸国の経済成長が教育の平等など質の高いものであるという評価をした．この様な良好な経済発展は90年代後半には通貨危機のため大きな試練にあったが，最近の情勢はインドネシアを除けば危機を克服し，ダイナミズムを取り戻しつつある．

2. 統合の進展とAPEC地域協力

第2の特色は地域協力が自然発生的に進展していることである．APEC諸国は極めて多様であり，その地域主義による地域統合を進める共通の基盤は薄い．すなわち，アジア太平洋地域は歴史的にはその経済水準，文化，言語，宗教と極めて多様であり，多くの国が植民地の経験を持っている．このような状況では欧州に見られるような同質の先進国間に見られる密度の濃い地域主義，経済協力の基礎はなかったといってよかった．

60年代以来小島教授の太平洋自由貿易地域構想はあったが，PBECやPAFTADの会合の影響は限られていた．1980年代にはアジア太平洋諸国の交易の進展があり，80年成立のPECCの協力は大きな役割を果たしたと考えられる．PECCは官，学，民の三者構成をとり，協力は情報の交換が主であったが，後発国が先行国の経験を拾得するには効果的であったと思われる．協力の範囲は貿易，投資を始め，エネルギー，通信，運輸，漁業，畜産など多岐にわたったが，APECへの橋渡しとして効果的役割を果たしたと考える．

協力のあり方には情報の交換，政策の協力（Cooperation），政策の協調（Co-oridination）の3段階があると考えられるが，情報の交換は特に統合の低い状況で重要である．政策の協力はOECDは典型だが，OECDの勧告に従う義務は各加盟国にはない．しかし，長期的には加盟国の合意を拒めない意味で真綿

の拘束にたとえられる．緩いが逃げられないのである．協調はEUなどの強い経済統合をめざす場合で各国の政策のスリ合わせが避けられない．

　1980年代の後半には上述のようにアジア地域のダイナミズムを基礎とする域内貿易，投資の拡大の飛躍的発展があり，地域統合の急激な進展は当然に，域内諸国の情報の交換，摩擦への対応のための国際協力の必要性を高めた．多角的相互依存の高まりは，政府間の話し合いの場を必要とし，1989年にAPECが成立した．APECの活動は当初はさしてめざましくなかったが，1993年の首脳会議が発足してからの，国際協力の進展は目を見張るものがあった．

　アメリカがアジアとの貿易を高めようと，地域主義的主張をAPECの活動の中にいれたためだが，93年のシアトル会議は非公式ながらアジア・太平洋の14カ国の首脳が歴史上初めて同堂に会し，「太平洋共同体」を唱道し，その後のAPECの活動に大きな弾みを与えた．94年のボゴール宣言は2020年までに貿易投資の自由化を達成するという目標を掲げ（先進国は2010年まで），また，開発協力を促進するという長期目標が掲げられた．

　95年の大阪会議では2020年に向けての貿易と投資の自由化のため行動指針が採択された．貿易・投資の自由化・円滑化についてはまず，包括性のルールに従い，関税，非関税障壁，サービス，投資などの15のすべての分野を対象とするとしたが，その実施にはWTOの整合性，各国の自由化の同等性，開かれた地域主義の無差別性とともに，柔軟性の原則が導入された．「一方的，協調的自由化」はAPECの特色となったが，その実行性が問題視された．

　また，経済協力はPECC以来の重要な協力分野であるが，人材育成，産業技術，インフラ整備，中小企業などの13分野について行動計画が出され，行動の戦略的枠組みが示された．さらに，「前進のためのパートナー」（PFP）は日本が百億円を拠出して貿易自由化や経済協力を推進するものとして位置づけられた．また，人口，食料，エネルギー，環境などの長期問題への取り組みが示された．

　96年のマニラ会議では上記行動指針に基づく具体的な行動計画が採択され，各国の個別計画，共同計画の提出により，2020年への貿易投資の自由化，

図 1-5-1　アジア・太平洋地域協力の歴史

1960 年代後半　PAFTA（太平洋自由貿易地域）構想（実現せず）
1966 年　　　　第一回東南アジア閣僚会議
1967 年 8 月　　ASEAN（東南アジア諸国連盟）の設立
1968 年 5 月　　PBEC（太平洋経済委員会）の設立
1980 年 2 月　　PECC（太平洋経済協力会議）の設立

図 1-5-2　APEC の歩み

1989. 1　ホーク豪首相（当時）がアジア太平洋地域の協議システムの創設を提唱　　参加　豪州, 加, 日本, 韓国, NZ, 米国, ASEAN 6 カ国
　　11　第 1 回閣僚会議（キャンベラ）
1990. 7　第 2 回閣僚会議（シンガポール）　　中国, 香港, チャイニーズ, タイペイ
1991.11　第 3 回閣僚会議（ソウル）　　参加
　　　　★APEC の基本理念等を集大成した「ソウル宣言」を採択
1992.11　第 4 回閣僚会議（バンコック）　　参加　メキシコ, PNG
　　　　★APEC 事務局の設立, 予算制度の確立
1993.11　第 5 回閣僚会議（シアトル）及び非公式首脳会議（ブレーク島）
　　　　★初めての非公式首脳会議の開催（クリントン米大統領の呼びかけによる）
　　　　★「APEC 首脳の経済展望に関する声明」・「アジア太平洋コミュニティ」
1994.11　第 6 回閣僚会議（ジャカルタ）及び非公式首脳会議（ボゴール）　← チリ
　　　　★「APEC 経済首脳の共通の決意の宣言（ボゴール宣言）」の発出
　　　　　・先進経済は 2010 年, 開発途上経済は 2020 年までに自由で開かれた
　　　　　　貿易及び投資という目標を達成する・開発協力を促進する
1995.11　第 7 回閣僚会議及び非公式首脳会議（大阪）
　　　　★「大阪行動指針」の採択・貿易・投資の自由化・円滑化, 経済・技術協
　　　　　力の推進のための行動の戦略的枠組み
　　　　★APEC ビジネス諮問委員会（ABAC）の設置決定
1996.11　第 8 回閣僚会議（マニラ）及び非公式首脳会議（スービック）
　　　　★「APEC マニラ行動計画（MAPA）」の採択
　　　　　個別行動計画, 共同行動計画の策定
　　　　　「経済協力・開発強化に向けた枠組宣言」の採択
1997.11　第 9 回閣僚会議及び非公式首脳会議（ヴァンクーヴァー）
　　　　★「行動計画」の実施のレビュー　早期自由的分野別自由化（EVSL）
1998.11　第 10 回閣僚会議及び非公式首脳会議（クアラルンプール）
　　　　★アジア通貨, 経済危機下での一層の経済協力
　　　　★宮沢構想の提案, ロシア, ベトナム, ペルーの加盟
1999.11　第 11 回閣僚会議及び非公式首脳会議（オークランド）
　　　　★競争の促進, 規制改革による市場機能の強化
2000.11　第 12 回閣僚会議及び首脳会議（ブルネイ）
　　　　★グローバル化への対応
　　　　★IT 革命の促進
　　　　★WTO 新ラウンドの促進

（出所）外務省資料などから作成.

図 1-5-3　大阪会議の成果（行動指針）

第一部　自由化・円滑化
　A節：一般原則
　　　以下の一般原則は，行動指針に基づくAPECの自由化・円滑化の過程全体に適用される．
1. 包括性　　2. WTO整合性　　3. 同等性　　4. 無差別　　5. 透明性
6. スタンドスティル　　7. 同時開始，継続的過程及び異なるタイムテーブル
8. 柔軟性　　9. 協力
　B節：自由化・円滑化のための枠組み
　　行動の過程
　　　・メンバー別「行動計画」の策定に当たり，大阪会合の直後から協議を行う
　　　・メンバー別「行動計画」を1996年のフィリピン会合に提出
　　　・1997年1月に実施開始
　　　・メンバー別「行動計画」の実施状況の定期的レビュー
　　　・メンバー別「行動計画」の見直し
　　　・個別分野の行動は，必要に応じ追加・改善される
　　多角的行動
　　全体のレビュー
　C節：個別分野の行動
1. 関税　　2. 非関税措置　　3. サービス　　4. 投資　　5. 基準・適合性
6. 税関手続　　7. 知的所有権　　8. 競争政策　　9. 政府調達
10. 規制緩和　　11. 原産地規則　　12. 紛争仲介　　13. ビジネス関係者の移動
14. ウルグアイ・ラウンドの成果の実施　　15. 情報収集・分析

第二部　経済・技術協力
　A節：本質的要素
　　1. 共通政策理念（目的，原則，優先分野等）
　　2. 共同行動
　　3. 政策対話
　B節：個別分野の経済・技術協力
（下記13分野で上記要素を枠組みとしたアクション・プログラム（行動計画）が作成されており，行動指針には右のエッセンスが盛り込まれており，行動計画は別添されている）
　　1. 人材養成　　2. 産業技術　　3. 中小企業
　　4. 経済インフラストラクチャー　　5. エネルギー　　6. 運輸
　　7. 電気通信・情報　　8. 観光　　9. 貿易・投資データ　　10. 貿易促進
　　11. 海洋資源保全　　12. 漁業　　13. 農業技術
　C節：一層の発展
（注）「前進のためのパートナー」（PFP）は（貿易・投資の自由化・円滑化に貢献するものを含む）経済・技術協力を推進する手段の1つとして位置付けられ，第一部，第二部両方に盛り込まれている．

（出所）外務省資料．

円滑化の実施の「行動元年」の段階に入ることになった．特に「一方的，協調的自由化」の結果が注目されたが，中国，フィリピン，チリ，インドネシア，豪州などの積極的関税引き下げが目だち，APEC 流の自由化の信頼は維持された．また，情報技術機器の自由化が WTO の前段として支持された．

経済協力は「経済技術協力と開発強化に向けた枠組み宣言」を採択したが，特に人材養成，資本市場の育成，インフラの強化，産業技術，環境，中小企業の育成が重点とされた．

1997 年のバンクーバー会議以降の APEC は通貨危機への対応に追われた．通貨危機はタイ，インドネシア，マレーシア，韓国などを強く襲ったが，それは短期資本の引き上げによる流動性危機の性格のものであった．東アジア諸国はその急発展の過程でドルリンクを強めていた．ドルは 70 年代からみれば傾向的には円やマルクに減価する通貨であり，アジア諸国の競争力の維持には好都合であった．また，アジア諸国が急成長している中で，通貨がドルとリンクしていることは国際金融資本からみれば，大きな投資をしても安全と考えられた．90 年代を通じて巨額の短期資本がこれら諸国に流れ込み，不動産や株の値をあげ，バブルの状態となっていた．しかも，アジアの金融機関は縁故資本主義といわれるように脆弱な基盤を持っていた．

90 年代後半中国の元の大幅切り下げに続き，日本円の減価があり，タイなどの国際収支の悪化が引き金となって流入していた短期資本が急激に引き上げ，金融機関の欠如，為替レートの大幅下落がアジア経済全体の撹乱要因となった．その背後には急激な国際金融市場の膨張と急激な短期資本の動きがあり，国際金融の撹乱はアジアのみでなく中南米やロシアに及んだ．この間の日本経済の混迷停滞も危機を深めるものとなった．

IMF が中心になって危機への対応を行ったが，その処方箋に疑問も出され，これを機会に改めて巨額になった国際金融資本移動への対策が検討された．日本の提案されたアジア通貨基金構想は実現しなかったが，800 億ドルに上る宮沢構想それなりの効果を発揮し，その後は通貨基金についても検討が続いている．アジア経済は 99 年にはいると回復に向かい，2000 年のブルネイ会議では

APEC諸国が再び自由化を進めると表明し，WTOの新ラウンドへの支持を示す状態となった．

3. アジア流の国際協力

APECでの協力には，アジア流ともいうべきいくつかの注目すべき特色がある．第1に「一方的，協調的自由化」は交渉による自由化ではなく，自己責任の，互いに圧力を掛け合っての自由化はアジア流との評価があるが，アジア流は紛争処理においてもWTOの判決型に対し，調停方式をとっていることから窺える．

第2に，経済協力の重視は重要である．貿易や投資の自由化は加盟国の構造調整を前提とするが，この面での協力がPECC以来の伝統になっているからである．これまでの相互の情報交換も後発国の発展には大きな役割を果たしたが，人材育成やインフラなどでの国際協力は構造調整に極めて効果的と考えられる．

第3に，APECの特色として民間との協力を重視したABAC（アジア，ビジネス諮問委員会）を発足させているが，民間からの貴重な意見が取り入れられている．民間企業と国際協力機関が提携する方式は欧米では一般的でなく，これもアジア流といって良い（ECやNAFTAにはない）．経済協力での優先分野である資本市場の育成，インフラ，中小企業，産業技術などは民間の協力が必須の部門であり，APECの新しい企てである．

第4に，APECは政府部門のみで，年間100を越える会議を行い，出席者のみで1万人を越える．国内での打ち合わせ，上記ABAC関係を加えると膨大な人間がAPECに含まれている．アジア太平洋諸国は過去に植民地の経験をもつ国も多く，また，相互の共通の宗教や文化が無いため，地域主義的行動ができないと述べたが，アジア太平洋諸国の相互理解は急速に進んでいる．その意味では開かれた地域主義は対外的に差別的取り決めを持たない中で急速に地域内交流を高めている．それは経済のみでなく，人的交流，文化交流についてもである．

4. WTO の先駆，補完としての APEC

APEC の第4の特色は，WTO など国際機関との関係である．APEC の大阪会議は WTO との整合性の維持を強く打ち出している．アジア諸国は市場経済，自由貿易を信奉する国が多くなっていることがアジア地域のダイナミズムの基礎になっており，WTO を通じる自由貿易，投資，法の支配はさらに今後もアジア諸国の大きな関心事である．

WTO は，しかし，今や加盟 130 カ国と極めて大きな国際機関となった．このような大きな機関の運営にはその主導グループが必要である．WTO は長いこと米，欧，加，日の四極会議によって，主導されてきたが，今や，APEC の貢献が必須の状況となっている．1996 年の WTO 大臣会議の目玉は情報技術協定の成立であったが，APEC での合意，情報技術協定へのアジア諸国の参加が必須の前提であった．また，WTO は今後もサービス，投資，知的所有権など APEC の協力を必要としよう．紛争処理での APEC 方式の意味はすでに述べた．

この点に関連し，アジアの発展が南北関係を変えたとはよく言われるが，APEC の協調が WTO の補完，あるいは先駆となるというのはすでにウルグアイラウンドの成立時のアジア諸国の自由化のイニシアティブに示された．アジア・太平洋での協調が中南米諸国やインドの WTO への対応にも大きく影響している．

1997 年以降，APEC 最大の課題は金融危機への対応であり，貿易自由化推進への意志は表明されたが，その実行は大きく停滞した．国際貿易システムは参加者が多く，かつてのように米欧日で物事を決めていた状況とは異なる．貿易立国である東アジアの態度が WTO などでの決定に大きく影響する．1999 年の WTO の閣僚会議が新ラウンドの決定に至らなかった理由はグローバリゼーションへの不人気であり，環境問題や労働団体などの NGO の反発にあったが，同時に途上国の消極性である．途上国の態度には東アジア諸国の経済混迷，金融危機が大きく足を引っ張ったことに示される．2000 年のブルネイで

のAPECの自由化の推進，新ラウンドの支持の声明はアジア太平洋の自由化の進展とともに，WTO体制への支持として重要である．

アジアの発展として注目されるのは近年におけるアジアの著しい金融的発展である．急増する海外取引，世界でも極めて高い貯蓄率，大きな投資機会，アジアの国際金融での地位は急速に上昇している．このような状況から，すでに，国際金融問題では政府間の討議が開始されているが，そのような討議は国際通貨問題の討議も含むものであり，援助に関してもアジアの貢献を期待されよう．IMF, OECDを含み，世界経済での協調が重要な課題となる．

5. アセアンの活躍

第5に，このような活動においてアセアンの活動が目ざましい．アセアンは当初太平洋の国際協力がアセアンの解消，あるいは大国によるアセアン支配につながるのではないかと警戒的であった．しかし，80年代の中進国に続くASEANの工業化の進展の中で，その疑念も晴れ，現在では市場経済を支持し，自由貿易に生きている国が多い状況であり，AFTAによる経済統合は閉鎖的ではない．

APECについては，そのルールはアセアンが決定しているといわれるほどの活発な参加がある．APECの発足に当たっては，閣僚会議を2年おきにASEAN諸国で行うことを主張し，議事の運営にも影響力を保持し，上記のようなアジア流の運営がある．アセアンの加盟国は1997年以後，ミヤンマー，カンボジア，ラオスを加盟させ，10カ国に拡大し，インドシナ半島，東南アジアに大きな勢力を形成している．

アジアの発展は南北関係を変えたと言われるが，ASEANの外交上の積極性は目を見張るものがある．最近ではアセアン各国はその欧州諸国や中東，アフリカとの関係を活用し，アセアン諸国，アジア諸国と他の地域の交流に大きな役割を果たしている．アセアンは第2に地域主義の波の活性化に大きな役割を示している．

アセアン諸国が示している国際貢献として目ざましいのは，70年代から続

けているアジア・太平洋での安全保障対話である．79年に発足したアセアン拡大外相会議は94年にはアセアン地域フォーラムに発展したが，アセアン諸国に米，加，日本，豪州，韓国に中国，ロシア，EUを加えた，世界的安全保障会議に成長している．このような機構はAPECを単なる経済協力ではなく，さらに政治的役割を持った機関としている．

97年以降の通貨危機は特にアセアンを強く打撃した．特に，アセアンの中核ともいうべきインドネシアがいまだに混迷を続けていることはアセアン全体の方向性に影響している．しかし，アセアンの積極的な国際貢献により形成された諸機構は活動を続けている．典型はアジア欧州協力会議であるが，首脳レベルのみでなく蔵相レベルの会議に発展する一方，日，韓，中3国の首脳の会談する場を生み出すに至っている．

6. APECの協調の今後

APECにおける国際協調の特色は以上のようにその地域のダイナミズムを背景に大きな成果を納めてきた．開かれた地域主義はいわゆる地域主義的なルールによらなくとも，大きな効果を納め得ることを示した．進む貿易・投資の自由化，経済協力での進展，民間の貢献，アジア・太平洋方式とも言われる協調方式など目ざましい効果を示した．APECは今後大きな試練にぶつかるが，その後役割は重要である．

その第1はアジアの諸国が危機を脱したとはいえ，なお，強い調整期にあるからである．その典型は日本であり，日本の混迷はアジアの回復の足をひっぱっているが，アセアンでもインドネシアの混迷が続き，韓国なども構造問題を抱えているからである．これまでの高度成長を背景にした，貿易・投資の自由化の推進が必ずしも保証されるとは限らないということである．しかしWTOの活性化をはじめ世界経済へのアジア地域の影響は大きく，APECの活性は重要である．

第2に，この点にからむがこのような経済の調整局面で，アジア流の地域協力がどのように進むかは今後のAPEC方式のテストケースになろう．自主的，

一方的自由化には強制がないから、はっきりしたスケジュールがないと計画通り行われない恐れがある。譲許の幅と時間表を持つ WTO 方式は有効ではないか。自由化の効果を無条件で第3国にも与える「開かれた地域主義」よりも相手も自由化する条件を持つ条件付き最恵国待遇の方が効果的でないかという米国からの主張もある。現在までのところ、大阪会議の指針はマニラ会議以後の行動計画に生かされているが、この流れを維持することである。

第3に、21世紀のアジアは大きな変動を示し、世界の政治経済に影響する。人口でいえば中国、インド、アセアンの増加が大きく、一方に発展による機会を提供するが、他方にアジア、全域の政治経済情勢の変化の可能性があり、大きな不安定を示す。産業構造の再編成とともに、環境、エネルギー問題の先鋭化の可能性も十分あるが、安全保障の面でもさしあたり、台湾海峡、朝鮮半島問題の行方とともに、中長期の変動が注目される。以上の点から考えると各国首脳の集まる APEC の調整の役割は、ARF とともにその重要性を増大しよう。アメリカの最近の21世紀への関心は中国の動向とともに、インドへの強い関心であるが、インドの APEC 加盟も考えられる。

第4節　日本の役割＝グローバリズムと地域協力の活用

1. 日本にとってのアジア

戦前の日本は脱亜入欧を国の方針としていたが、当初は関税自主権を持たず、加工貿易国としてグローバリズムをとっていたといって良かろう。貿易構造からみると米国、欧州とアジアに依存した。特に、米国には繊維品の輸出に頼る一方、原材料、食料、機械、石油、鉄鋼など基本的なものの輸入を依存していた。しかし、第一次大戦後の経済困難の中でアジアに侵攻し、米国と対立し、貿易面でも満州を始め、アジア市場に資源を求め、ブロッキズムを形成しようとし、第二次大戦を起こし、敗戦した。

第二次大戦後の日本は貿易立国を志し、輸出依存の成長をした。米国への貿易の依存は強かったが、東南アジアは原材料輸入、製品輸出の重要な市場としてこれに次いだが、欧州との貿易も拡大した。日本は敗戦国であり、地域主義

を形成する力もなかったし，加工貿易国としてガットのグローバリズムを活用し，世界との貿易に依存して成長するのが利益であった．

2. 積極的なアジア・太平洋協力とアジアの繁栄

しかし，このような中での日本の太平洋協力への傾斜は極めて強かった．すなわち，概して，日本は国際協力での主導性は極めて低いとの批判があるが，アジア・太平洋の協力では例外的に積極的であった．小島清はいち早く，1960年代に太平洋自由貿易地域を唱道し，その後の日本での活動の先駆となった．財界は67年PBEC（太平洋経済協力共同体）を設立し，大来佐武朗は学界，知識人のPAFTAD（太平洋自由貿易開発協会）を進めた．その後，80年には日豪首脳による主導で財，官，学の三者構成からなるPECC（太平洋経済協力機構）が日豪の主導で1980年設立されたが，大来氏は同機構の発展に大きな力を尽くした．1989年のAPEC（アジア太平洋協力閣僚会議）はこのような協力の上に成立したが，設立には日豪の通商当局者の強い主導があった．現在世界の地域協定数は100を越えるが，日本が唯一加盟している機関はAPECという結果となっている．

日本がアジア太平洋協力の推進に熱心なのは日本のアジア大陸での失敗への反省が隠されているとの主張がある．日本も，東アジア諸国も冷戦時代には太平洋に発展するしかなかった．多くの国際協力は情報の交換が主であったが，雁行的発展の中で日本の経験は他の諸国に大きな影響を与えた．開発独裁が典型だが，東アジアの奇跡は日本の経済政策がモデルとして影響している．さらに，1980年代からは日本企業の展開が東南アジアの開発に貢献し，アジアの高度成長に寄与し，多角的発展の形成を促進し，アジア・太平洋の地域統合に大きく貢献した．

90年代も日本企業のアジア展開は続き，一部諸国は経済水準を大きく向上させ，産業構造の高度化が続いた．世界の潮流である情報革命，グロバリゼーションはアジア諸国を利し，経済発展を加速化した．しかも，多くのアジア諸国は貿易立国であり，市場経済と自由貿易を是とする度合いは日本よりも強い

面がある．アセアン諸国が典型だが，貿易，投資，安全保障に大きなリーダーシップを発揮している．日本は明治以来はじめてアジアでの対等なパートナーの出現の機会に直面している．

しかし，90年代の通貨危機はアジア経済に大きな混乱をもたらし，その活動にも大きな制約が出現した．日本も混迷を続けていたが，改めてアジアとの経済の相互依存の深さを確認し，アジアの金融危機に対しては総額800億ドルに上る金融援助方針を表明した．アジア諸国に大きな支援となり，金融危機の乗り切りに大きな役割を果たした．ただし，日本のアジアへの協力はより早く経済の混迷を乗り切り，アジアの発展を支えることである．

3. 21世紀のアジアと日本

21世紀のアジアには当面，金融危機の後遺症が残るが，大きな構造変動にある．各国の内部では経済の調整とともに，経済発展の結果としての社会的公正や政治への参加の問題が重要性を増す．しかし，人口問題が典型であるが，アジア全体は世界の中でもっとも人口増加の多い地域である．世界の人口は2000年の約61億人から2050年には89億人に増加するが，ほとんどが途上国で増え，しかも過半はアジアで増える（34億人から52億人）．経済発展を勘案するとアジアは第1に世界の発展のフロンティアであり，世界でのアジアの存在感が強くなる．第2に，しかし，アジアは世界のエネルギー・環境問題や食料，資源問題にも甚大な影響を及ぼす．WTOが新規問題として指摘する問題はアジアから発する可能性があり，アジアでの対応が重要となる状況を強めそうである．

第3に，アジアの発展は国によって差があり，人口は中国，インド，アセアンなどで増加するのに対し，日本や中進国の人口は減少ないし停滞がある．このような状況はアジア地域全体の政治経済関係の変化を生み，不安定な状況を結果する可能性があることである．アメリカではアジアの政治地図が変化を予測し，大国・インドへの接近が目だつ最近である．

このような問題への対応には，しかし，グローバルに対応するとともに，地

域的に対応することが重要である．すでに述べたように WTO や国連が世界共通の問題を定義し，世界全体の対応を検討することは必ずしも効果的ではないことが多い．まず，参加国の数からして問題が紛糾する．今後の世界の大きな問題がアジアを始めとする台頭する途上国が関係しているとすればその各々の地域で対応することが効率的のことが多い．環境問題が典型であるが，グローバルと同時に酸性雨など地域的に対応する必要のある事項が多いのである．

　APEC はこのような問題の検討，対応にきわめて適切な機関である．それはすでにみたように多くのアジア・太平洋諸国が参加し，開放性を持ち，広範な経済協力を志向し，民間部門との交流がある機関である．それは WTO や IMF などのグローバルな機構との補完性を持つと同時に先駆性を示し，さらにアジア流の国際協力に期待できる機関である．

　このような APEC の持つ可能性を追求し，発展させ，開かれた地域主義の便益を高めるのは日本の重要な役割である．それはまた，日本の戦後のアジア太平洋協力に示した積極性を継承するものでもあり，アジア太平洋の多角的発展を指示する方策である．

　具体的な日本の役割としては，第 1 に，アジアとの一層の相互発展の可能性を探求すべきである．それは世界のフロンティアにいるという有利さであるが，そのためには自国の構造改革を進め，その可能性を拡大するとともに，相互交流を拡大できるように体質を改善すべきである．規制の一層の緩和が必要となる．その際，これまでのアジア No.1 の意識を捨てる意識改革を行い，対等のパートナーとしてのつきあいを探求すべきである．実際に IT 革命など日本が学ぶことも多いはずである．

　第 2 に，環境，エネルギー問題などの検討で世界との調和に主導性を発揮することであるが，日本の ODA を通じた対応がアジアでも効果がある．

　第 3 に，アジアは北東アジアを始め，安全保障では不安定さを持っているが，日米安保条約はアジアの安全保障網の中核として 21 世紀も依然重要な役目を果たす．また，アジアにおける平和維持活動も一層重要になろう．ARF はこれらの安全保障活動を補う多国間対話の場として発展することができよ

う．日本が，しかし，安全保障の面で役割を果たすためには，集団安全保障への参加，国連平和維持活動への積極的参加が必要になるが，それは最終的には憲法の改正を必要とすると思われる

1) 分野は異なるが，環境問題などのようにグローバルな対応とともに，地域的に対応することが，より効果的である問題もでてきている．安全保障について，チャーチルは国連という地域的機構に対し，地域的な政治・軍事機構をより効果的と考えていた（明石，1985）．
2) EUは関税同盟の方が自由貿易原則の無差別原則に近く，自由貿易地域協定が差別的だとの主張をしている．すなわち，共通関税は第三国に対し，無差別に適応されるが，自由貿易地域は域外の国への差別性があり，特に原産地規制によってその差別性を高めていると主張する．

参 考 文 献

明石　康（1985）「国際連合」岩波新書．
Balassa, B. (1961) "The Theory of Economic Integration" Lomdon ; Allen&Unwin.
Cooper, Richard N. (1976) "World Regiral Integration" (Machlop ed) *Economic Integration* NewYork : St Martin's.
山本吉宣（1996）「第一章，地域主義－政治的側面」国際貿易投資研究所『マクロモデルによる地域統合の経済効果の試算』国際貿易投資研究所．
和気洋子（1991）第2章「相互依存世界における地域主義と日本の役割」白石孝編著『世界経済の新形成と日本』文真堂．
WTO（1996）"*Regionalism and The World Trade System*" WTO.

第 2 章

アジア太平洋地域の相互依存性[1]

はじめに

　本章は，APEC 地域における貿易と対外直接投資の相互依存性に焦点をあてる．国際市場における財貨と資本の流れは，所得項と価格項という適切な変数を用いて説明されることが通常であった．現代的国際貿易理論において，貿易の流れのパターンを説明する上で，要素賦存比率は支配的要因である．貿易の集約度 *trade intensity* は，2 国家（または，地域）間の経済的相互依存性の 1 つの指標である．貿易の集約度は，時間の経過を通じて説明されることになる．本章では，1980, 1990, 1996 年についてのデータが用いられる．

　対外直接投資は，相互依存性のもう 1 つの指標である．貿易と対外直接投資 FDI の両方に集約度の変動が比較され，その相違を明確にする．その種の相違と，それら貿易と FDI の集約度についての説明変数を見出すことが，本章におけるもう 1 つの分析目的である．国内総生産，GDP 成長率，1 人あたり GDP，および人口の相対比率が，市場規模を説明するための所得要因として導入される．価格要因として，価格変化格差，為替レート変化の相対比率，および利子率格差が用いられた．

　貿易障壁の尺度として，輸送費，貿易保護の指標が，貿易集約度と FDI 集

約度を説明するために導入される．貿易，あるいはFDIを説明するための他の可能な変数は，マクロ経済学で用いられるところの投資・貯蓄ギャップである．これは，経常勘定収支の対GDP比率として測定される．

これまでの多くの研究者の研究においては，地域間貿易データが採用されてきたけれども，この研究では国別の貿易データが採用された．統計的結果は有意であったが，多くのノイズが国別貿易データの特性のために観測された．この研究では，貿易とFDIの集約度を説明する上で，強い地理的距離の要因を見出すことができた．

第1節　APEC：開かれた地域主義の出現

APECの第1回の会議，アジア太平洋経済協力会議は，2020年までに貿易と資本移動における域内の自由化された市場の達成を求めるために，1989年にオーストラリアのキャンベラにおいて開催された．

APEC加盟国は，次の18カ国から構成されている．北米地域の米国，カナダ，メキシコ；オセアニアのオーストラリア，ニュージーランド，パプア・ニューギニア；日本，韓国，台湾，香港，シンガポール，中国，インドネシア，マレーシア，フィリピン，タイ，ブルネイ・ダルサラム，およびチリである．これらAPECの全体としての経済地域は，1995年における世界の56.7億人の人口のうちで38.46％を構成し，APECのGDPの規模は，世界全体のGDP 27.85兆円のうちの57.14％を構成している．

1995年の1人あたりGDPで測ったAPEC地域は，最も低い水準の中華人民共和国の\$620，最も高い水準をもつ日本の\$39,640までの広がりをもっていて，その両極の格差は64：1である．米国と中国との格差は，43.5：1である．1995年におけるAPECのGDPの総額は，世界の57.14％を構成しているのに対して，EUは30.31％である．1980年における同様の数値（APEC加盟国は45.7％であるのに対して，EC 10は26.2％であった）と比較してみると，APECは1980年以降，より一層魅力的な経済地域になってきていることが窺える．1996年におけるAPECの実質GDP成長率の平均は3.7％（1995年

には 2.5％) を記録したのに対して，EU の成長率は 1.6％ (1995 年には 2.5％) であった[2]．

同じような成果は，国際貿易の分野においても確認することができる．1980 年における APEC からの対世界輸出は$613,940 百万 (32.3％) であったのが，1996 年には $2,305,030 百万 (43.8％) を記録している．これに対して，EU 15 の輸出は，1980 年に $691,237 百万 (36.4％) だったのが，1996 年は $2,041,600 (38.8％) に変化した[3]．このように，APEC 18 カ国は，EU 15 カ国からの輸出をリードすることとなっている．

表 2-1　APEC 対 EU：GDP と対外貿易の比較

	GDP　1995 US$ billions (比率)	輸出	輸入　1996 US$ millions (比率)
APEC 18	15,912.6　(57.14％)	2,305,030 (43.8％)	2,450,808　(45.4％)
EU 15	8,441.1　(30.31％)	2,041,600 (38.8％)	1,953,200　(36.2％)
世　界	27,846.2	5,265,800	5,401,000

個々の APEC 加盟経済地域 (国家) についての現在の経済的概観は，表 2-2 に示されている．表 2-2 は，各 APEC 加盟国についての人口で除した GDP で測った，1 人あたり所得を表示している．18 加盟経済の中で，5 つの工業化された経済，および，1995 年に $7,911 以上の 1 人あたり GDP をもつ他の高所得経済が存在するのに対して，いまだ $10,000 以下の国が他に 9 カ国存在している．EU 加盟国と対照的に，APEC は大きな不釣合いを内包している．そのような不釣合いが存在しているとしても，この地域は潜在的な「グローバルな成長のセンター」と評価されてきた．特に，アジア NIEs，ASEAN 経済地域を網羅するように類別される「高度に発展を実現しつつあるアジアの経済地域」(HPAEs) は，少なくとも 1997 年末まで，世界の多くの人々の注目を浴びてきた[4]．

表 2-2 は，$10,000 以下のその 1 人あたり GDP の平均額によって表わされるそれら経済地域における影の側面もまた示している．韓国，インドネシア，マレーシア，フィリピン，タイ，中国，パプア・ニューギニア，チリ，およびメキシコは，1996 年において総対外債務の対 GNP 比率 20％ を上回る値を記

録した[5]．研究者の中には，外資への持続する依存体質の妥当性に懐疑的な立場をとる人々もいる．Paul Krugman は，彼の論文の中で，「全要素生産性」"total factor productivity" の概念を用いて，こうした議論を行っている[6]．本論文は，国別のデータ・ベースを用いて，1996年における対外貿易に関する最新のデータを利用することにより，最新の実証分析を行おうとするものである．

APEC における経済的相互依存性が，国別に分析されただけではなく，地域別にも分析されている．地域間の依存性を検討する上で，中国＋香港は，1997年に英国から中国に返還されたことに伴い，中国本土と統合された地域として分類された．

対外直接投資は，経済的相互依存性についての別な尺度の一つとして採られるべきである．貿易集約度と FDI 集約度との間の相関関係が存在するかどうかを，検討することが必要である．貿易と FDI 集約度の二重の相対的尺度 *double relative measures* によって説明することよりも，相対的尺度 *relative measures* の方が相互に相関させるためのより良い指標を提供するものであることを示すことができる．

両者の指標間になにがしかの相関が存在したとしても，その不完全な相関関係についての決定因を見出す必要がある．こうした可能な説明変数を，貿易と FDI 集約度についての他の決定因を説明するために，多重回帰に導入することにした．殆ど全ての回帰分析において，主要商業都市間の地理的距離は，APEC 地域における経済的依存性の決定因を説明するための良い指標であった．これに加えて，本論文では，要素賦存や貿易保護を表わすような変数が，貿易決定因としての有効性についても検討する．

第2節　APEC 地域における経済的相互依存性についての測定

APEC 加盟諸国の国際貿易は，過去数十年にわたり急速に成長してきた．国際貿易におけるプレゼンスに関しては，米国と日本は世界の 20% のシェアをもつ．APEC における 18 加盟経済地域は，その輸出シェアを 30.9% から 43.9% に，その輸入シェアを 32.7% から 44.6% にまで増加させてきた．世

第2章 アジア太平洋地域の相互依存性　31

表 2-2　APEC 地域における主要経済指標

	Population (millions) 1995	GNP per capita dollars 1995	GDP (billion $) 1980	GDP (billion $) 1995	GDP growth (95 in real, %)	CPI change 1995	Current account balance 1980	Current account balance 1995 (%of GDP)	External debt 1995 (%of GNP)	Aggregate net resource flows 1980 (%of GNP)	Aggregate net resource flows 1995 (%of GNP)	Net private capital flows 1980 (millions $)	Net private capital flows 1995 (millions $)
World Total	5,673.0	4,880	10,768.1	27,846.2	3.7	―	―	―	―	―	―	―	―
the United States	262.8	26,980	2,708.2	7,265.4	2.0	2.8	0.1	-1.8	―	―	―	―	―
Japan	125.6	39,640	1,059.3	5,140.3	1.4	-0.1	-1.0	2.2	―	―	―	―	―
Canada	29.6	19,380	263.2	565.6	2.3	2.1	-0.6	-1.0	―	―	―	―	―
Australia	18.1	18,720	160.1	350.8	3.5	4.6	-2.8	-5.3	―	―	―	―	―
New Zealand	3.6	14,340	22.5	59.9	3.5	2.9	-4.3	-3.7	―	―	―	―	―
Hong Kong	6.2	22,990	28.5	140.8	4.5	8.7	-4.4	-3.6	19.8	0.0	0.0	―	―
Korea, Rep	45.1	9,700	63.7	456.5	8.9	4.5	-8.3	-1.9	17.5	0.2	0.0	―	―
Taipei, Chinese	21.3	10,631	10.6	260.2	6.0	3.7	4.9	2.1	n.a.	n.a.	n.a.	n.a.	n.a.
Singapore	3.0	26,730	11.7	85.3	8.8	1.7	-13.3	16.9	9.8	0.1	0.0	n.a.	n.a.
Brunei Darussalam	0.3	24,379	1.1	7.1	2.0	6.0	81.7	57.6	3.5	n.a.	n.a.	n.a.	n.a.
Indonesia	195.3	980	78.0	197.7	8.1	8.6	-0.6	-3.4	56.9	2.5	6.8	987	11,648
Malaysia	20.1	3,890	24.5	86.1	9.5	3.4	-1.1	-10.0	42.6	8.7	14.7	1,913	11,924
Philippines	70.3	1,050	32.5	74.1	4.8	8.1	-5.9	-4.4	51.5	3.9	5.2	840	4,605
Thailand	59.8	2,740	32.4	166.3	8.6	5.8	-6.4	-8.1	34.9	6.5	6.1	1,465	9,143
Chile	14.2	4,160	27.6	67.3	8.5	8.2	-7.1	0.2	43.3	8.7	4.7	2,447	4,230
Mexico	91.2	3,320	194.9	286.8	-6.2	35.0	-5.3	-0.6	69.9	4.8	8.7	8,181	13,068
P. R. China	1,211.2	620	201.7	697.7	10.5	17.1	2.8	0.2	16.0	1.0	7.9	1,732	44,339
Papua New Guinea	4.1	1,160	2.5	4.8	-2.9	17.3	-11.3	14.3	45.0	16.8	10.8	987	11,648
APEC share	38.46		45.72	57.14									
US & Japan share	6.85		34.99	44.55									
Asian NIEs share	1.33		1.06	3.39									
EU	368.3	24,227	2,822.1	8,441.1	2.9	―	-0.9	0.2	―	―	―	―	―

* Data were taken from the World Bank, World Development Report 1997, Oxford University Press, Inc., 1997.
And, also from 1997 APEC Economic Outlook: Economic Performance and Prospects in the APEC Region, Economic Committee, Asia–Pacific Economic Cooperation, November 1997.
Data of Chinese Taipei were supplemented from Monthly Statistics of the Republic of China,
and for the lack of Brunei Darussalam from Ministry of Finance Negara Brunei Darhssalam: Statistical Yearbook, various issues.
Some statistics of EU 15 in 1995, EU 10 in 1980 were acquired from EUROSTAT: Basic Statistics of the Economy, various issues.
Data of External debt for Hong Kong, Korea, Singapore, and Brunei were taken from External Debt Statistics, OECD, 1997.
Trade balance in 1980 instead of current account were used, which were taken from Statistical Yearbook for Asia and the Pacific, various issues.

界において，輸出と輸入シェアのいずれについても，過去15年間に12％，もしくは13％の成長を果たした．アジアNIEsのうち，香港，韓国，台湾，およびシンガポールは，その輸出シェアを3.8％から10.4％に，その輸入シェアを4.4％から10.6％まで増加させてきた．

経済的相互依存性の強度は，貿易集約度を用いて検討された．貿易集約度を利用したそれらの典型的な概念と分析は，Peter Petri と Peter Drysdale による論文において示されている[7]．本論文では，Petri の論文における手法と表記法が採用される．単純貿易（もしくはFDIストック）シェア *simple trade share* の指標で生じた地域貿易（もしくはFDIストック）バイアスは，以下のように定義された相対的，および二重相対的貿易（およびFDIストック）集約性尺度 *relative and double relative measures of trade（and FDI stock）intensity* の諸指標を用いることによって，除去することができる．

1. 国際貿易集約度 International Trade Intensity

(1) 絶対的貿易集約性の尺度 *Absolute measure of trade intensity*（A）

(A）は，世界の総貿易に対するi番目の国からj番目の国への貿易シェアを示す単なる指標である．

$$A = x_{ij} / x_{**}$$

(2) 相対的貿易集約性の尺度 *Relative measure of trade intensity*（B）

（B）は，i番目の国からj番目の国への貿易を世界総貿易で除したものを，i番目の国の総貿易を世界総貿易で除したもので割った比率．すなわち，i番目の国の総貿易に占めるi番目の国からj番目の国への貿易シェアである．

$$B = (x_{ij} / x_{**}) / (x_{i*} / x_{**}) = x_{ij} / x_{i*}, \text{ or } B' = x_{ij} / x_{*j}$$

(3) 二重相対的貿易集約性の尺度 *Double Relative measure of trade intensity*（C）

(C）は，世界の総貿易に対するi番目の国からj番目の国への総貿易を世界の総貿易に対するj番目の国への総貿易額の値で除したものに対する，世界における絶対的貿易シェア．すなわち，i番目の国からの総貿易

によって除した j 番目の国への総貿易に占める A の値である．

$$C = A/\{(x_{i*}/x_{**})(x_{*j}/x_{**})\} = (x_{ij}/x_{**})/\{(x_{i*}x_{*j})/(x_{**}x_{**})\}$$
$$= (x_{ij}\,x_{**})/(x_{i*}x_{*j})$$

2. 対外直接投資ストック集約度 Intensity of Foreign Direct Investment Stock

(1) 絶対的FDIストック集約性の尺度 Absolute measure of FDI stock intensity (D)

(D) は，世界の総 FDI ストックに対する i 番目の国から j 番目の国への FDI ストックのシェアを示す単なる指標である．

$$D = y_{ij}/y_{**}$$

(2) 相対的 FDI ストック集約性の尺度 Relative measure of FDI stock intensity (E)

(E) は，i 番目の国から j 番目の国への FDI ストックを世界総 FDI ストックで除したものを，i 番目の国の総 FDI ストックを世界総 FDI ストックで除したもので割った比率．すなわち，i 番目の国の総 FDI ストックに占める i 番目の国から j 番目の国への FDI ストックのシェアである．

$$E = (y_{ij}/y_{**})/(y_{i*}/y_{**}) = y_{ij}/y_{i*},\ \text{or}\ D' = y_{ij}/y_{*j}$$

(3) 二重相対的 FDI ストック集約性の尺度 Double Relative measure of FDI stock intensity (F)

(F) は，世界の総 FDI ストックに対する i 番目の国から j 番目の国への総 FDI ストックを世界の総 FDI ストックに対する j 番目の国への総 FDI ストック額の値で除したものに対する，世界における絶対的 FDI ストックのシェア．すなわち，i 番目の国からの総 FDI ストックによって除した j 番目の国への総 FDI ストックに占める D の値である．

$$F = D/\{(y_{i*}/y_{**})(y_{*j}/y_{**})\} = (y_{ij}/y_{**})/\{(y_{i*}y_{*j})/(y_{**}y_{**})\}$$
$$= (y_{ij}\,y_{**})/(y_{i*}y_{*j})$$

データは，FDI の累積ストックを 1980 年と 1992 年で，貿易統計についても同じように，1980, 1990, および 1996 年について観測された．他の説明変数は，適切な当該年についての統計がとられた．FDI の変動は，2 種類の出所か

ら説明（観測）された．すなわち，FDIのフローとFDIの累積ストックである．しかしながら，既に留意したように，FDIの統計は，フロー・データもストック・データもいずれについても，研究者に都合よく提供されていない．

第3節　貿易集約度とFDI集約度の関係

APEC地域における経済的相互依存性は，貿易シェアや集約度によってのみ説明されるべきではなく，その他の構造的な経済変数を使って説明されるべきである．特に，個々の国々における資本形成を用いて観察された生産的活動は，APEC地域における諸国間で相互に密接に関係していることがある．対外直接投資は，本論文ではFDIという略称を用いているが，受資国における資本形成の増大に寄与する国際的な実物的資本移転の手段である．

国際貿易は，国際的な相互依存性の強弱についての論議を行う上で，最も馴染み深い対象であるけれども，FDIは当該諸国間の国際的な相互依存性を説明するための別な対象の一つとなるべきであるように思われる．しかしながら，FDIの分析は，データの入手性において深刻な問題をもっている．世界規模，あるいは地域規模での領域において，適切なデータ・ベースが，適切な機関によって準備されていることもなければ，提供されていることもない．我々の分析の枠組みの中で，FDIのグラヴィティー *gravity* を分析するために，FDIの世界の総額が投資国側と受資国側の両方で準備されなければならない．

地域内，および地域間の貿易とFDIの検討を行った．国別データを地域内貿易，FDIに転換するために，地域の範囲 *coverage* が定義されなければならない．APEC DCは，カナダ，米国，オーストラリア，ニュージーランド，および日本からなるAPEC先進国を表わす．NAFTAには，カナダ，米国，およびメキシコを含む．オセアニアは，オーストラリア，ニュージーランド，およびパプア・ニューギニアからなる．アジアNIEsは，香港，韓国，シンガポール，台湾を表わす．これに対して，ASEAN 4は，インドネシア，マレーシア，フィリピン，およびタイを表わす．中国と香港を加えたものは，世界における強い経済的プレゼンスをもつ一つの地域として，言及されるべき重要な一地域

である．米国，日本，およびその他の APEC をこれらの諸地域に加えると，11×11 の集約度マトリックス intensity matrix を構築することができる．

　表 2-3-1，表 2-3-2，および表 2-3-3 は，1996 年，1990 年，1980 年における相対的，および二重相対的貿易集約性尺度をそれぞれ示している．これらの表の対角要素を取りだして，域内地域貿易の様相を得ることができる．域内地域貿易シェア，および域内地域貿易集約度は，図 2-1-1，図 2-1-2 にそれぞれ示されている．図 2-1-1 が示すように，APEC 18 の域内地域貿易シェアは，コンスタントに増加してきており，その指数は EU の指数を上回っている．図 2-1-2 における域内地域貿易集約度を観てみると，域内地域貿易シェアと異なり，APEC 18 の指数は 1996 年に EU よりも小さい．注目されるべきものとして，中国＋香港，およびオセアニアの集約度指数が，1990 年，および 1996 年においてきわめて大きいということ，そしてオセアニアは 1980 年においても，他の地域を上回る高さであったということである．

　地域間，および域内地域貿易集約度のこのようなタイプの観察は，FDI ストックのデータについても当てはめられるべきである．表 2-3-4，および 2-3-5 は，FDI ストックのシェアと集約度の指数を示している．図 2-1-3，図 2-1-4 は，域内 FDI ストック・シェア，および FDI ストック集約性を明示している．相対的 FDI ストック集約性尺度は，APEC 18 が 1980 年，および 1992 年において，EU 15 よりも大きいことを表わしている．中国＋香港についての相対的尺度が，さらに一層の支配的な値を示しているのが，1992 年であった．相対的 FDI ストック尺度のこの事例において，この指数は相対的貿易集約性尺度の指数と合致しているように思われる．しかしながら，二重相対的 FDI ストック集約性尺度は，異なる構造を示してきた．その ASEAN 4 の集約性は，図 2-1-4 における 1992 年の他のどの地域よりも著しく高い値を示しているのである．

図 2-1-1　域内貿易シェア　Intra-regional trade share

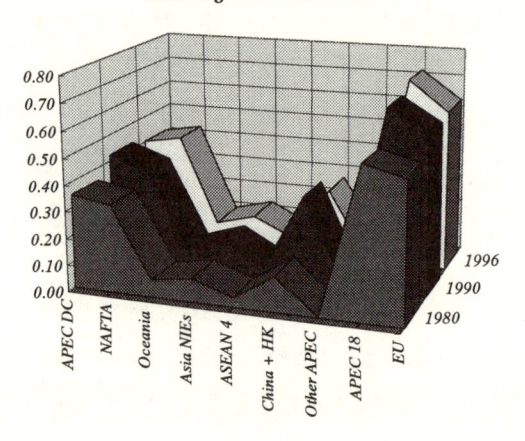

	Intra-regional trade share		
	1980	1990	1996
APEC DC	0.35	0.42	0.40
NAFTA	0.33	0.37	0.43
Oceania	0.06	0.07	0.09
Asia NIEs	0.09	0.12	0.13
ASEAN 4	0.04	0.04	0.06
China + HK	0.13	0.33	0.26
Other APEC	0.00	0.00	0.01
APEC 18	0.56	0.68	0.72
EU	0.52	0.59	0.61

Intra-regional trade share

第2章 アジア太平洋地域の相互依存性　37

図 2-1-2　域内貿易集約度　Intra-regional trade intensity

	Intra-regional trade intensity index		
	1980	1990	1996
APEC DC	1.49	1.66	1.53
NAFTA	1.98	2.08	2.25
Oceania	4.49	2.96	6.49
Asia NIEs	2.09	1.82	1.54
ASEAN 4	0.04	1.53	1.45
China + HK	0.13	8.41	4.39
Other APEC	0.00	0.25	0.48
APEC 18	0.56	1.78	1.61
EU	0.52	1.51	1.68

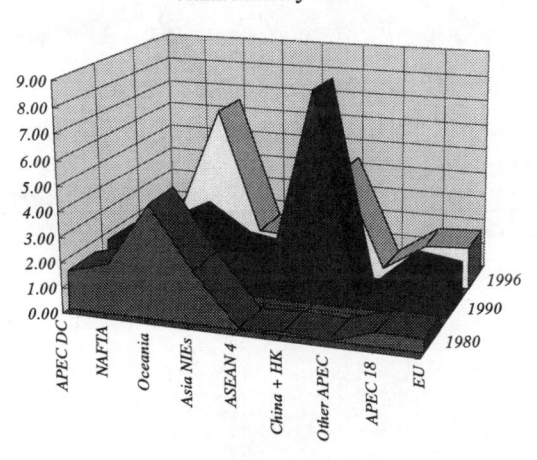

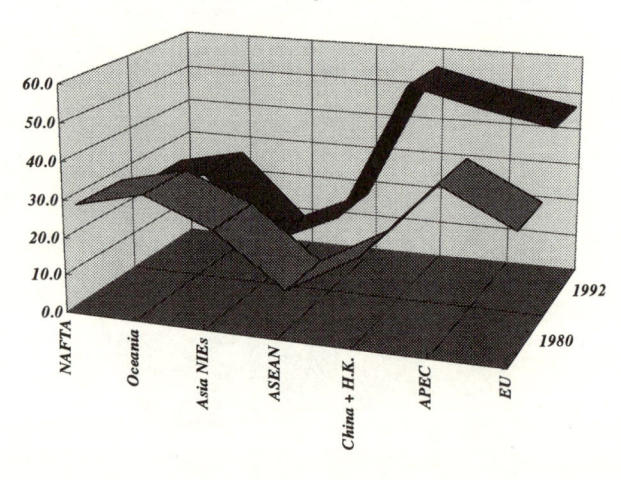

図 2-1-3　相対的 FDI ストック集約性尺度

	1980	1992
NAFTA	26.9	22.7
Oceania	31.4	26.9
Asia NIEs	24.2	9.9
ASEAN	10.3	18.4
China + H.K.	21.2	56.1
APEC	41.5	51.4
EU	31.8	47.7

Relative measures of FDI stock intensity

第2章 アジア太平洋地域の相互依存性 39

図 2-1-4　二重相対的 FDI ストック集約性尺度

	1980	1992
NAFTA	54.5	80.3
Oceania	5915.9	1651.5
Asia NIEs	2308.9	318.0
ASEAN	6061.3	6344.1
China + H.K.	2494.0	2672.8
APEC	70.7	98.8
EU	94.9	123.3

Double-relative measures of FDI stock intensity

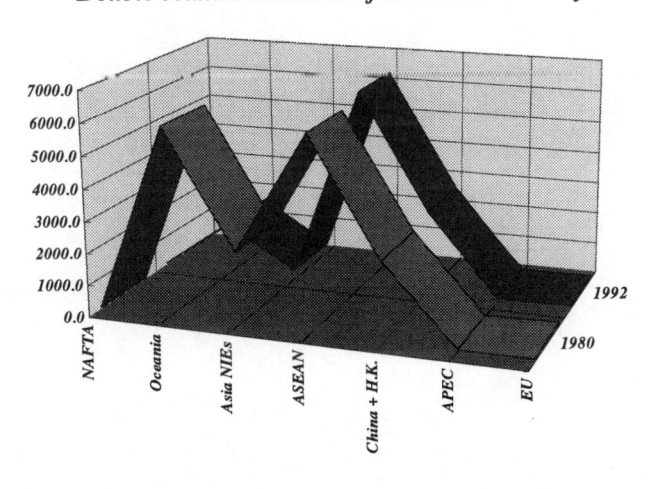

表 2-3-1 APEC 地域における FDI ストック・マトリックス (1980 年, %)

host investor	NAFTA	U.S.A.	Japan	Oceania	Asia NIEs	ASEAN 4	China + H.K.	APEC 15	EU	World row sum=100
NAFTA=us+can	26.9	5.8	2.6	3.7	1.8	1.7	0.9	36.7	34.7	242,750.0
Mexico	83.7	83.2		1.5				85.2	14.8	163.4
U.S.A.	23.2		2.8	3.7	2.0	1.6	0.9	33.4	36.5	220,178.0
Japan	29.1	24.3		6.3	9.7	16.8	3.0	61.7	10.7	36,497.0
Oceania	17.4	15.0		31.4	5.3	18.5	0.7	73.0	25.8	2,606.9
Asia NIEs										5,170.2
Korea	16.8	16.7	1.2	2.2	1.7	20.4	0.9	42.3	29.7	195.5
Taiwan	43.4	43.4	1.0	0.9	11.3	26.5	3.9	83.0	0.1	101.3
Singapore	1.9	1.9		3.7	23.2	64.2	10.8	81.4	3.1	784.0
H.K.	4.7	3.6	1.8	4.5	25.8		21.1	99.5	0.5	4,089.4
ASEAN 4										831.9
Indonesia	-2.3	-2.3		2.7	92.1	6.1	0.2	98.9	1.1	44.4
Malaysia	3.4	3.3		7.5	81.2	7.9	0.2	100.0	489.8	489.8
Philippines	25.6	25.6			57.6	15.5	4.2	99.7	0.3	284.8
Thailand	45.8	45.8			50.6		45.6	96.4	2.7	12.9
China	49.0	48.4	1.9	4.5	24.6	0.4	24.5	75.9	1.9	99.2
H.K.	4.7	3.6	1.8		25.8		21.1	99.5	0.5	4,089.4
APEC 15	26.7	8.3	2.2	4.3	3.4	4.6	1.5	41.4	30.8	288,118.6
EU	33.0	28.7	0.8	5.0	3.7	0.9	1.1	43.4	31.8	164,758.9
World	49.4	44.8	7.4	0.5	1.1	0.2	0.9	58.6	33.5	491,688.5

表 2-3-2　APEC 地域における FDI ストック・マトリックス (1980 年, million US $)

investor \ host	NAFTA	U.S.A.	Japan	Oceania	Asia NIEs	ASEAN 4	China + H.K.	APEC 15	EU	World
NAFTA	65,412.3	14,191.2	6,311.5	8,887.1	4,418.1	4,151.0	2,111.9	89,155.6	84,161.3	242,750.0
U.S.A.	51,103.3		6,231.0	8,234.7	4,359.5	3,566.9	2,069.7	73,473.4	80,431.0	220,178.0
Japan	10,617.0	8,879.7		2,292.0	3,536.6	6,124.2	1,094.9	22,529.6	3,905.2	36,497.0
Oceania	453.9	392.1	0.0	817.3	137.6	481.0	18.2	1,902.8	672.3	2,606.9
Asia NIEs	282.4	239.6	76.6	217.0	1,253.4	569.7	953.9	4,872.9	103.4	5,170.2
ASEAN 4	94.7	93.9	0.0	37.8	609.0	85.7	19.0	830.1	2,400.7	831.9
China + H.K.	239.2	196.0	75.1	182.8	1,081.1	0.4	887.6	4,143.4	23.2	4,188.6
APEC 15	76,927.7	23,827.4	6,396.2	12,245.0	9,882.5	13,109.4	4,206.5	119,367.5	88,855.8	288,118.6
EU	54,337.5	47,351.7	1,268.6	8,237.9	6,129.0	1,515.8	1,845.3	71,571.3	52,393.3	164,758.9
World	242,894.1	220,178.1	36,483.3	2,605.9	5,162.7	835.9	4,179.4	288,129.5	164,764.8	491,688.5

表 2-3-3　APEC 地域における FDI ストック・マトリックス (1992 年, ％)

host investor	NAFTA	U.S.A.	Japan	Oceania	Asia NIEs	ASEAN 4	China+H.K.	APEC 15	EU	World row sum=100
NAFTA=us+can	22.5	8.3	4.9	3.8	4.1	2.0	1.7	37.4	38.3	582,803.4
Mexico	95.2	91.2						95.2	4.8	1,349.0
U.S.A.	16.5		5.3	4.0	4.3	2.1	1.9	32.3	41.5	498,991.0
Japan	44.4	42.0		5.7	7.1	7.0	4.1	65.4	18.3	386,530.0
Oceania	23.5	20.2	1.0	26.9	1.1	4.6	-2.1	56.0	41.0	33,757.4
Asia NIEs										64,447.6
Korea	37.6	28.8	1.9	4.2	2.6	23.0	8.3	75.7	6.6	5,628.9
Taiwan	33.5	31.8	0.3	0.3	1.8	33.7	0.1	69.6	1.8	5,619.8
Singapore	9.1	9.0	0.4	11.1	19.5	27.1	18.8	68.9	7.2	10,785.6
H.K.	9.0	4.3	1.5	2.8	9.5	19.2	54.9	96.9	3.2	42,413.3
ASEAN 4										6,066.8
Indonesia	7.0	4.2	0.4	3.0	4.2	35.2	1.5	50.8	49.2	2,383.3
Malaysia	5.1	3.5		12.7	71.5	9.0	1.5	99.7	0.3	2,104.4
Philippines	7.8	7.8		0.1	77.0	7.6	14.2	97.5	2.5	873.9
Thailand	36.0	35.3	0.6	0.6	42.5	3.1	32.8	86.8	5.4	705.2
China	16.9	12.9	0.7	0.1	58.6	13.1	51.6	89.3	10.7	1,035.2
H.K.	9.0	4.3	1.5	2.8	9.5	19.2	54.9	96.9	3.2	42,413.3
APEC 15	29.9	21.0	2.8	5.2	5.7	5.1	4.8	51.4	29.0	1,075,989.4
EU	27.6	24.4	1.2	2.4	1.8	0.6	0.8	33.6	47.7	799,300.8
World	28.3	24.1	18.7	1.6	3.1	0.3	2.1	52.0	38.7	2,067,944.2

表 2-3-4　APEC 地域における FDI ストック・マトリックス（1992 年, million US $）

host＼investor	NAFTA	U.S.A.	Japan	Oceania	Asia NIEs	ASEAN 4	China + H.K.	APEC 15	EU	World
NAFTA	132,473.4	49,602.7	28,673.9	22,263.1	23,661.8	11,557.8	9,907.7	219,194.4	223,453.3	584,152.4
U.S.A.	82,533.1	0.0	26,596.2	20,109.3	21,207.1	10,428.9	9,231.3	161,373.7	207,181.1	498,991.0
Japan	171,696.6	162,381.3	0.0	21,993.6	27,443.6	27,057.1	16,002.3	252,636.0	70,735.0	386,530.0
Oceania	7,919.5	6,808.9	324.1	9,087.5	374.7	1,539.3	−722.4	18,907.5	13,833.8	33,757.4
Asia NIEs	8,810.6	6,215.4	784.6	2,641.2	6,374.1	14,260.7	25,768.2	56,679.3	2,589.7	64,447.6
ASEAN 4	595.7	491.1	13.1	344.1	2,576.4	1,115.2	423.0	4,772.0	1,239.6	6,066.8
China + H.K.	4,000.1	1,974.7	622.0	1,192.3	4,627.5	8,283.6	23,806.0	42,002.1	1,446.4	42,413.3
APEC 15	321,720.8	225,635.0	29,804.9	56,274.2	61,008.6	55,305.9	51,862.7	553,058.6	311,929.3	1,075,989.4
EU	220,367.2	194,869.5	9,751.5	19,023.4	13,987.8	5,115.5	6,074.7	268,884.8	381,026.7	799,300.8
World	584,194.2	498,994.9	386,498.8	33,707.5	64,313.1	5,997.0	43,426.8	1,075,951.4	799,260.4	2,067,944.2

表 2-3-5 1980年における相対的 FDI ストック集約性尺度

host investor	NAFTA	U.S.A.	Japan	Oceania	Asia NIEs	ASEAN 4	China + H.K.	APEC 15	EU	World
NAFTA	26.9%	5.8%	2.6%	3.7%	1.8%	1.7%	0.9%	36.7%	34.7%	100.0%
U.S.A.	23.2%		2.8%	3.7%	2.0%	1.6%	0.9%	33.4%	36.5%	100.0%
Japan	29.1%	24.3%		6.3%	9.7%	16.8%	3.0%	61.7%	10.7%	100.0%
Oceania	17.4%	15.0%	0.0%	31.4%	5.3%	18.5%	0.7%	73.0%	25.8%	100.0%
Asia NIEs	5.5%	4.6%	1.5%	4.2%	24.2%	11.0%	18.4%	94.2%	2.0%	100.0%
ASEAN 4	11.4%	11.3%	0.0%	4.5%	73.2%	10.3%	2.3%	99.8%	288.6%	100.0%
China + H.K.	5.7%	4.7%	1.8%	4.4%	25.8%	0.0%	21.2%	98.9%	0.6%	100.0%
APEC 15	26.7%	8.3%	2.2%	4.3%	3.4%	4.6%	1.5%	41.4%	30.8%	100.0%
EU	33.0%	28.7%	0.8%	5.0%	3.7%	0.9%	1.1%	43.4%	31.8%	100.0%
World	49.4%	44.8%	7.4%	0.5%	1.1%	0.2%	0.9%	58.6%	33.5%	100.0%

第4節　経済的相互依存性の決定因

貿易集約度とFDIストック集約度の決定因を検討するために，貿易集約度とFDIストック集約度を，以下の独立変数によって重回帰分析する．

(1) 人口：国の規模
(2) GDP：国の市場規模
(3) Per-capita GDP：経済発展段階：1人あたり所得の相対格差
(4) 地理的距離（GED）：輸送費を反映するCloseness尺度
(5) 経常勘定収支／GDP：資本の稀少性指標
(6) CPI：Inflation，通貨価値の安定性
(7) 平均輸入関税率格差（Tj – Ti）：関税収入を輸入額で除した比率で測った
(8) 相対的利子率格差：資本移動の自由化の水準
(9) 過去5年間の為替レート変化
(10) 財貨輸入を総輸入で除した比率（RMP）
(11) 要素賦存の相対比率（RFE）

基本的重回帰方程式

貿易集約性とFDIストック集約性は，次の形式の重回帰式で計算されるべく計画された．貿易は，単純回帰で，ありうる相関を検討するために対外直接投資で回帰される．

TS 80：FDISS 80, TS 90：FDISS 92, TS 96：FDISS 92 の回帰方程式は，全体的に統計的に有意であるのに対して，これに比べて，*TI 80：FDISI 80, TI 90：FDISI 92, TI 96：FDISI 92, TS 80：FDISI 80, TS 90：FDISI 92, TS 96：FDISI 92*，および *TI 80：FDISS 80, TI 90：FDISS 92, TI 96：FDISS 92* は，その統計的な結果は貧弱なものであった．すなわち，相対的貿易集約性尺度 *TS*（あるいは，対外直接投資ストック集約性 *FDISS*）は，相対的 *FDISS*（*or TS*）尺度に回帰させてみたところ，統計的に有意な結果が得られた．

$TS\,(or\,TI) = f\,\{FDISS\,(or\,FDISI)\,;\,GED,\,(Rj-Ri),\,(Nj/Ni),\,(Ej/Ei),\,(Pj-Pi),$
$\qquad (CAj/GDPj),\,GDPj,\,(GDP/N)j,\,GRGDPj,\,(Tj-Ti),\,(RFEj/RFEi)\}$

$$FDISS\,(or\,FDISI) = g\,\{TS\,(or\,TI)\,;\,GED,\,(Rj-Ri)\,,\,(Nj\,/\,Ni)\,,\,(Ej\,/\,Ei)\,,\,(Pj-Pi)\,,$$
$$(CAj/GDPj)\,,\,GDPj,\,(GDP/N)j,\,GRGDPj,\,(Tj-Ti)\,,\,(RFEj\,/\,RFEi)\}$$

変数の表記一覧

以下のリストは，本論文で用いられた独立変数と従属変数についての変数の略称である．

TS 80, TS 90, TS 96：貿易シェア（1980, 1990, and 1996 年）

TI 80, TI 90, TI 96：貿易集約性（1980, 1990, and 1996 年）

FDISS 80, FDISS 92：対外直接投資ストック・シェア（1980 and 1992 年）

FDISI 80, FDISI 92：対外直接投資ストック集約性（1980 and 1992 年）

FDIFS 94, FDIFS 95, FDIFS 96：対外直接投資フロー・シェア（1994, 1995 and 1996 年）

FDIFI 94, FDIFI 95, FDIFI 96：対外直接投資フロー集約性（1994, 1995 and 1996 年）

GED：i 番目と j 番目の国（地域）に立地する主要商業都市間の地理的距離

GDP/Nj 95：j 番目の国の 1 人あたり GDP（1995 年）

GRGDPj：i 番目の国の GDP 成長率

CA/GDPj：j 番目の国の経常収支の対 GDP 比率

$(Pj-Pi)\,80$：j 国と i 国間のインフレ格差（1980 年）

$(Rj-Ri)\,80$：j 国と i 国間の（貸付）利子率格差（1980 年）

$(Ej/Ei)\,80$：相対的為替レート変化比率（1975 年に対する 1980 年値）

$(Nj/Ni)\,80$：j 国の対 i 国の人口の相対比率（1980 年）

$(Tj-Ti)\,80\,(90,\,96)$：j 国と i 国間の輸入関税率格差（1980（1990, 1996）年）

RFEij $80\,(93)$：j 国の対 i 国の相対的要素賦存比率（1980（1993）年）

上記の *GED*, *GDP/Nj*, および *GRGDPj* は，全て推計において対数表示で用いられた．全ての従属変数と独立変数は，*GDP/Nj*, *GRGDPj*, *CA/GDPj* をベクトルで利用した以外は，推計においてマトリックスの形で用いられた．地理的

距離に関する2種類の表が存在する．表2-4-1で示されたものは，国別の地理的距離についてであり，表2-4-2の別なものは，域内貿易とFDIの分析のための域内の地理的距離についてをマトリックスの形式で描いたものである．

要素賦存は，総輸出額に対する工業製品輸出の比率として定義されたもので，これは表2-4-1においてマトリックスの形式で示されている．この比率 $RFEj / RFEi$ は，i-番目の国の製品輸出に対するj-番目の国の製品輸出シェアを意味する．j-番目の経済における資本蓄積がi-番目の国よりも豊富であればあるほど，要素賦存比率はより高く上昇する．

推計結果の一覧表における1番目から3番目の3本の方程式は，図2-2-1から図2-2-3の中で，より詳細な図式の形式で示されている．これらの数値は，説明されなければならない多くのノイズが存在していることを示している．貿易シェアは，各年時点で，その決定係数の値はそれほど強いものではないけれども，対外直接投資シェアと正の相関がある．

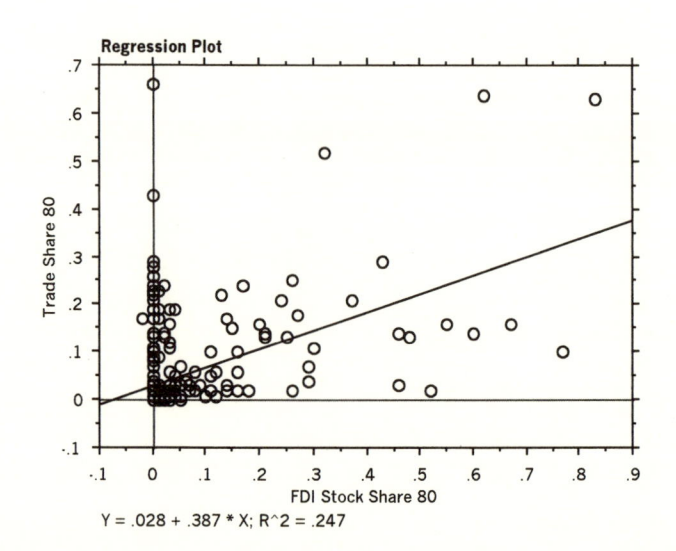

図 2-2-1 1980 年における貿易シェアと 1980 年の FDI ストックの関係

Regression Summary
Trade Share 80 vs. FDI Stock Share 80

Count	343
Num. Missing	1
R	.497
R Squared	.247
Adjusted R Squared	.245
RMS Residual	.079

ANOVA Table
Trade Share 80 vs. FDI Stock Share 80

	DF	Sum of Squares	Mean Square	F-Value	P-Value
Regression	1	.696	.696	111.718	<.0001
Residual	341	2.124	.006		
Total	342	2.820			

Regression Coefficients
Trade Share 80 vs. FDI Stock Share 80

	Coefficient	Std. Error	Std. Coeff.	t-Value	P-Value
Intercept	.028	.005	.028	6.170	<.0001
FDI Stock Share 80	.387	.037	.497	10.570	<.0001

Y = .028 + .387 * X; R^2 = .247

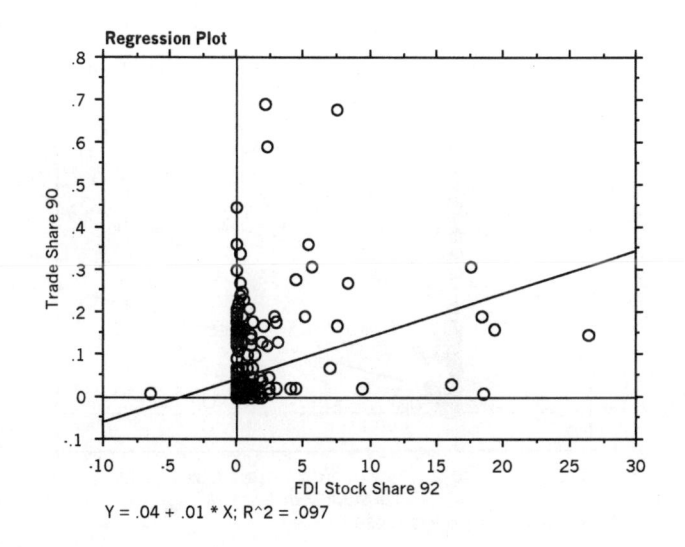

図 2-2-2　1990 年における貿易シェアと 1992 年の FDI ストックの関係

Regression Summary
Trade Share 90 vs. FDI Stock Share 92

Count	343
Num. Missing	1
R	.311
R Squared	.097
Adjusted R Squared	.094
RMS Residual	.088

ANOVA Table
Trade Share 90 vs. FDI Stock Share 92

	DF	Sum of Squares	Mean Square	F-Value	P-Value
Regression	1	.285	.285	36.504	<.0001
Residual	341	2.665	.008		
Total	342	2.951			

Regression Coefficients
Trade Share 90 vs. FDI Stock Share 92

	Coefficient	Std. Error	Std. Coeff.	t-Value	P-Value
Intercept	.040	.005	.040	8.137	<.0001
FDI Stock Share 80	.010	.002	.311	6.042	<.0001

Regression Plot

$Y = .04 + .01 * X; R^2 = .097$

図 2-2-3 1996 年における貿易シェアと 1992 年の FDI ストックの関係

Regression Summary
Trade Share 96 vs. FDI Stock Share 92

Count	343
Num. Missing	1
R	.294
R Squared	.086
Adjusted R Squared	.084
RMS Residual	.090

ANOVA Table
Trade Share 96 vs. FDI Stock Share 92

	DF	Sum of Squares	Mean Square	F-Value	P-Value
Regression	1	.263	.263	32.179	＜.0001
Residual	341	2.784	.008		
Total	342	3.047			

Regression Coefficients
Trade Share 90 vs. FDI Stock Share 92

	Coefficient	Std. Error	Std. Coeff.	t-Value	P-Value
Intercept	.043	.005	.043	8.422	＜.0001
FDI Stock Share 92	.010	.002	.294	5.673	＜.0001

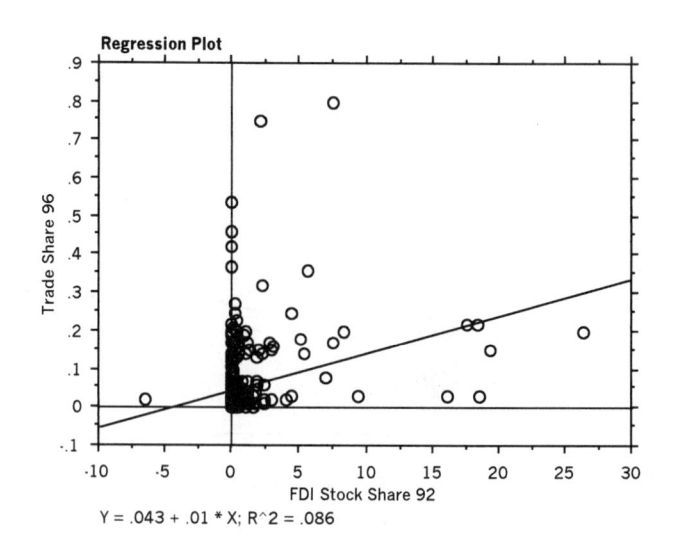

Regression Plot

Y = .043 + .01 * X; R^2 = .086

推計結果

$TS\ 80 = 0.387\ FDISS\ 80 + 0.028$ $\qquad R^2 = 0.247\quad Adj.\ R^2 = 0.245$
$\qquad (10.570)\qquad\ \ (6.170)$

$TS\ 90 = 0.010\ FDISS\ 92 + 0.40$ $\qquad R^2 = 0.097\quad Adj.\ R^2 = 0.094$
$\qquad (6.042)\qquad\ \ (8.137)$

$TS\ 96 = 0.010\ FDISS\ 92 + 0.043$ $\qquad R^2 = 0.086\quad Adj.\ R^2 = 0.084$
$\qquad (5.673)\qquad\ \ (8.422)$

$TS\ 80 = 0.257\ FDISS\ 80 - 0.024\ \log GED + 0.001\ RFEij\ 80 + 0.049\ \log GDPj\ 95 + 0.027\ \log GDP/Nj\ 95 - 0.102$
$\qquad (7.929)\qquad\quad (-2.568)\qquad\ \ (2.013)\qquad\ \ (10.673)\qquad\ \ (4.178)\qquad\qquad (-2.661)$
$\qquad\qquad\qquad\qquad\qquad\qquad\qquad\qquad\qquad\qquad\qquad\qquad\qquad R^2 = 0.529\quad Adj.\ R^2 = 0.522$

$TI\ 80 = 0.001\ FDISS\ 80 - 3.430\ \log GED + 0.531\ \log GDP/Nj\ 95 + 12.067$ $\qquad R^2 = 0.211\quad Adj.\ R^2 = 0.204$
$\qquad (2.029)\qquad\quad (-8.646)\qquad\ \ (1.999)\qquad\quad (7.001)$

$FDISS\ 80 = 0.635\ TS\ 80 - 0.070\ \log GED - 0.001\ RFEij\ 80 + 0.269$ $\qquad R^2 = 0.320\quad Adj.\ R^2 = 0.314$
$\qquad\quad (10.737)\qquad (-5.065)\qquad\ \ (-3.456)\qquad (5.398)$

$FDISI\ 80 = -139.474\ \log GED - 97.587\ \log GDP/Nj\ 95 - 635.791\ (Tj - Ti)\ 80 + 932.026$
$\qquad\quad\ \ (-3.763)\qquad\qquad (-3.349)\qquad\qquad\ \ (-1.746)\qquad\qquad (5.617)$
$\qquad\qquad\qquad\qquad\qquad\qquad\qquad\qquad\qquad\qquad\qquad\qquad\qquad R^2 = 0.076\quad Adj.\ R^2 = 0.068$

$FDISI\ 80 = -142.665\ \log GED - 71.548\ \log GDP/Nj\ 95 + 842.877$ $\qquad R^2 = 0.068\quad Adj.\ R^2 = 0.063$
$\qquad\quad\ \ (-3.842)\qquad\qquad (-2.850)\qquad\qquad\ \ (5.323)$

$TS\ 90 = 0.005\ FDISS\ 92 - 0.059\ \log GED + 0.057\ \log GDPj\ 95 + 0.034\ \log GDP/Nj\ 95 - 0.008$
$\qquad (3.957)\qquad\quad (-6.158)\qquad\ \ (11.872)\qquad\quad (4.869)\qquad\qquad (-0.186)$
$\qquad\qquad\qquad\qquad\qquad\qquad\qquad\qquad\qquad\qquad\qquad\qquad\qquad R^2 = 0.476\quad Adj.\ R^2 = 0.470$

$TI\ 90 = -3.642\ \log GED + 0.296\ \log GDP/Nj\ 95 + 13.830$ $\qquad R^2 = 0.166\quad Adj.\ R^2 = 0.161$
$\qquad\ \ (-8.210)\qquad\quad (0.985)\qquad\qquad\ (7.310)$

$FDISS\ 92 = -0.566\ \log GED - 0.255\ REFij\ 93 - 12.010\ (Tj - Ti)\ 90 + 3.203$ $\qquad R^2 = 0.047\quad Adj.\ R^2 = 0.039$
$\qquad\qquad (-1.445)\qquad\quad (-2.689)\qquad\quad (-3.589)\qquad\qquad (2.271)$

$FDISI\ 92 = -217.490\ \log GED - 100.244\ GDP/Nj + 1237.536$ $\qquad R^2 = 0.081\quad Adj.\ R^2 = 0.076$
$\qquad\quad\ \ (-4.343)\qquad\qquad (-2.961)\qquad\qquad (5.795)$

$FDISI\ 92 = -198.532\ \log GED - 87.023\ GDP/Nj + 9.867\ GRGDPj + 1074.038$ $\qquad R^2 = 0.093\quad Adj.\ R^2 = 0.085$
$\qquad\quad\ \ (-3.924)\qquad\qquad (-2.542)\qquad\quad (2.145)\qquad\quad (4.759)$

$TS\ 96 = 0.005\ FDISS\ 92 - 0.067\ \log GED + 0.008\ RFEij\ 93 + 0.058\ \log GDPj\ 95$
$\qquad (3.845)\qquad\quad (-6.606)\qquad\ \ (2.697)\qquad\quad (10.426)$
$\qquad + 0.035\ \log GDP/Nj\ 95 + 0.361\ (Tj - Ti)\ 96 + 0.002$ $\qquad R^2 = 0.442\quad Adj.\ R^2 = 0.432$
$\qquad\ \ (4.651)\qquad\qquad (2.928)\qquad\qquad (0.056)$

$TI\ 96 = -3.189\ \log GED + 13.212$ $\qquad R^2 = 0.108\quad Adj.\ R^2 = 0.105$
$\qquad\ \ (-6.427)\qquad\quad (7.409)$

表 2-4-1 主要商業都市間の地理的

	name of city	U.S.A New york	Canada Ottawa	Australia Canberra	Japan Tokyo	New Zealand Wellington	Brunei Daru Bandar Seri B	P.R.China Shanghai	Hong Kong Kowloon	Indonesia Jakart
U.S.A	New york		336	10,082	6,738	8,949	9,232	7,368	8,051	10,049
Canada	Ottawa	336		10,009	6,411	9,000	8,897	7,032	7,717	9,721
Australia	Canberra	10,082	10,009		4,941	1,446	3,557	4,934	4,590	3,354
Japan	Tokyo	6,738	6,411	4,941		5,764	2,649	1,097	1,794	3,598
New Zealand	Wellington	8,949	9,000	1,446	5,764		4,933	6,054	5,859	4,799
Brunei Darussalam	Bandar Seri	9,232	8,897	3,557	2,649	4,933		1,866	1,201	950
P.R. China	Shanghai	7,368	7,032	4,934	1,097	6,054	1,866		764	2,760
Hong Kong	Kowloon	8,051	7,717	4,590	1,794	5,859	1,201	764		2,029
Indonesia	Jakart	10,049	9,721	3,354	3,598	4,799	950	2,760	2,029	
Korea	Seoul	6,869	6,533	5,229	721	6,227	2,378	537	1,300	3,288
Malaysia	Kualalumpur	9,393	9,076	4,056	3,309	5,495	919	2,327	1,564	735
Papua New Guinea	Port Moresby	9,126	8,891	1,786	3,160	2,767	2,434	3,289	3,134	2,771
Philippines	Manila	8,497	8,161	3,907	1,865	5,163	785	1,151	696	1,733
Singapore	Singapore	9,532	9,210	3,859	3,309	5,297	804	2,368	1,609	554
Thailand	Bangkok	8,657	8,342	4,646	2,864	6,056	1,154	1,795	1,073	1,442
Taiwan	Taipei	7,785	7,449	4,543	1,311	5,712	1,457	427	501	2,372
Chile	Santiago	5,129	5,458	7,035	10,705	5,808	10,434	11,713	11,612	9,695
Mexico	Mexico	2,090	2,241	8,186	7,022	6,897	9,575	8,022	8,782	10,468
EU	Berlin	3,968	3,808	9,984	5,542	11,271	6,428	5,218	5,438	6,699

Source : Table was made by T. Hasegawa.Original data was acquired from Rand McNally Quick Reference Atlas. Ver.1.0,

第2章 アジア太平洋地域の相互依存性　53

距離（単位：miles）

Korea	Malaysia	Papua New Guinea	Philippines	Singapore	Thailand	Taiwan	Chile	Mexico	EU	
Seoul	Kuala Lumpur	Port Moresby	Manila	Singapore	Bangkok	Taipei	Santiago	Mexico	Berlin	
6,869	9,393	9,126	8,497	9,532	8,657	7,785	5,129	2,090	3,968	U.S.A
6,533	9,076	8,891	8,161	9,210	8,342	7,449	5,458	2,241	3,808	Canada
5,229	4,056	1,786	3,907	3,859	4,646	4,543	7,035	8,186	9,984	Australia
721	3,309	3,160	1,865	3,309	2,864	1,311	10,705	7,022	5,742	Japan
6,227	5,495	2,767	5,163	5,297	6,056	5,712	5,808	6,897	11,271	New Zealand*
2,378	919	2,434	785	804	1,154	1,457	10,434	9,575	6,428	Brunei Darussalam
537	2,327	3,289	1,151	2,368	1,795	427	11,713	8,022	5,218	P.R. China
1,300	1,564	3,134	696	1,609	1,073	501	11,612	8,782	5,438	Hong Kong
3,288	735	2,771	1,733	554	1,442	2,372	9,695	10,468	6,699	Indonesia
	2,864	3,504	1,628	2,905	2,311	922	11,407	7,491	5,051	Korea
2,864		3,250	1,533	197	736	2,005	10,287	10,330	5,973	Malaysia*
3,504	3,250		2,446	3,072	3,579	2,947	8,566	7,971	8,506	Papua New Guinea
1,628	1,533	2,446		1,488	1,373	724	10,942	8,836	6,132	Philippines
2,905	197	3,072	1,488		8,331	7,114	5,568	1,675	4,610	Singapore
2,311	736	3,579	1,373	8,331		1,571	10,967	9,784	5,347	Thailand
922	2,005	2,947	724	7,114	1,571		11,503	8,326	5,563	Taiwan
11,407	10,287	8,566	10,942	5,568	10,967	11,503		4,106	7,783	Chile
7,491	10,330	7,971	8,836	1,675	9,784	8,326	4,106		6,046	Mexico
5,051	5,973	8,506	6,132	4,610	5,347	5,563	7,783	6,046	580	Berlin (−London)

Rand McNally and Company, 1995.

表 2-4-2 地域間の地理的距離（単位：miles）

host investor		NAFTA N.Y.(-Ottawa)	U.S.A. New York	Japan Tokyo	Oceania Canberra(-Wel)	Asia NIEs Seoul-Singpo	ASEAN 4 Bangkok-Man	China + H.K. Shanghai-H.K.	APEC 15 N.Y.-Tokyo	EU Berlin-London	World
NAFTA	N.Y.-Ottawa	336	336	6,738	10,082	6,869	8,657	7,368	6,738	3,968	
U.S.A.	New York	336	0	6,738	10,082	6,869	8,657	7,368	6,738	3,968	
Japan	Tokyo	6,738	6,738	0	4,941	721	2,864	1,097	6,738	5,542	
Oceania	Canberra - Wellington	10,082	10,082	4,941	1,446	5,229	4,646	4,934	10,082	9,984	
Asia NIEs	Seoul - Singapore	6,869	6,869	721	5,229	2,905	2,311	537	6,869	5,051	
ASEAN 4	Bangkok - Manilla	8,657	8,657	2,864	4,646	2,311	1,373	1,795	2,864	5,347	
China + H.K.	Shanghai-H.K.	7,368	7,368	1,097	4,934	537	1,795	764	1,097	5,218	
APEC 15	N.Y.-Tokyo	6,738	6,738	6,738	10,082	6,869	8,657	7,368	6,738	3,968	
EU	Berlin-London	3,968	3,968	5,542	9,984	5,051	5,347	5,218	3,968	580	
World											

Source : Table was made by T. Hasegawa. Original data was acquired from Rand McNally Quick Reference Atlas, Ver. 1.0, Rand McNally and Company, 1995.

最初の3本の方程式は，貿易シェア（貿易の相対的集約性）とFDIストック（FDIストックの相対的集約性）との単純な関係を示している．すなわち，この論文の表記法にしたがえば，$B:E$である．国別（19×19）データを用いる我々の実証研究は，右辺の各変数が貿易シェアを説明する上で有意であるが，相関係数は低いことを示している．19カ国とは，APEC 18経済地域と一地域としてのEUから構成されている．

導入すべき他の説明変数が存在しうる．貿易集約性とFDI集約性は，それぞれ，その他の独立変数によって説明されて然るべきであろう．

対角要素x_{ii}（y_{ii}）は，i-番目地域の域内貿易（あるいは，域内FDIストック）を意味している．EUの域内貿易と域内FDIストック・データは，我々の国別分析のために排他的に用いられた．非対角要素x_{ij}（y_{ij}）は，i-番目の国からj-番目の国への貿易（あるいは，FDIストック）を表記したものである．

TSは，FDISSに依存する．しかしながら，その逆は真ではない．TS（or TI）およびFDISS（or FDISI）は，すべて，当該貿易相手国の主要商業都市間の地理的距離によって定義される輸送費用の説明変数によって説明される．貿易シェアは，FDISS，対外直接投資のストック・シェアによって説明されたけれども，TIは，FDISI（あるいはFDISSによってですら）によって説明することは難しい．相対的に判断すると，低い決定係数ではあるが，それでも，統計的に有意であることを示している．

このような国別データの分析において，束ねられた地域データの分析と違って，我々の枠組みでは上手く説明できない多くのノイズが存在する．多くのノイズが存在しているにもかかわらず，留意されるべき幾つかのファインディングを描写することができる．もし我々が域内貿易データと域内FDIデータとを用いたならば，その結果について，かなり改善された統計量を期待することができたであろう[8]．

表 2-5-1　要素賦存相対比率：1980 年における総商品貿易

	1980	U.S.A. RFE 1/RFEi	Canada RFE 2/RFEi	Australia RFE 3/RFEi	Japan	NewZealand	Brunei Darussalam	P. R. China	HongKong
U.S.A	0.68	1.00	0.72	0.29	1.41	0.29	0.01	0.71	1.35
Canada	0.49	1.39	1.00	0.41	1.96	0.41	0.02	0.98	1.88
Australia	0.20	3.40	2.45	1.00	4.80	1.00	0.05	2.40	4.60
Japan	0.96	0.71	0.51	0.21	1.00	0.21	0.01	0.50	0.96
New Zealand	0.20	3.40	2.45	1.00	4.80	1.00	0.05	2.40	4.60
Brunei Darussalam	0.01	68.00	49.00	20.00	96.00	20.00	1.00	48.00	92.00
P. R. China	0.48	1.42	1.02	0.42	2.00	0.42	0.02	1.00	1.92
Hong Kong	0.92	0.74	0.53	0.22	1.04	0.22	0.01	0.52	1.00
Indonesia	0.02	34.00	24.50	10.00	48.00	10.00	0.50	24.00	46.00
Korea	0.90	0.76	0.54	0.22	1.07	0.22	0.01	0.53	1.02
Malaysia	0.19	3.58	2.58	1.05	5.05	1.05	0.05	2.53	4.84
PapuaNew Guinea	0.03	22.67	16.33	6.67	32.00	6.67	0.33	16.00	30.67
Philippines	0.37	1.84	1.32	0.54	2.59	0.54	0.03	1.30	2.49
Singapore	0.50	1.36	0.98	0.40	1.92	0.40	0.02	0.96	1.84
Thailand	0.28	2.43	1.75	0.71	3.43	0.71	0.04	1.71	3.29
Taiwan	0.88	0.77	0.56	0.23	1.09	0.23	0.01	0.55	1.05
Chile	0.10	6.80	4.90	2.00	9.60	2.00	0.10	4.80	9.20
Mexico	0.12	5.67	4.08	1.67	8.00	1.67	0.08	4.00	7.67
EU (Germany)	0.86	0.79	0.57	0.23	1.12	0.23	0.01	0.56	1.07

Sources : World Bank, World Development Report 1997, 1997.

Note : The ratio of Brunei which were taken from Handbook of International Trade and Development Statistics, The ratio for Germany was used instead of aggregated EU data.

第2章　アジア太平洋地域の相互依存性　57

に占める工業製品貿易のシェアの相対比率として定義

Indonesia	Korea	Malaysia	Papua NewGuinea	Philippines	Singapore	Thailand	Taiwan	Chile	Mexico	EU
0.03	1.32	0.28	0.04	0.54	0.74	0.41	1.29	0.15	0.18	1.26
0.04	1.84	0.39	0.06	0.76	1.02	0.57	1.80	0.20	0.24	1.76
0.10	4.50	0.95	0.15	1.85	2.50	1.40	4.40	0.50	0.60	4.30
0.02	0.94	0.20	0.03	0.39	0.52	0.29	0.92	0.10	0.13	0.90
0.10	4.50	0.95	0.15	1.85	2.50	1.40	4.40	0.50	0.60	4.30
2.00	90.00	19.00	3.00	37.00	50.00	28.00	88.00	10.00	12.00	86.00
0.04	1.88	0.40	0.06	0.77	1.04	0.58	1.83	0.21	0.25	1.79
0.02	0.98	0.21	0.03	0.40	0.54	0.30	0.96	0.11	0.13	0.93
1.00	45.00	9.50	1.50	18.50	25.00	14.00	44.00	5.00	6.00	43.00
0.02	1.00	0.21	0.03	0.41	0.56	0.31	0.98	0.11	0.13	0.96
0.11	4.74	1.00	0.16	1.95	2.63	1.47	4.63	0.53	0.63	4.53
0.67	30.00	6.33	1.00	12.33	16.67	9.33	29.33	3.33	4.00	28.67
0.05	2.43	0.51	0.08	1.00	1.35	0.76	2.38	0.27	0.32	2.32
0.04	1.80	0.38	0.06	0.74	1.00	0.56	1.76	0.20	0.24	1.72
0.07	3.21	0.68	0.11	1.32	1.79	1.00	3.14	0.36	0.43	3.07
0.02	1.02	0.22	0.03	0.42	0.57	0.32	1.00	0.11	0.14	0.98
0.20	9.00	1.90	0.30	3.70	5.00	2.80	8.80	1.00	1.20	8.60
0.17	7.50	1.58	0.25	3.08	4.17	2.33	7.33	0.83	1.00	7.17
0.02	1.05	0.22	0.03	0.43	0.58	0.33	1.02	0.12	0.14	1.00

UNCTAD, 1994, was supposed 0.01 in 1980, instead of actual zero, and 1992 data was used for 1993.

表 2-5-2　要素賦存相対比率：1993 年における総商品貿易

1993		U.S.A.	Canada	Australia	Japan	NewZealand	Brunei Darussalam	P. R. China	HongKong
		RFE 1/RFEi	RFE 2/RFEi	RFE 3/RFEi					
U.S.A	0.82	1.00	0.80	0.43	1.18	0.33	0.15	0.99	1.16
Canada	0.66	1.24	1.00	0.53	1.47	0.41	0.19	1.23	1.44
Australia*	0.35	2.34	1.89	1.00	2.77	0.77	0.36	2.31	2.71
Japan	0.97	0.85	0.68	0.36	1.00	0.28	0.13	0.84	0.98
New Zealand*	0.27	3.04	2.44	1.30	3.59	1.00	0.47	3.00	3.52
BruneiDarussalam	0.13	6.51	5.24	2.78	7.70	2.14	1.00	6.43	7.54
P. R. China*,**	0.81	1.01	0.81	0.43	1.20	0.33	0.16	1.00	1.17
Hong Kong**	0.95	0.86	0.69	0.37	1.02	0.28	0.13	0.85	1.00
Indonesia*,**	0.53	1.55	1.25	0.66	1.83	0.51	0.24	1.53	1.79
Korea*,**	0.93	0.88	0.71	0.38	1.04	0.29	0.14	0.87	1.02
Malaysia*	0.65	1.26	1.02	0.54	1.49	0.42	0.19	1.25	1.46
PapuaNewGuinea*	0.12	6.83	5.50	2.92	8.08	2.25	1.05	6.75	7.92
Philippines*	0.76	1.08	0.87	0.46	1.28	0.36	0.17	1.07	1.25
Singapore*,**	0.80	1.03	0.83	0.44	1.21	0.34	0.16	1.01	1.19
Thailand*,**	0.73	1.12	0.90	0.48	1.33	0.37	0.17	1.11	1.30
Taiwan**	0.93	0.88	0.71	0.38	1.04	0.29	0.14	0.87	1.02
Chile*	0.18	4.56	3.67	1.94	5.39	1.50	0.70	4.50	5.28
Mexico*,**	0.75	1.09	0.88	0.47	1.29	0.36	0.17	1.08	1.27
EU (Germany)	0.90	0.91	0.73	0.39	1.08	0.30	0.14	0.90	1.06

Sources : World Bank, World Development Report 1997, 1997.

第2章　アジア太平洋地域の相互依存性　59

に占める工業製品貿易のシェアの相対比率として定義

Indonesia	Korea	Malaysia	Papua NewGuinea	Philippines	Singapore	Thailand	Taiwan	Chile	Mexico	EU
0.65	1.13	0.79	0.15	0.93	0.98	0.89	1.13	0.22	0.91	1.10
0.80	1.41	0.98	0.18	1.15	1.21	1.11	1.41	0.27	1.14	1.36
1.51	2.66	1.86	0.34	2.17	2.29	2.09	2.66	0.51	2.14	2.57
0.55	0.96	0.67	0.12	0.78	0.82	0.75	0.96	0.19	0.77	0.93
1.96	3.44	2.41	0.44	2.81	2.96	2.70	3.44	0.67	2.78	3.33
4.21	7.38	5.16	0.95	6.03	6.35	5.79	7.38	1.43	5.95	7.14
0.65	1.15	0.80	0.15	0.94	0.99	0.90	1.15	0.22	0.93	1.11
0.56	0.98	0.68	0.13	0.80	0.84	0.77	0.98	0.19	0.79	0.95
1.00	1.75	1.23	0.23	1.43	1.51	1.38	1.75	0.34	1.42	1.70
0.57	1.00	0.70	0.13	0.82	0.86	0.78	1.00	0.19	0.81	0.97
0.82	1.43	1.00	0.18	1.17	1.23	1.12	1.43	0.28	1.15	1.38
4.42	7.75	5.42	1.00	6.33	6.67	6.08	7.75	1.50	6.25	7.50
0.70	1.22	0.86	0.16	1.00	1.05	0.96	1.22	0.24	0.99	1.18
0.66	1.16	0.81	0.15	0.95	1.00	0.91	1.16	0.23	0.94	1.13
0.73	1.27	0.89	0.16	1.04	1.10	1.00	1.27	0.25	1.03	1.23
0.57	1.00	0.70	0.13	0.82	0.86	0.78	1.00	0.19	0.81	0.97
2.94	5.17	3.61	0.67	4.22	4.44	4.06	5.17	1.00	4.17	5.00
0.71	1.24	0.87	0.16	1.01	1.07	0.97	1.24	0.24	1.00	1.20
0.59	1.03	0.72	0.13	0.84	0.89	0.81	1.03	0.20	0.83	1.00

表 2-6-1 保護格差：1996 年に

	平均関税率		U.S.A.	Canada	Australia	Japan	New Zealand	Brunei	P.R. China	Hong Kong
	1990	1996	(t 1–ti) 96	t 2 – ti	t 3 – ti					
U.S.A	0.026	0.019	0.00	−0.01	0.01	0.00	0.01	0.06	0.01	−0.01
Canada	0.024	0.013	0.01	0.00	0.02	0.01	0.02	0.07	0.01	−0.01
Australia	0.059	0.031	−0.01	−0.02	0.00	−0.01	−0.00	0.05	−0.01	−0.03
Japan	0.019	0.021	−0.00	−0.01	0.01	0.00	0.01	0.06	0.00	−0.02
New Zealand*	0.033	0.031	−0.01	−0.02	0.00	−0.01	0.00	0.05	−0.01	−0.03
BruneiDarussalam	0.083	0.083	−0.06	−0.07	−0.05	−0.06	−0.05	0.00	−0.06	−0.08
P. R. China	0.058	0.025	−0.01	−0.01	0.01	−0.00	0.01	0.06	0.00	−0.02
Hong Kong	0.009	0.005	0.01	0.01	0.03	0.02	0.03	0.08	0.02	0.00
Indonesia	0.049	0.020	−0.00	−0.01	0.01	0.00	0.01	0.06	0.01	−0.01
Korea	0.068	0.037	−0.02	−0.02	−0.01	−0.02	−0.01	0.05	−0.01	−0.03
Malaysia*	0.036	0.027	−0.01	−0.01	0.00	−0.01	0.00	0.06	−0.00	−0.02
PapuaNewGuinea	0.120	0.111	−0.09	−0.10	−0.08	−0.09	−0.08	−0.03	−0.09	−0.11
Philippines	0.120	0.092	−0.07	−0.08	−0.06	−0.07	−0.06	−0.01	−0.07	−0.09
Singapore	0.005	0.003	0.02	0.01	0.03	0.02	0.03	0.08	0.02	0.00
Thailand	0.097	0.063	−0.04	−0.05	−0.03	−0.04	−0.03	0.02	−0.04	−0.06
Taiwan	0.055	0.030	−0.01	−0.02	0.00	−0.01	0.00	0.05	−0.00	−0.02
Chile	0.077	0.073	−0.05	−0.06	−0.04	−0.05	−0.04	0.01	−0.05	−0.07
Mexico	0.060	0.015	0.00	−0.00	0.02	0.01	0.02	0.07	0.01	−0.01
EU（Germany）	0.007	0.006	0.01	0.01	0.03	0.01	0.02	0.08	0.02	−0.00

第2章 アジア太平洋地域の相互依存性 61

おける平均関税率で測定

Indonesia	Korea	Malaysia	Papua NewGuinea	Philippines	Singapore	Thailand	Taiwan	Chile	Mexico	EU
0.00	0.02	0.01	0.09	0.07	−0.02	0.04	0.01	0.05	−0.00	−0.01
0.01	0.02	0.01	0.10	0.08	−0.01	0.05	0.02	0.06	0.00	−0.01
−0.01	0.01	−0.00	0.08	0.06	−0.03	0.03	−0.00	0.04	−0.02	−0.03
−0.00	0.02	0.01	0.09	0.07	−0.02	0.04	0.01	0.05	−0.01	−0.01
−0.01	0.01	−0.00	0.08	0.06	−0.03	0.03	−0.00	0.04	−0.02	−0.02
−0.06	−0.05	−0.06	0.03	0.01	−0.08	−0.02	−0.05	−0.01	−0.07	−0.08
−0.01	0.01	0.00	0.09	0.07	−0.02	0.04	0.00	0.05	−0.01	−0.02
0.01	0.03	0.02	0.11	0.09	−0.00	0.06	0.02	0.07	0.01	0.00
0.00	0.02	0.01	0.09	0.07	−0.02	0.04	0.01	0.05	−0.00	−0.01
−0.02	0.00	−0.01	0.07	0.05	−0.03	0.03	−0.01	0.04	−0.02	−0.03
−0.01	0.01	0.00	0.08	0.07	−0.02	0.04	0.00	0.05	−0.01	−0.02
−0.09	−0.07	−0.08	0.00	−0.02	−0.11	−0.05	−0.08	−0.04	−0.10	−0.10
−0.07	−0.05	−0.07	0.02	0.00	−0.09	−0.03	−0.06	−0.02	−0.08	−0.09
0.02	0.03	0.02	0.11	0.09	0.00	0.06	0.03	0.07	0.01	0.00
−0.04	−0.03	−0.04	0.05	0.03	−0.06	0.00	−0.03	0.01	−0.05	−0.06
−0.01	0.01	−0.00	0.08	0.06	−0.03	0.03	0.00	0.04	−0.02	−0.02
−0.05	−0.04	−0.05	0.04	0.02	−0.07	−0.01	−0.04	0.00	−0.06	−0.07
0.00	0.02	0.01	0.10	0.08	−0.01	0.05	0.02	0.06	0.00	−0.01
0.01	0.03	0.02	0.10	0.09	−0.00	0.06	0.02	0.07	0.01	0.00

表 2-6-2　保護格差：1990 年に

関税率	U.S.A.	Canada	Australia	Japan	NewZealand	Brunei Darussalam	P.R.China	HongKong
1990	(t 1– ti)80	t 2 – ti	t 3 – ti					
U.S.A　0.026	0.000	–0.002	0.033	–0.007	0.007	0.057	0.032	–0.017
Canada　0.024	0.002	0.000	0.036	–0.004	0.009	0.060	0.035	–0.015
Australia　0.059	–0.033	–0.036	0.000	–0.040	–0.026	0.024	–0.001	–0.050
Japan　0.019	0.007	0.004	0.040	0.000	0.014	0.064	0.039	–0.010
New Zealand*　0.033	–0.007	–0.009	0.026	–0.014	0.000	0.050	0.025	–0.024
BruneiDarussalam　0.083	–0.057	–0.060	–0.024	–0.064	–0.050	0.000	–0.025	–0.074
P. R. China　0.058	–0.032	–0.035	0.001	–0.039	–0.025	0.025	0.000	–0.049
Hong Kong　0.009	0.017	0.015	0.050	0.010	0.024	0.074	0.049	0.000
Indonesia　0.049	–0.023	–0.025	0.011	–0.030	–0.016	0.035	0.009	–0.040
Korea　0.068	–0.042	–0.044	–0.008	–0.049	–0.035	0.016	–0.010	–0.059
Malaysia*　0.036	–0.010	–0.012	0.024	–0.017	–0.003	0.048	0.022	–0.027
PapuaNewGuinea　0.120	–0.094	–0.097	–0.061	–0.101	–0.087	–0.037	–0.062	–0.111
Philippines　0.120	–0.094	–0.097	–0.061	–0.101	–0.087	–0.037	–0.062	–0.111
Singapore　0.005	0.021	0.018	0.054	0.014	0.027	0.078	0.053	0.003
Thailand　0.097	–0.071	–0.073	–0.038	–0.078	–0.064	–0.014	–0.039	–0.088
Taiwan　0.055	–0.029	–0.032	0.004	–0.036	–0.022	0.028	0.003	–0.046
Chile　0.077	–0.051	–0.054	–0.018	–0.058	–0.044	0.006	–0.019	–0.068
Mexico　0.060	–0.034	–0.037	–0.001	–0.041	–0.027	0.023	–0.002	–0.051
EU　0.007	0.019	0.016	0.052	0.012	0.025	0.076	0.051	0.001

第 2 章 アジア太平洋地域の相互依存性 63

おける平均関税率で測定

Indonesia	Korea	Malaysia	Papua NewGuinea	Philippines	Singapore	Thailand	Taiwan	Chile	Mexico	EU
0.023	0.042	0.010	0.094	0.094	−0.021	0.071	0.029	0.051	0.034	−0.019
0.025	0.044	0.012	0.097	0.097	−0.018	0.073	0.032	0.054	0.037	−0.016
−0.011	0.008	−0.024	0.061	0.061	−0.054	0.038	−0.004	0.018	0.001	−0.052
0.030	0.049	0.017	0.101	0.101	−0.014	0.078	0.036	0.058	0.041	−0.012
0.016	0.035	0.003	0.087	0.087	−0.027	0.064	0.022	0.044	0.027	−0.025
−0.035	−0.016	−0.048	0.037	0.037	−0.078	0.014	−0.028	−0.006	−0.023	−0.076
−0.009	0.010	−0.022	0.062	0.062	−0.053	0.039	−0.003	0.019	0.002	−0.051
0.040	0.059	0.027	0.111	0.111	−0.003	0.088	0.046	0.068	0.051	−0.001
0.000	0.019	−0.013	0.071	0.071	−0.043	0.048	0.006	0.029	0.011	−0.041
−0.019	0.000	−0.032	0.052	0.052	−0.062	0.029	−0.013	0.010	−0.008	−0.060
0.013	0.032	0.000	0.085	0.085	−0.030	0.061	0.020	0.042	0.025	−0.028
−0.071	−0.052	−0.085	0.000	−0.000	−0.115	−0.023	−0.065	−0.043	−0.060	−0.113
−0.071	−0.052	−0.085	0.000	0.000	−0.115	−0.023	−0.065	−0.043	−0.060	−0.113
0.043	0.062	0.030	0.115	0.115	0.000	0.092	0.050	0.072	0.055	0.002
−0.048	−0.029	−0.061	0.023	0.023	−0.092	0.000	−0.042	−0.020	−0.037	−0.090
−0.006	0.013	−0.020	0.065	0.065	−0.050	0.042	0.000	0.022	0.005	−0.048
−0.029	−0.010	−0.042	0.043	0.043	−0.072	0.020	−0.022	0.000	−0.017	−0.070
−0.011	0.008	−0.025	0.060	0.060	−0.055	0.037	−0.005	0.017	0.000	−0.053
0.041	0.060	0.028	0.113	0.113	−0.002	0.090	0.048	0.070	0.053	0.000

表 2-6-3　保護格差：1980 年に

	関税率	U.S.A.	Canada	Australia	Japan	NewZealand	Brunei Darussalam	P.R.China	HongKong
	1980	(t 1− ti) 80	t 2 − ti	t 3 − ti					
U.S.A	0.025	0.00	0.01	0.04	−0.01	0.01	0.05	0.08	−0.02
Canada	0.039	−0.01	0.00	0.03	−0.02	−0.01	0.04	0.07	−0.03
Australia	0.066	−0.04	−0.03	0.00	−0.05	−0.03	0.01	0.04	−0.06
Japan	0.019	0.01	0.02	0.05	0.00	0.01	0.06	0.09	−0.01
New Zealand*	0.032	−0.01	0.01	0.03	−0.01	0.00	0.05	0.08	−0.02
BruneiDarussalam	0.077	−0.05	−0.04	−0.01	−0.06	−0.05	0.00	0.03	−0.07
P. R. China	0.109	−0.08	−0.07	−0.04	−0.09	−0.08	−0.03	0.00	−0.10
Hong Kong	0.008	0.02	0.03	0.06	0.01	0.02	0.07	0.10	0.00
Indonesia	0.044	−0.02	−0.01	0.02	−0.03	−0.01	0.03	0.06	−0.04
Korea	0.064	−0.04	−0.03	0.00	−0.05	−0.03	0.01	0.05	−0.06
Malaysia*	0.071	−0.05	−0.03	−0.00	−0.05	−0.04	0.01	0.04	−0.06
PapuaNewGuinea	0.059	−0.03	−0.02	0.01	−0.04	−0.03	0.02	0.05	−0.05
Philippines	0.112	−0.09	−0.07	−0.05	−0.09	−0.08	−0.03	−0.00	−0.10
Singapore	0.017	0.01	0.02	0.05	0.00	0.01	0.06	0.09	−0.01
Thailand	0.094	−0.07	−0.06	−0.03	−0.08	−0.06	−0.02	0.02	−0.09
Taiwan	0.068	−0.04	−0.03	−0.00	−0.05	−0.04	0.01	0.04	−0.06
Chile	0.051	−0.03	−0.01	0.01	−0.03	−0.02	0.03	0.06	−0.04
Mexico	0.083	−0.06	−0.04	−0.02	−0.06	−0.05	−0.01	0.03	−0.08
EU	0.010	0.02	0.03	0.06	0.01	0.02	0.07	0.10	−0.00

第2章　アジア太平洋地域の相互依存性　65

における平均関税率で測定

Indonesia	Korea	Malaysia	Papua NewGuinea	Philippines	Singapore	Thailand	Taiwan	Chile	Mexico	EU
0.02	0.04	0.05	0.03	0.09	−0.01	0.07	0.04	0.03	0.06	−0.02
0.01	0.03	0.03	0.02	0.07	−0.02	0.06	0.03	0.01	0.04	−0.03
−0.02	−0.00	0.00	−0.01	0.05	−0.05	0.03	0.00	−0.01	0.02	−0.06
0.03	0.05	0.05	0.04	0.09	−0.00	0.08	0.05	0.03	0.06	−0.01
0.01	0.03	0.04	0.03	0.08	−0.01	0.06	0.04	0.02	0.05	−0.02
−0.03	−0.01	−0.01	−0.02	0.03	−0.06	0.02	−0.01	−0.03	0.01	−0.07
−0.06	−0.05	−0.04	−0.05	0.00	−0.09	−0.02	−0.04	−0.06	−0.03	−0.10
0.04	0.06	0.06	0.05	0.10	0.01	0.09	0.06	0.04	0.08	0.00
0.00	0.02	0.03	0.01	0.07	−0.03	0.05	0.02	0.01	0.04	−0.03
−0.02	0.00	0.01	−0.01	0.05	−0.05	0.03	0.00	−0.01	0.02	−0.05
−0.03	−0.01	0.00	−0.01	0.04	−0.05	0.02	−0.00	−0.02	0.01	−0.06
−0.01	0.01	0.01	0.00	0.05	−0.04	0.04	0.01	−0.01	0.02	−0.05
−0.07	−0.05	−0.04	−0.05	0.00	−0.10	−0.02	−0.04	−0.06	−0.03	−0.10
0.03	0.05	0.05	0.04	0.10	0.00	0.08	0.05	0.03	0.07	−0.01
−0.05	−0.03	−0.02	−0.04	0.02	−0.08	0.00	−0.03	−0.04	−0.01	−0.08
−0.02	−0.00	0.00	−0.01	0.04	−0.05	0.03	0.00	−0.02	0.02	−0.06
−0.01	0.01	0.02	0.01	0.06	−0.03	0.04	0.02	0.00	0.03	−0.04
−0.04	−0.02	−0.01	−0.02	0.03	−0.07	0.01	−0.02	−0.03	0.00	−0.07
0.03	0.05	0.06	0.05	0.10	0.01	0.08	0.06	0.04	0.07	0.00

第5節 結 論

過去数十年の間に，輸送技術の進歩を経験してきたにもかかわらず，GED 地理的距離は，国際貿易と対外直接投資のグラヴィティーを描く生き生きとした説明変数である．FDISI の何らかの良い説明変数を見出すことは，ここでの国別データ分析においては困難である．

貿易集約性は，FDI ストック集約性によって一般的に説明された．TS は，正の符号をもつ FDISS によって説明されているけれども，FDISS は TS により説明することは困難である．6番目の方程式における FDISS(80) は，TS と極めて有効に相関している．

貿易グラヴィティーとストックとしての対外直接投資のグラヴィティーとの間の相関関係を検討するために，推計結果 #1 から #3 までの3本の方程式，そして，初めの #1, #2, および #3 の方程式のリストに表示されなかった3時点における FDISS を TS によって回帰するその他の推計の内で，初めの3本の方程式が統計的に有意であった．

初めの3本の方程式とは別に，相対的，および二重相対的貿易集約性は，輸送費の尺度として採られた地理的距離によってすべて説明された．

多くの推計事例において，貿易の集約性と FDI ストック集約性とは，輸入国，もしくは FDI 受資国における1人あたり GDP に相関している．しかしながら，貿易集約性と対外直接投資集約性との間には明確な相違が存在する．貿易シェア（TS）と貿易集約性（TI）は，1人あたり GDP（GDP/N_j），と正の相関をもっている．これに対して，FDI ストック・シェアと FDI ストック集約性は負の相関をもっている．

総輸出額に占める製造業の輸出の比率として採られ，表2-5-1（2-5-2）で示された相対的要素賦存の指標は，正の符号をもつ TS(80) and (96) の有効な説明変数で，負の符号をもつ FDISS(80) and (92) の有効な説明変数である．

GDP もまた，TS(80)，TS(90)，and FDISI(92) についての有効な説明変数である．GDP の成長率は，FDISI(92) を説明する上で有効であった．平均輸

入関税率の格差は, *FDISI* (80) and *FDISS* (92) と負の符号で相関をもち, *TS* (96) に正の符号で相関している.

これらの全ての推計の内で, 最も成功している推計は, *TS* (80) についての4番目の方程式と *TS* (96) についての14番目の方程式であった. 両推計とも, 共通の説明変数として, *FDISS*, *GED*, *GDP/Nj*, *RFE* をもっている.

グラヴィティーを説明する上での低い R^2 (決定係数) であるのは, 特に FDI ストックのデータにおいて, 国別のデータを利用しているという特性に起因しているものと思われる.

1) 本稿は, INFORUM 世界会議マドリッド大会で最初に発表されたものに加筆修正したものである. "Asian Pacific Interdependence", INFORUM World Conference, Madrid, Spain, Septenber 1997. この時点での APEC 加盟国 18 カ国についてのデータと分析については, 現在の加盟国 21 カ国について今後拡張して分析する必要がある.
   筆者は, Peter Petri, Brandeis University, および Clopper Almon, Douglas Nyhus, and Douglas Meade, INFORUM, University of Maryland, Susan Pharr and Frank Schwartz, Harvard University, 浦田秀次郎 (早稲田大学), 今川健 (中央大学) の親切な, また有益なコメントに感謝する. さらに又, 研究資料についてお世話になった Ezra Vogel (Harvard University) にも感謝している.
2) APEC についての平均成長率の数値は APEC Secretariat, APEC Economic Outlook, 1997, から, EU については IMF, World Economic Outlook, 1997 から入手した.
3) 貿易データは, MF, Direction of Trade Statistics Yearbook (各号) からとられた.
4) このような典型的な観察は, 次のもので論じられた. World Bank, The East Asian Miracle : Economic Growth and Public Policy, Oxford University Press, 1993.
5) APEC Economic Committee, ibid., table 10, p.21.
6) Paul R. Krugman, POP Internationalism, the MIT Press, 1996, written originally, as "The Myth of Asia's Miracle", in Foreign Affairs, November/December 1994 : pp. 62–78.
7) Peter Petri, "The East Asian Trading Bloc : An Analytical History", in Jeffrey A. Frankel and Miles Kahler, (eds.), Regionalism and Rivalry : Japan and the United States in Pacific Asia, the University of Chicago Press, 1993. Peter Drysdale and Ross Garnaut, "The Pacific : An Application of General Theory of Economic Integration", in C. Fred Bergsten and Marcus Noland, (eds.), Pacific Dynamism and the International Economic System, Institute for International Economics, 1993.
8) Peter Petri は, 貿易データと FDI データとのこのような関係を, 集約性の定義

を用いて，次の論文の中で，上手く観察した．"the interdependence of trade and investment in the Pacific", in E.K.Y. Chen and P. Drysdale (eds.), Corporate Links and Foreign Direct Investment in Asia and the Pacific, Harper Educational, 1994, pp. 29–55.

第 3 章

APEC の発展と EU の対応
──EU の対アジア進出戦略をめぐって──

はじめに

　21世紀はアジアの時代といわれるように「アジア太平洋経済圏の発展」には目を見張るものがある[1]．とりわけその発展の担い手である東，東南アジアの経済的躍進ぶりには，それまで市場統合の完成に向けての域内指向，その後はベルリンの壁崩壊後の中・東欧諸国への関心が強かった EU 各国からも注目を集めている．それでは EU は組織体として対 APEC，ひいてはアジアとの関係についていかなる姿勢をとっているのであろうか？　EU と APEC との関係についてその関係を規定する特別なルールが具体的な形で存在するのであろうか？　答えは否であろう．APEC はアジア太平洋地域における政府間経済協力の場として 1989 年 11 月に発足したのであるが，その設立事情を考えても EU の前身である EC との対抗上，北米と東アジアとの提携という面と同時に「開かれた地域主義」に代表される緩やかな組織体であって国連機関や経済協力開発機構（OECD）のように制度化されておらず，法的拘束力を持たない協力の枠組みであるから，議会組織まで備えた EU とは関係規定を締結し得ないわけである．同時に EU は APEC そのものにオブザーバーとしてでさえも参加資格が得られていないのである．

それではEUとAPECとの関係についての情報は皆無なのであろうか？　たとえばインターネットを通じてEUのホームページ[2]にアクセスしてみるとEU–US Relations, EU–Japan Relations, …, EU–NAFTA Relations 等については盛り沢山の情報をダウン・ロードできるが、EU and APEC は未完成（under construction）なのである（1997年3月1日現在）．

EUの機関誌の一つである *Bulletin of European Union* 誌[3]上でもAPECとの関連記事はみられない．もちろんEUの対外関係についてはEUと米国，EUと日本，EUとASEANといった関係については後述するようにふんだんに記載が見られる．駐日欧州委員会代表部の広報誌である *Europe* にもEUとAPECというタイトルでその関連についての特集記事は皆無である[4]．

それではEUの対米関係，対日関係，対中関係，対ASEAN関係等にかかわる共通項を取り出せばそれがEU対APEC関係を示すものといえるのであろうか？　答えはこれ又，否であろう．

対米関係については1990年の大西洋宣言に続いて1996年6月に調印された新大西洋協力宣言（New Transatrantic Agenda）に示すごとく対ロシア支援をはじめ欧米協力のための具体的な行動計画についてその詳細を知ることが出来るし，日欧関係については1990年の大西洋宣言をふまえて日米関係とのバランスをはかるべく採択された1991年の日欧宣言[5]によって関係の緊密化を目指すためのさまざまな方針を確認することができる．中国に対しては1995年に対中国長期政策が発表された[6]．これらはいずれも特定国との関係にかかわるEUの対外政策を示すものであり，その共通項を取り出したとしてもEUの対APEC関係を規定するルールとはならないことは当然であろう．

それではEUはなぜAPEC接近をはかろうとするのであろうか？　もちろんEUが接近を目指しているのはAPECのなかのアジア途上国である．この点については筆者も経済関係を中心に検討したことがあるが，先行例にはJETROの一連の分析がある[7]．

本章はEUとAPECとの関係について，とりわけその関連を深めるためのEUの対アジア進出戦略について検討をする．次節でEUのAPEC諸国への関

心の程度をはかり，続いて EU と東アジア，EU と ASEAN との関わりを一覧し，第 2 節で「新アジア戦略」を経て，アジア欧州首脳会議（ASEM）[8]の実現にいたる流れをたどり，その総決算ともいうべき対アジア進出戦略の詳細の紹介と検討を第 3, 4 節でおこない，最終節において総括と，考えられる今後の展開方向についてふれたい．

第 1 節 アジア太平洋の発展と EU の対応

1. EU と APEC との緩やかな関係

EU は 15 カ国から，APEC は 18 カ国・地域から構成される組織体ないしグループである．本章ではこれら 15×18 組の関係というよりグループとしての関係に注目している．そこでまず地域についての用語を確認しておく[9]．

EC, EU, 欧州は同じ意味で用いられる．

  アジア諸国 日本＋アジア途上国
  アジア途上国 東，東南アジア＋南アジア
  東,東南アジア アジア Nies（韓国，台湾，香港，シンガポール）＋
        ASEAN（シンガポールを除く）＋他の東，東南アジア
        （中国を含む）

EU の APEC との関わり方についてまず，EU が APEC 各国とどう対処しているかを EU の公報から調べてみる．表 3-1 は *Bulletin of European Union* に表れた EU と APEC 諸国との関連記事の件数をまとめたものである．1993 年 11 月マーストリヒト条約の発効によって EC は EU へと変革したのであるが，1992 年の域内市場統合の完成は一つ目標点であった．そこで 1992 年 1/2 月号より 1996 年 11 月号（最新号）までについて EU と APEC 諸国との関連記事の件数をピックアップした．日，米，カナダは G7, 4 極通商会議のメンバーであるから他の APEC 諸国より関連記事の件数が多くなるので，それ以外の記事でカウントすると米国（37 件），日本（22 件），カナダ（15 件）となる．日，米，カナダを除くと関連記事の多い国順に中国（25 件），メキシコ（21 件），ベトナム（20 件），チリ（18 件），韓国（16 件），香港（13 件），オース

表 3-1 *Bulletin of European Union* に表れた

発行年月	日本	韓国	中国	台湾	香港	オーストラリア	ニュージーランド	ASEM
11-1996		X	X		X	X		
10-1996	X	X	X		X			
9-1996	*X	X						
7/8-1996				X	X			
6-1996	S	X	X			X	X	X
5-1996	X		X		X			
4-1996	*S X					X		
3-1996	X	X	X	X				X
1/2-1996		X	X			X		X
12-1995			X					X
11-1995		X	X					
10-1995	*		X			X		
9-1995								
7/8-1995			X					
6-1995	S X	X	X					TNAS
5-1995	*X				X	X		
4-1995			X		X			
3-1995	X	X						
1/2-1995								
12-1994								
11-1994	X		X		X			
10-1994		X						
9-1994	*				X			
7/8-1994	S		X		X			TNAS
6-1994								
5-1994	X							
4-1994	X							
3-1994			X					
1/2-1994			X			X	X	
12-1993			X					
11-1993	X	X			X			
10-1993			X			X		
9-1993	X		X		X	X		
7/8-1993	*S X							
6-1993	*X	X						
5-1993	*	X	X					
4-1993	X		X		X	X		
3-1993							X	
1/2-1993						X		
12-1992	X							
11-1992		X						
10-1992								
9-1992	S							
7/8-1992	S X		X		X			
6-1992	X	X	X					
5-1992	X							
4-1992			X					
3-1992			X			X		
1/2-1992	X							

* : Quadrilateral Meeting　　TNAS : "Toward a New Asia Strategy"
S　: Western Economic Summit

EU と APEC 諸国との関連記事の件数

発行年月	ASEAN	タイ	フィリピン	マレイシア	シンガポール	ブルネイ	インドネシア	ベトナム	パプアニューギニア
11-1996	X				X			X	
10-1996					X				
9-1996	X								
7/8-1996	X	X		X			X		
6-1996		X						X	
5-1996	X	X					X	X	
4-1996									
3-1996	X								
1/2-1996	X							X	
12-1995			X				X	X	
11-1995								X	
10-1995	X								
9-1995								X	
7/8-1995								X	
6-1995		X	X					X	
5-1995								X	
4-1995									
3-1995									
1/2-1995									
12-1994	X								
11-1994		X	X					X	
10-1994		X						X	
9-1994	X		X	X			X		
7/8-1994	X							X	
6-1994									
5-1994									
4-1994		X					X	X	
3-1994		X							
1/2-1994									
12-1993			X					X	
11-1993		X	X	X				X	
10-1993								X	
9-1993	X								
7/8-1993	X							X	
6-1993		X	X				X		
5-1993									
4-1993				X					
3-1993									
1/2-1993									
12-1992		X	X				X		
11-1992									
10-1992	X		X					X	
9-1992	X								
7/8-1992	X		X						
6-1992	X								
5-1992					X				
4-1992	X								
3-1992									
1/2-1992									

発行年月	カナダ	米 国	メキシコ	チ リ
11-1996	X	X	X	
10-1996		X		
9-1996				
7/8-1996	*	* X		
6-1996		X		X
5-1996	S X	S X	X	X
4-1996		X		
3-1996	* S X	* S X	X	X
1/2-1996	X			
12-1995	X			X
11-1995		X	X	X
10-1995		X	X	X
9-1995	*	*	X	X
7/8-1995		X	X	
6-1995		X	X	X
5-1995	S X	S X		
4-1995	* X	* X	X	X
3-1995			X	
1/2-1995		X	X	
12-1994		X	X	
11-1994				
10-1994				
9-1994				X
7/8-1994	*	*		X
6-1994	S X	S X	X	X
5-1994	X			
4-1994		X		
3-1994		X		
1/2-1994		X		
12-1993	X	X	X	
11-1993	X	X	X	X
10-1993		X	X	
9-1993		X		
7/8-1993		X	X	
6-1993	* S	* S X		
5-1993	*	* X		
4-1993	* X	* X	X	
3-1993		X		
1/2-1993		X	X	X
12-1992		X		X
11-1992	X	X	X	
10-1992				X
9-1992				
7/8-1992	S X	S X		
6-1992	S	S X		X
5-1992			X	X
4-1992		X		
3-1992	X	X		
1/2-1992		X		

トラリア（12件），タイ（11件），フィリピン（10件）と並び，記事の少ない国順ではブルネイ，パプア・ニューギニア（0件），台湾（2件），シンガポール，ニュージーランド（3件），マレイシア（4件）である．ASEANは別建てとして17件の記事がみられ，また同誌にはアジア欧州首脳会議（ASEM）関連記事が6件掲載されている．

以上は記事の長短や内容にかかわらず1件と数えているが米国の次に中国との関連記事が多いこと，アジア途上国についての記載も多いが，メキシコ，チリとの関連記事が割合多いことも特色である．

EUのAPEC接近の目的はアジア途上国との関連強化にあることは既に述べた．そこでつぎに欧州とアジア途上国との関係について概観しよう．アジア途上国と欧州との関係は大半の国々が第2次大戦以前は植民地とその宗主国という関係にあったにもかかわらず，大戦後の欧州とアジアとの関係がアフリカやラテンアメリカとの関係ほどには進展しなかった事は良く知られている．その理由としてGrilliの説明がよくまとまっている[10]．

1950年代

1) 地理的に離れている．
2) アジア途上国にソ連や中国の影響力がもたらす不安定性．
3) アジア途上国の相対的貧困（欧州の輸出，投資市場としては魅力に欠ける）．
4) 英連邦という組織体の存在に他の欧州諸国の反発．

1960年代

1) 地理的に離れている．
2) ソ連や中国の影響力がもたらす不安定性の継続．
3) 日本に続く東南アジア諸国と欧州との工業品の競争関係の発生．
4) EC内部での地域主義（アフリカ，ラテンアメリカ指向）が地球主義（全指向）に優位（アジア途上国を含まないロメ協定に象徴される）．

1970年代

アジア途上国の成長格差の顕在化と欧州側の対応変化が1970年代の特色で

ある．すなわち，南アジア（低競争関係諸国）は人道的見地からも関係の緊密化（開発援助）がはかられ，アジア Nies（高競争関係諸国）は経済，政治的関係希薄（工業品貿易をめぐる対立）がみられ，東南アジア（ASEAN：中競争関係国）は国際政治的，経済的にも欧州からの接近がなされた．そこで EC とアジア Nies, EC と ASEAN 諸国別にもう少し詳しく眺めてみる．

EC とアジア Nies

工業品貿易をめぐる対立激化　特に第1次石油ショック後

繊維品，造船，鉄鋼，特定分野の化学・電気製品について EC 市場内での競争激化．規制の対象（多国間繊維協定 1974, 1979）．EC, 造船保護のための補助金，対韓国輸出自主規制要請，最低価格取り決め，化学品，家電も輸入規制の対象．EC の工業品輸入関税の高止まり（綿製品，麻布，衣料品，家電，ゴム履物，金属食器，etc）．

1980 年代もアジア Nies に対して保護貿易政策不変．1989 年にはアジア Nies を不当競争国と指定（為替操作，特定品輸出攻勢，不当価格）．1980-1988 年でアジア Nies は 30 回もの反ダンピング，反補助金訴訟の対象．にもかかわらず EC の特恵関税制度の恩恵はアジア Nies が最大であったとする．同様の指摘は Grimwade (1996)[11]にも見られる．アジア Nies の経済的躍進による EU 側への打撃に対処する明白な戦略が EU の貿易政策には用意されていなかったこと．輸入規制のための諸手段の内，頻繁に反ダンピング政策を発動したが，その効果に疑問がもたれること，つまり単に他の Nies 諸国が役割を替わるだけであり，むしろ EU 内の産業構造調整を遅延させるばかりであるとしている (p. 209)．

2. EC と ASEAN 諸国[12]

ASEAN 諸国は EC の対途上国政策において順位は高くないものの 1970 年代になって ASEAN 諸国が EC の地域間協力関係の対象として浮上してきた理由は次のようにまとめられよう．1)英国の EC 加盟……英連邦特恵に替わる協定の必要．2)ベトナムからの米軍撤退と ASEAN 諸国の不安……米国に替わる支

援国の必要．3) ECにとっての経済的（貿易-必須原材料提供），戦略的魅力（とりわけ英国，オランダにとっては投資先でもある）．

1972年ECとASEANとの接触開始．

1975年合同研究グループ定期会議開始．

1978年定期外相会議開始．

1980年EC-ASEAN経済通商協力協定締結（貿易面より産業，技術協力に力点）．貿易，援助政策はECの非提携途上国向けを継承．特恵関税制度適用を越えない優遇措置．農産物輸入規制の拡大（ココア，パームオイル，米，砂糖，タピオカ，etc）．

1980年代のEC-ASEAN経済関係についてはASEAN側はECへの輸出拡大とECからの投資増大を期待するものの，ECは慎重であり貿易関係がある程度進展するのにとどまった．協力関係進展がそれほど進まなかった理由として1)米国に替わる政治的支援の役割の減少（政治的，イデオロギー的緊張の緩和），2) EC域内経済的不況とASEANからの輸出圧力が指摘される．

ただし従来からの協力関係分野としては1959年以来，国際錫協定，1980年の国際ゴム協定があり，また，特恵関税制度適用は特に1980年代になりASEAN諸国の工業品輸出にとり有用となったが，工業品輸出進展の最大理由とは考えられない．

その後のECとアジア途上国との関係については，1)アジアNies, ASEAN諸国とECとの経済的競合関係の高まりとその持続性，2)南アジアでの食料自給体制の改善，3)人権問題，民主主義擁護に関するEC側の不満と内政問題とするアジア側の反発，等からむしろ疎遠になったようにみえるとGrilliはいう(p. 290)．

3. EUとアジアとの連帯強化へ

GrilliのいうようにECとアジア途上国との関係が一時的に疎遠になったとしても世界経済の中心が大西洋から太平洋にとシフトしてきたことはまぎれもない事実である．1983年には太平洋間貿易量が大西洋間貿易量を凌駕し，そ

れに追随するようにEUも近年はアジアとの関連をたかめてきており，1992年にはEUのアジアとの貿易量がEUと北アメリカとの貿易量を越えたのである．

21世紀の経済が太平洋中心となる理由には諸説があろうが，Dentによる説明が包括的である[13]．1) アジアの潜在的経済力はまだ発揮される余地が多分に残されている．2) 中国，ASEAN諸国の低コスト，市場余力がさらなる成長を生み出す．3) 日本やアジアNiesがこの地域での資本と技術基盤としてアジアの繁栄と国際的地位の向上に機能する．4) 米国が意図する太平洋地域での役割強化がこの地域のグローバルな重要性をさらに強める，というものである．

ここで米国はEUとの関係を固めておいてアジア太平洋地域に臨んでいることを忘れてはならないであろう．すなわち，1990年に締結された大西洋宣言は太平洋の時代と言われる時に国際政治バランスからも米国とEUの双方にとって不可欠な関係の確認であり，貿易，投資，環境保護が対外政策の中心テーマとして盛り込まれている．さらに1996年の新大西洋協力宣言では大西洋宣言を補完・強化するものとして分野別の協力の進展が図られており，大西洋同盟は一時的に結束が乱れることがあっても欧米の共通基盤として持続するものと期待される．そして，そのことはEUとアジアとの連帯を強化する上でも，また安定的な国際関係を維持するためにも望ましいことなのである．

EUがアジアのダイナミズム，太平洋の時代がもたらす発展の可能性について目覚めるとともに欧州とアジアとの貿易パターンにも変化がうかがわれ，両者間の経済関係の弱さが徐々に改められてきた．その端的な表れが1994年に採択された「新アジア戦略」であってアジアに対してEUからの初めての積極的な接近策であり，それ以前のアジア途上国の対欧観である「EUはパートナーと言うよりブロック」という認識の変革を迫るEU側の新しい姿勢として評価されよう．

それまでのEUとアジアとの関係は主に二国間協定の形であった．もちろん1980年以来ASEANとの地域間協定の存在と特恵関税付与が例外的であっ

て，1991年の日欧宣言は既述のごとく1990年大西洋協力宣言にならい，日欧間の関係の緊密化を図り日米関係とのバランスをとる意図が盛り込まれていたし，1995年の対中国長期政策も中国をWTO，その他の国際社会に招き入れる意図と，貿易，投資機会の拡大を図ることを目的としていた．

「新アジア戦略」の採択は従来の二国間協定を，より合理的な戦略の一貫として束ねる狙いがあり，企業と政府とが独自にまたは一体となってアジアにおけるEUの立場と利益をたかめること，さらに地域間の収支バランス改善，関係の自律的発展を目指すことを目的としている．その詳細については節を改めて紹介するが，目標達成の見込みはどうであろうか？　EUのアジア地域進出が確実なものとして結実しているか否かを判断するのにはもう少し時間を要しよう．EUのアジア接近を歓迎する国々もある．1995年のAPEC大阪会議ではEUがAPECのオブザーバーの資格を取得するには至らなかったが，APEC内での米国の影響力をチェックするためにもEUが何らかの形態で参加することを望む立場をASEANは取っており，日本も同様の立場である．さらにEUとアジアとの連帯強化の動きを世界に印象づけた1996年3月のアジア欧州首脳会議（ASEM）の成功はこれら2地域間のより緊密な，より包括的な関係の出発点としての評価が高い．

続いて次節では「新アジア戦略」とアジア欧州首脳会議（ASEM）について説明する．

第2節　「新アジア戦略」とアジア欧州首脳会議（ASEM）

1.　「新アジア戦略」

従来のアジアEU関係は2国間を中心としたものであったが，「新アジア戦略」[14)]はより密接なアジアEU関係を目指すと同時にEUとしてのまとまりのある対アジア積極策として用意されたことは既に述べた．その内容についてEU委員会コミュニケをやや詳しく眺めてみる．

EU委員会はアジアの経済的，政治的重要性の高まりによって，この地域がより高い優先度を持つと考え，現行の政策を再考し，新分野での協力を推進す

ることを提案する．

　EU委員会はEUがより積極的な対東，東南，南アジア政策を取ることを目指し，アジアにおけるEUの経済的プレゼンスを高め，この地域の安定を高め，より貧しい国の経済発展を促進し，人権のさらなる尊重と民主主義の強化に貢献することを提案する．

　これらの目的を達成するためにEU委員会はEUのアジアとの関係において以下のような新しいアプローチを提案する．

　1)個々の国や地域との関係を強化する．2)アジアの安定に貢献する．そのために平和と安全をもたらす地域協力を支援する．2国間レベルや国際機関における政治的対話を通じてアジア諸国や地域との政治的関係の発展拡大によって国際理解をたかめる．3)アジア諸国の国際機関への参加をうながし国際問題管理や国際的平和や安全を維持する多国間努力において，より積極的な役割を果たすことができるようする．4)より積極的な情報政策によりEUの全体像や貿易活動や協力計画においてアジアにおけるEUの役割を高める．そのために高等教育，訓練，研究における緊密な協力を促進し，文化交流を推し進める．5)経済成長や国際貿易，とりわけヨーロッパとアジアの貿易，投資をたかめる市場開放と貿易・投資環境を作り出すのに必要な以下のような手段を取る．

① ヨーロッパとアジアの企業間の貿易・投資協力を進めるために企業組織を設け貿易・投資機会についての情報を提供する．

② 全アジアの国々との科学，研究，技術，R＆Dについての協力を促進する．

③ アジアにおけるヨーロッパの直接投資をうながすために合弁企業への金融支援や貿易促進援助をする．

④ 環境協力を支援する．

　6)市場経済へと移行しているアジアの国々を助け，開かれた市場である世界貿易システムへと融合していく．7)EU加盟国とEU委員会との開発援助における緊密な協調を通じてアジアの最も貧しい国々における貧困除去と持続的発展とに貢献する．

という内容である．また，それに先立つ「新アジア戦略」に関する EU 議会の決議[15]の内容からは EU の本音がうかがわれて興味深い．

「新アジア戦略」に関する EU 議会の決議

　議会は EU 委員会がアジアに高い優先度を与え，多様なアジアに対して異なる戦略をとる必要性を強調したことを歓迎する．同委員会はアジアについての情報，訓練，研究をすすめ，その目的に必要な予算措置をとり，アジアにおける EU の立場を拡大し，協力の優先分野を指摘し，ヨーロッパの貿易利益をより強力にするために政府と企業とが共同の戦略をとることと同時にアジアの最貧国への援助増大を推奨した．議会はまた，アジアに関するこの提言が人権尊重と民主主義の原理，平和と安全，発展と環境の維持，労働者，女性，子供の労働条件の改善，健康の改善，麻薬，組織犯罪，テロに対する戦いを含んでいることを確認した．　同委員会はアジア諸国と将来の協定に社会条項をいれる問題を討議することについて意見交換をするよう勧めている．また，アジアとの政治的対話には核非拡散の問題を含むとした．

　議会はさらにベトナムやネパールとの協定や ASEAN 諸国との包括的協定が結ばれることや日本市場開放の努力が強化されることを推奨する．また，貿易交渉におけるインドの役割の承認，パキスタンとの関係強化，もし事情が許すならばイランとの契約関係の設立を要望する．しかるべき条件のもとで中国と台湾とが WTO のメンバーになることを推奨する．インドネシアとの今後の関係は民主主義の原理の推進，とりわけ東チモールの問題次第であるという見解をとる．

　以上，見てきたように EU の対アジア戦略からは国際政治，経済の分野に留まらず，科学，文化，環境と広範な問題について EU がアジアと提携していこうという積極的な姿勢が読み取れる．EU がこのような対アジア戦略を携えてアジアとの対話に臨んだのが以下に説明するアジア欧州首脳会議（ASEM）である．

2. アジア欧州首脳会議（ASEM）について

EU の念願であったアジアとの直接対話実現への準備段階における EU 理事会はその報告書と理事会の見解との使い分けをしていることがわかる．すなわち EU は中国との関係を進展させることの重要性を再確認しつつも中国の人権問題について重大な関心を示すものであるとともに東チモールの問題について正当で，包括的で，国際的に受け入れ可能な解決を求めるという文面は以下の報告書にはでてこないで，アジアにおける微妙な国際政治問題を分離していることが読み取れる．

1995 年 12 月 4 日に採択されたアジア欧州首脳会議（ASEM）の準備に関する報告書[16]において EU 理事会は 1996 年 3 月にバンコクで開催予定のアジア欧州首脳会議（ASEM）の重要性を強調する．その目的は両大陸の新しいパートナーシップを築き，政治的対話を高め，強化された多国間の枠組みのなかで経済関係を深め，人的資源開発や，開発協力，環境，文化，企業活動，技術交流，犯罪や麻薬取引対策のようなさまざまな分野での協力を強化することであると結んでいる．

1996 年 1 月 16 日に発表されたアジア欧州首脳会議（ASEM）の準備に関する EU 委員会コミュニケ[17]では討議のための以下の 3 つの分野が確認されている．

1) 特定の問題についての密接な協議と協調を通じて政治的対話の促進と両大陸の社会を取り巻く価値観や規律についておよび ASEAN 地域フォーラムの役割についての対話．

2) より強固な多国間貿易システムの相互支援，貿易，投資の増大，民間部門の参加の活発化を通じての経済協力の緊密化．

3) 環境，人的資源，科学技術，工業，文化，開発と麻薬対策に関する協調の促進．同会議のフォローアップの措置や 1998 年の第 2 回会議についても議題とする．

1996 年 3 月 1／2 日タイのバンコクで開催された第 1 回アジア欧州首脳会議（ASEM）には参加国として EU 15 カ国，ASEAN 7 カ国（ベトナムを含む），

日本，中国，韓国の計 25 カ国が集い，経済・貿易関係，政治的対話，さまざまの分野での協力を討議するとともにその他の議題として旧ユーゴ再建，EUの KEDO（朝鮮半島エネルギー開発機構）への参加の問題も含まれた．

　声明文の概要として EU とアジアとは 2 つの大陸の間の新しいパートナーシップを築くこと，政治的対話を重ねること，さまざまの分野での関係協力を拡大することを希望し，さらに 1998 年にイギリスでの第 2 回のアジア欧州首脳会議（ASEM）開催を含めこの会議のフォロー・アップのための手続きが盛られている[18]．

　それではこの会議の評価はどうであったのであろうか？
まず，欧州理事会の評価[19]であるが，第 1 回アジア欧州首脳会議（ASEM）の成功を喜び，会議で合意された政治的，経済，貿易協調のための実施策をとるように指示していると同時に EU が作成した中国に対しての長期的政策の重要性を強調している．すなわち，1)アジアと欧州とが真の平等なパートナーシップにもとづく両地域間の基本関係をさらに発展させる強い意志を確認したこと．2)政治的対話の強化，平和と世界の安定と繁栄に資する基礎を置いたこと．3)双方的貿易・投資の助長，促進を通じて 2 地域間の経済的対話と協調を推進すること．4)環境，犯罪といった世界的問題をふくむ広範な問題についての協調への道を開いたこと．5)さらにアジアと欧州との相互認識と文化的つながりの強化．6)人間的価値，文化的多様性の尊重について対話を進める用意のあることを確認．7)アジア欧州首脳会議（ASEM）が機構・制度化されないことを確認すると共に今後の会議の場所と期日を 1998 年ロンドン，2000 年韓国と決定した．さらに，アジア欧州首脳会議（ASEM）によって築かれたアジアと欧州との強いパートナーシップの特色はそれがまさに多面性を持っているという点でこれら政治，経済，協力の 3 分野が一体として進められなければならないことが重要な点であるとしている．

　「アジア欧州首脳会議（ASEM）は「微妙な問題」を直視せよ」とやや批判的な立場もある[20]．

　つまり，アジアと欧州との間に太いパイプを築くことができたと評価すると

共に人権問題,社会条項,等を議題からはずしたことへの不満である.ただし,「微妙な問題」にEU側が固執したら既述の数々の成果を得るに至らなかったはずであり,今後の課題であろう.

フォローアップ行動についての詳細をホームページの記事[21]から紹介する.
(1) 政治的対話の開始

政治的対話に関する上級閣僚会議(1996年12月ダブリン).

第1回アジア欧州首脳会議(ASEM)外相会議(1997年2月シンガポール).

既存の2国(地域)間会議の強化(ASEAN閣僚会議,中国,日本,韓国との定期会議).

国連改革についてのアジア欧州首脳会議(ASEM)対話(ニューヨーク).

地域,国際問題にかかわるシンク・タンク間のネットワーク確立とセミナー開催.

予定されるアジア欧州首脳会議(ASEM)ビジョン・グループの作業と平行して全域にわたる「アジア欧州協調の枠組み」の確立.

(2) 経済協力の強化

関税調整会議(1996年6月) 麻薬,武器の不正取引,密貿易の規制,関税手続の簡素化と統一を討議.毎年の定期会議とする.

投資促進に関する政府民間作業部会(1996年7月バンコク) アジア欧州間の投資の双方的拡大についての行動計画の作成.

投資に関する作業部会,貿易,投資に関する上級閣僚会議(1996年7月ブリュッセル).

貿易と投資の自由化促進に関する議論とWTOに関わる問題(ウルグアイ・ラウンド結果の実施,貿易と投資,貿易と競争,貿易と開発,地域貿易協定,市場開放)の検討.

貿易促進行動計画(Trade Facilitation Action Plan)の作成 目的は非関税障壁の引き下げと2地域間の貿易機会の促進.第2回会議は1997年

春，東京にて．

アジア欧州首脳会議（ASEM）ビジネス・フォーラム（1996年10月パリ）．

両地域からの実業界の要人が貿易，投資促進を討議．公正で安定的で差別的でないビジネス慣行推進と貿易障害の引き下げ努力を強調．合弁事業，企業提携の必要性，訓練やスタッフの交流，中小企業の活動機会を高める情報交換．

アジア欧州インフラ基金設立案も提示された．

ビジネス会議（1997年7月インドネシア）．

ビジネス・フォーラム（1997年11月タイ，1999年韓国）．

蔵相会議（1997年9月タイ）．

経済閣僚会議（1997年9月日本）．

アジア欧州経済的シナジー効果に関するシンポジウム（1997年6月日本）．

(3) 他の領域での協力

環境技術センターの設立（タイ）．

アジア欧州基金（民間基金としてシンガポールに）目的：二地域間の知的，文化的交流促進

アジア欧州大学計画（マレイシア，EUからの資金予定）．

青年交流計画（1997年3月日本，1998年3月オーストリア），若手指導者シンポジウムの一環として．

技術交流（1997年4月北京）．

麻薬取り締まりに関する税関協力．

メコン河流域開発協力（タイ）．

これらの実施計画の具体案は1997年中に確定の予定であり，実現のために関係各国からの支援行動が期待されると結んでいる．

このような広範な分野にわたる行動計画であるが，アジア欧州首脳会議（ASEM）で確定したEUとアジアとの協調関係の中で経済協力に関する部分

の具体的なEU側の戦略を以下の報告書から知ることが出来る．

「ダイナッミクなアジアへの投資（Investing in Asia's Dynamism)」（筆者による仮訳）と題するEUとUNCTADとの共同作業になるこの報告書[22]はEUのホームページからのダウンロードでA4版88ページ（図表を除く）にもなる分量である．その詳細を伝えることが本章の趣旨ではないが，序章，第1章「EUの直接投資実態」，第2章「EUのアジア進出遅延の背景」を次節で，第3章 B.「EUによるアジアへの投資促進策」については少し詳しく第4節として説明する．

第3節　EUの対アジア投資戦略策定にいたる背景

報告書の概要を伝える序章は以下の12項に分けられる．
(1)　投資，生産，貿易で高成長を続けるアジア諸国は今後もそれを持続する可能性が高いこと（1995–2004年の10年間で東アジア：7.7％，中国を含む東南アジア：9.2％，南アジア：5.4％）．市場指向の民間部門が成長する中で生産のグローバライゼイションや投資，貿易の自由化と開発技術の吸収との結びつきが進展し高成長を期待できると同時に高水準の投資の必要があり，海外直接投資の役割が増大しよう．
(2)　アジア途上国の生産と輸出の成長はこの地域の拡大需要を満たすための大きな投資機会を造り出している．この投資需要はその規模ばかりでなく技術特化の水準の向上，競争力強化にも寄与する．
(3)　東，東南アジアには今後10年間に内外の金融機関の資金供給能力を越える膨大なインフラ投資需要があること．広範な種類の財，サービス産業への直接投資需要があること．既存の生産設備の技術更新，増大する資本財需要を満たす新設備需要の存在が大きい．
(4)　東，東南アジアには化学，電子機器といった資本集約型産業の生産規模の拡大ばかりでなく，ソフトウエア，通信・ネットワークシステムといった新製品の生産拡大の可能性も大きい．
(5)　東，東南アジアが比較優位を持つ繊維，衣料品といった労働集約財では

さらに優位性を増す可能性がある．

(6) アジアは今後の10年間で世界最大，最速で拡大する消費財市場である．EUの多国籍企業ばかりでなく特定分野に優れた中小企業にも膨大な直接投資の機会を提供しよう．

(7) 欧州直接投資のアジア進出でアジアと欧州とは共に利益を得る．EUにとっては資本，技術協力の機会を得て，世界で最もダイナミックな成長を遂げている地域と長期的に関わることが出来，アジアにとっては資本，技術，経営管理・組織のノウ・ハウを得ることができるばかりでなくEUやその周辺地域の主要な市場との密接な関係ができる．

欧州とアジアとの密接なリンクは企業ばかりでなく地域レベルでも有用である．技術進歩が国際的経済取引の自由化と結びついて企業間競争を強めるとともに相互依存をも高めているとともに．EUとアジアとは，急速に一体化しつつある世界経済の必須の構成部分であり経済的相互依存関係にあるという現実認識が大切である．

(8) アジアにおける投資機会の増大はEUとアジアの企業間の結びつきの可能性を高め，この二地域間の産業，企業グループ間に新しい動的パートナーシップを生み出している．そのパートナーシップがさまざまなレベルでの資本・技術の提携や研究の向上，市場や相手の生産要素へのアクセスをもたらしている．

(9) EU企業とアジア企業との間には広範な活動分野での補完関係が考えられ，それを双方の利益になるように開発する必要がある．そのために企業レベルで強固な連携が必要．伝統的直接投資以外にも，とりわけ戦略的提携や他の経済ネットワークの形成が重要であり，協調を通じてそれぞれの事業を強化することが可能なのである．

(10) これらの可能性実現を支援する役割を持つものが公共政策や制度的手段である．企業家の決意が成長プロセスの出発点ではあるが，市場の欠陥をおぎなう政府の役割が不可欠である．市場機会についての情報不足を補う情報提供や斡旋のための政策や正当な企業活動を損なう規制のような市場

のゆがみの改善を進める政策は，投資をうながすための政治的，マクロ経済的環境を提供する政策を補うものとして重要である．
(11) 以上のように政府はアジアと EU の企業間協力を支援できるが，企業自らが行動を起こさなくてはならない．
(12) EU と UNCTAD のこの共同作業の3大目的
　・東，東南アジアへの EU の直接投資の実態の解明．
　部門別，受け入れ国別直接投資のフローとストックのデータを可能な限り整えること．
　・EU 投資側，アジア受け入れ側の行動様式についてのアンケート調査により投資動機，進出上の諸問題につき情報を得ること．
　・調査結果から双方にとって利益となるアジアへの EU の投資拡大のためにはいかなる政策手段を採ればよいかを探る事がその目的である．
　最後に，この報告書は EU と UNCTAD との合同会議に提出され，直接投資に関わる企業，進出予定企業からの意見を吸収し，最終報告としてまとめられることと，この報告書が両地域の関係者間の対話を深め，より密接な協調をもたらすのに役立つことを期待すると結んでいる．

　報告書の第1章は日米の対アジア直接投資動向と対比しながら EU の直接投資実態を提示している．
A. EU の直接投資
　残高で世界の 45％（1994 年）　　日本（12％）　　米国（26％）
　途上国向け（1993 年）残高で 12％（ラテンアメリカ，カリブ海諸国向け 7％）．日本，米国（30％）．
　途上国向け貿易　　EU：16％，　　比較：日（米）50％（25％）．
B. EU のアジアへの直接投資
　1980 年代から残高，フローともアジア途上国向け（途上国向けの 50％）＞ラテンアメリカ，カリブ海諸国向け．
　(1) EU のアジア途上国向け直接投資

16–17%（1980年代）→13%（1993年）　比較：日本（高止まり），米（EUレベルに下がる）．

受け入れ国別

アジアNiesでは対韓国シェア拡大（韓欧共同の投資促進計画の効果），対ASEANはシェア低下．対中国でもシェア低下（日本シェア不変）．

EUのアジアへの直接投資停滞の理由

　・1970年代中期より投資先として途上国を軽視．
　・1980年代以降EU域内投資，北米向けに重点．
　・近年は中欧，東欧へ関心．

変化の兆しとしてアジア向け投資拡大傾向（マレイシア，フィリピン，韓国），シェアも上昇．

米国は1980年代，90年代ともアジアシフトが特色（ラテンアメリカ，カリブ海諸国が最大投資先という状況は不変）．

日本は1980年代半ばより投資先のEU，米国シフトが特色．しかし，円高（1993～95で25%上昇）に対処し競争力強化の企業戦略手段として生産拠点の海外シフト加速化（アジア向け投資拡大）．

(2)　EUのアジア途上国向け投資の分野別動向

化学，石油，サービス，金融で70%（労働集約産業向け少ないEU比較劣位）．

参考　米国：金融，石油（EUの2倍），流通，電子機器でやはり70%．
　　　日本：より分散的（上位4位計で40%）鉱業（EUの石油並み）．

電子機器向け投資の対世界比率では日米と並ぶ（5%）が，対アジア途上国では5%．

比較：日本（米国）10%（12%）．

輸送機器　対中国を除きゼロ．

日本の電子機器，自動車はアジア途上国でネットワーク生産システム（世界共通仕様）の導入による高効率化．米国も同様．EU同システム，アジアになし．

C. 直接投資の資金調達

対世界直接投資では再投資率25％　対米（13％）．

対アジア途上国では50％．投資先での資金調達が特色．日本も同様の傾向．

D. EUとアジア途上国との貿易

EU総輸出にしめるウエイト：1993年7％，1985～87年5％，1990～93年5％．

比較：日本（米国）1985～87年24％（10％），1990～93年35％（15％）．

アジア途上国総輸入に占めるEUのウエイト（1993年）14％，日本（米国）22％（13％）．

世界全体でEU企業の子会社の海外販売額＞EU輸出額．

アジアでEU企業の子会社の海外販売額≒EU輸出額．

E. アジア途上国におけるEU直接投資の構造

資源集約型，労働集約型，資本技術集約型分類では資源集約型の比率低下と資本技術集約型の比率の上昇（1985-1993）．しかし受け入れ国での比率は日米よりまだ低い．したがって資本技術集約型投資と輸出を伸ばせる可能性がある．

報告書の第2章はEUの多国籍企業がアジアでの投資機会を逸した原因を多面的に洗い出し分析している．タイトルは「EUのアジア進出遅延の背景」である．

(1) アジア途上国における投資規制

1980年代半ばまでは投資規制が厳しかったこと．アジア途上国政府の介入の仕方が複雑で均一的でないこと．頻繁な変更，政府と企業の癒着（日本企業はアジアの商慣行に精通……有利な立場）．持株比率を1/2以下に制限．特定産業育成のために特定企業を誘致……対象外企業に不利．

その後投資受け入れ自由化の兆しで外国企業にも内国民待遇，規制緩和（送金自由，経営権100％取得可），手続の簡素化の進展で国際水準に接近

（戦略的産業は国内企業優先）．規制は全外国投資を対象としており EU に対しても非差別的．投資規制が EU の対アジア低投資要因とは考えられない（輸入制限，原産地比率規制が投資を加速したケースもある）．

(2) アジア受け入れ国の構造的特異性

投資受け入れ国の希望する投資と進出国の投資戦略とのギャップ：例世界市場指向（アジア）か国内市場向け（EU）か，予定生産規模の相違，対象業種を限定（EU は化学，自動車に傾斜）．

これらは低位の阻害要因（市場規模は変わる，高成長率は強い投資誘因）．

(3) 取引コストと経済距離

国際化，地球化の進展が取引コストの引き下げ要因とはいえ文化的障害，政府の市場介入，流通システムの相違が取引コストを高める．EU の中小企業の場合はコスト要因から近隣諸国へ進出傾向大．

取引コスト高は恣意的な規制，透明性の欠如，煩雑な手続，汚職，癒着による規制のゆがみ等より生ずる．受け入れ国での地元資金不足も制約要因．

インフラの未整備（通信，技術インフラ）とインフラの地域的偏りも要因．

中国，フィリピン，インド　コスト大．　香港，シンガポール　小．

日本，韓国　中．

アジア域内の投資家は文化的相違が少なく比較優位にあるとはいえ民族的な関係，文化の同一性が投資を決定するのではない（最大要因は期待利益）．

日本企業：アジア諸国のビジネス環境に精通しコスト引き下げ実現．

米企業：アジア諸国の貿易面でのつながり，アジア移民の雇用（情報量で有利）からコスト引き下げ面で有利．

EU にとって高い取引コストとはアジア諸国の差別的な措置の結果ではなく EU 企業が貿易，投資先としてアジア市場を軽視してきた結果と思わ

れる．

(4) 政府の役割

投資における企業競争力の決定要因：技術，商標，市場参入，貿易・情報のネットワーク，信用，経営・市場開発技術の相対的優位性．

外生要因：為替レート，受け入れ国の資金的，制度的支援とマクロ経済条件（円高と日本の海外投資急増の事実）．

さらに米企業は商務省，日本はJETROなどからアジア情報を入手できる有利性．EU企業は同様のサービス提供を政府機関等から得ていない．日本輸出入銀行をはじめ各種団体も同様の役割．欧米ではこのサービスが遅れている．

日本：経済援助を直接投資促進のために効率的に利用（アジアには援助の優先的割当）．援助の地域配分と投資の地域配分との関連性大．

政府の支援は中小企業（海外情報量少）にとって重要性大．

日，米（80年代後半より）の中小企業にくらべてEUの中小企業は近隣諸国向けが中心でアジアとは疎遠（経済的距離が大）．

地域統合の投資促進効果　ASEAN：日米欧に同等．APEC：日米有利．NAFTA：米のみ．EU：EU諸国有利．

(5) 投資戦略の相違

欧企業：アジアの高所得層向け商品輸出中心（60-70年代）．広範囲の取引先開拓，流通ネットワークの設立に遅れアジア生産拠点設立なし．低知名度も投資進出にブレーキ．

日本はアジア域内での企業内ネットワークをすでに完成，進出に際して国内関連企業にも進出を促し効率的体制を短期間に作り上げている．

(6) 地域統合の効果

EU統合が域内への貿易，投資の利益を増す．EUの政策もそれを助長（低所得国への補助金等）．域内低賃金国への投資を呼び，コスト面からアジア向け投資と競合．

85～87年EU域内投資比率31%．EU単一市場発足へ向けてのM&Aや

第3章 APECの発展とEUの対応　93

企業提携活発化．

　1992年EU域内投資比率2/3．その後はEFTA諸国向け，近年は中欧・東欧諸国向け．

　1993年EU域内投資比率61％．

　EU企業にとって中欧・東欧諸国，地中海沿岸諸国は自然なパートナー（日本にとってのアジアのように）．とりわけEU中小企業にとって東欧諸国が投資フロンティアであるとする．

第4節　EUとアジアとの連携強化策

　報告書の第3章はEUの対アジア直接投資が日米に比して立ち遅れている実態（第1章）とその原因（第2章）を受けてEUの対アジア進出戦略の具体的かつ包括的内容の詳細を伝えるものである．タイトルは「21世紀への連携」である．

A．法制面
　1．多国間
　2．2国間
　　・2重課税防止条約
　　・2国間投資条約

B．EUによるアジアへの投資促進策

　1970年代からEUは日本の経済的役割を認識していたが，東，東南アジアの競争力の増大を認識しだしたのはごく最近である．そのためにアジアへの投資機会を逸した．それがEUのこの一連の投資奨励策策定の理由である．

投資奨励策の3大分野
　1）　政治的，経済的環境の改善
　2）　市場の開放と開拓
　3）　投資企業支援策

　1）　政治的，経済的環境の改善

基本は「新アジア戦略」に盛り込まれており，相互理解にもとづく対等なパートナーシップを築くことが目的である．具体的な表れの一つが第2節で展開されたアジア欧州首脳会議（ASEM）である．投資，貿易を含む広範囲の問題について十分な対話を通じて協力が約された．今後は政治的，経済的リンクの強化が期待される．

2) 市場開放と開拓

前節で指摘されたようにEUの対アジア低投資要因は低輸出水準，経済的距離，アジア市場機会の認識欠如である．以下のような打開策が考えられる．

(a) 参入障壁対策

輸出と投資とのリンクの重要性．EUの輸出促進策は投資促進のための手段でもある．世界規模で広範な市場アクセス改善のための方策である「EUの市場アクセス戦略」[23]では貿易，投資にとり市場アクセスの重要性を強調しEUが進出すべき優先分野を分析した．その狙いは既存の制度の体系的，協調的利用により企業が世界市場にて活動を拡大できるようにすることと，2国間，多国間措置の調整を進めることを指摘した．

健全な法規と製品規格が国際取引，貿易取り決めでは重要．国際間で国際規格について合意し相互に検査，認証手続を承認することの困難さはウルグアイ・ラウンドでも問題とされたが，東，東南アジア諸国はその重要性を認識し実践中であり，EUもまた規格の国際規格化に対して技術援助の用意がある．

EUの企業家，投資家の途上国への技術移転にとり知的所有権の問題が重要でありWTOにて対応策が検討さるべきである．EUは知的所有権保護のための技術支援中（中国，ASEAN）．

(b) 産業，科学，技術協力

EUとアジアとの産業協力のための努力は前節の「新アジア戦略」の内容が示すように進展中であり，そのプログラムの内容は以下の通りで

ある.
- 産業協力パイロット計画, その他でビジネス円卓会議, セミナー, ワークショップ開催.
- セミナーやプロジェクトで科学技術協力推進.
- 技術訓練と普及.

(c) 使節団派遣

EU側からの派遣はまれであったが, その有用性と定期的派遣の必要性を認識した. EU, アジア双方で投資機会を見出し, アジアでのEUの認識を高める直接的効果があるからである.

(d) 人脈の開発

経済関係を高める手段としてEU・日本間, EU・ASEAN間のようにEU・アジア間で企業, 社会の各分野での人的つながりの重要性が強調される. 若手経営者研修, 公務員情報交流, ノウ・ハウ交換が具体的手段の例である.

3) 企業協力の支援

情報（投資機会, 条件）, 投資資金（中小企業）等の直接的投資支援策には以下のものがある.

(a) アジア投資計画

アジア投資網設立による情報と調整機能のための計画.

i) 開業準備資金
- 市場調査（市場, 環境, 競合）, 技術移転促進費用.
- 言語, 企業文化習得コース, セミナー.
- 技術援助（技術移転, 指導者講習）.

ii) アジア企業

EU・アジア間で技術移転, 下請契約希望企業間の引き合わせ.

iii) アジア投資便宜のための機能

投資機会の認定, 評価, 促進.
- EU企業のための国別, 部門別投資機会, 法規, 資金調査と情報伝

達（有料）．
・EU企業向け投資先ガイダンス．
・EU内投資機会情報．

iv) アジア投資網
・EU内の中小企業向けアジア投資情報発信．
・アジア投資年次会議．
・アジア投資会員組織．
・アジア投資情報交換．

v) アジア投資支援活動
・アジアネットワーク会議（起業機会促進，企業イメージ，チーム精神高揚，共同問題解決）．
・EU側各種業界団体のアジア設立支援．
・アジア情報に関するセミナー，訓練．
・アジア投資会員へのニューズレター配布．

(b) EC投資Partner

合弁事業支援のための機構（合弁先選択，事前調査，投資資金，経営・訓練支援）．

(c) 欧州投資銀行

欧州投資銀行のアジアでの創業開始．アジア・EU双方の利益になる事業向け投資資金を半額まで貸与（環境保護，改善事業優遇）．

融資先
・アジア・EU間の合弁事業向け．
・EUからの先端技術移転プロジェクト．
・アジア・EU間に緊密な関係を生み出す企画．
・環境改善プロジェクト．
・地域統合育成投資．

4) 既存手段の有効利用

EUの対アジア投資促進策はまだ新しく，その効果は未定である．包括

的方策として策定されているが，情報の共用，双方の資源の有効使用（相乗効果）といった各種機関の間や EU と各加盟国との間の調整が必要である．

アジア投資計画の対象国の拡大，アジア EU 業界緊密化への手段としては経営訓練機関との提携や新設，欧州経営手法・ビジネス慣行の周知，普及による人脈の開発も必要である．相互理解促進と人的ネットワーク確立のための欧州アジア経営センター設立案を進める．

EU 企業家の自主的判断による進出地域，分野の決定と既存の手段の有効利用推進，複数部門に共通の政府買い付けルール，環境ルールといった情報の共同使用の奨励も大切である．

C．受け入れ国投資誘因措置
　1）　投資規制，関連政策の自由化．
　2）　投資奨励策．
　3）　商法，会社法．
　4）　地域統合．
　5）　アジアからの投資．
D．企業側の活動

　　お わ り に

　アジア途上国とりわけ東，東南アジアは高度経済成長の持続，市場拡大傾向を特色とし有利な投資機会が多くそのため直接投資受け入れ量も大きいが，EU の投資戦略は最近にいたるまでこの地域を軽視してきた．低直接投資をカバーするための輸出拡大策も採っていなかった EU がやっとアジア途上国に注目しだしてきて，1994 年では EU の直接投資レベルが 90 年当初の日本レベルに接近するまでになった．

　EU からアジアへの低直接投資の理由は，例外はあるが，主に EU 企業によるアジアの潜在的成長力の軽視によるところが大きく，現地生産拠点の設立で日米に遅れを取っている．

アジア諸国が輸入代替政策を採用していた時期には日本企業は最終財輸出からアジア地域における子会社への中間財輸出へと切り替え高輸出を維持したり，米企業は国内市場向けの低コスト製品生産拠点としてきた．それに対してEU企業にはアジア諸国と貿易・投資の良循環を生む仕組みが欠如しており直接輸出に偏向し，子会社設立，市場ネットワークが未完状態で投資機会を開拓する上で競争上不利であった．日米では対アジア貿易と投資のリンクがEU企業に対しての最大優位性の要因である．したがってEUの対アジア低投資要因はEUに対して差別的とされるアジア側の投資政策にあるとはいえないし，投資自由化進展で差別の可能性も減少しているのである．

　EUのアジア軽視は欧州市場統合で加速（域内指向，政策的にも域内低所得国へ投資）された面もある．一方，日本の貿易，投資にとってアジアは経済距離的にも低取引コストを約束し自然のパートナーといえるし，その有利性を政府の財政的，資金的，制度的支援が助長してきた．

　日米企業の競争力はAPECの進展でさらに改善しようし，EUにとってアジアNiesとの競争も高まる可能性が大きいが，近年のEUのアジアへの投資拡大は従来の姿勢（EUの投資戦略）の変更を示すものといえよう．その具体的表現が「新アジア戦略」である．EUはアジアの巨大さとダイナミズムを認識し，アジアにおけるEU企業の活動がアジアEUの相互利益の拡大に貢献できることを認識するようになった．それがアジア欧州首脳会議（ASEM）におけるEUからアジアへのメッセージでありアジア側もそれを確認した．

　今後10年間急速な技術進歩と投資，貿易の自由化によりグローバライゼイションはさらに進展し，産業構造を変革させ競争を激化させよう．アジア地域は生産，投資，輸出において高成長を続けるものと期待される．アジア諸国は主要な成長市場であるとともに高度に競争力のある生産者であり，その多くは新技術を含む広範囲な製品の製造者である．また投資や技術の送り手となっている国もある．東，東南アジアの企業は伝統的に日米企業と密接な資金的，技術的関係にあった．APECは加盟国間の産業的連携をさらに強化しよう．

　EUとAPECとの関係についてそのあり方を総括するならば次のようにまと

められよう．EU の政府，企業にとってアジアの経済的な成功はもはや無視することができないほどであり，環太平洋を中心に世界経済が進展していくという流れのなかで欧州はアジア，北米，欧州という三極関係のなかで欧州とアジアとの弱いリンクを強化しなければならない[24]．

EU 側はそれを十分認識しているわけであるが，EU がウルグアイ・ラウンド交渉で示したような地域間交渉で EU が一体化して事にあたるという方法が適切であったように，一貫性があり目的が明白な「新アジア戦略」を進めることが APEC と貿易，投資，その他の問題で交渉をすすめる上での強固な基盤を効果的に築くことになろう．「新アジア戦略」を実現するための具体策は前節で検討された「ダイナミックなアジアへの投資」策であり，欧州企業は対アジア直接投資，戦略的提携，その他の手段を通じてアジアとのネットワークを緊密化し，かつ拡大しなくてはならない．それによって欧州は再活性化を図ることができ，欧州にとっては新しいルールによって急速に変化しつつある世界経済においてその地位と競争力とを回復することができよう．

1) 土屋（1997）．EU との関わりについては 7) を参照．
2) EU のホームページのアドレスは　http://europa.eu.int である．
   ① ホームページの初期画面で The Union's Policies の項目を選択する．The Union's Policies の画面で以下の②を選択する．後は，次次と以下のようにタイトルをたどればよい．
   ② Role of the Union in the World.
   ③ External Relations.
   ④ DGI's Policies.
   ⑤ Bilateral Relations with North America, The Far East, Australia and New Zealand.
   ⑥ EU–US Relations, …EU–Japan Relations, EU–NAFTA Relations, …EU and APEC, EU and ASEM.
   　　ただし，⑥の項目の中で EU and APEC は現在，作成中（under construction）であり，情報は得られない（1997 年 3 月 1 日現在）．
   　　EU and ASEM に関する情報内容．
      1) What's New.
      2) Forthcoming Events.
      3) Press Releases.

以上の3項目は作成中 (under construction).
4) Follow-up of the Asia-Europe Meeting (ASEM)……4ページの文書（第2節で紹介).
5) Publication……2点の文書.
6) Speeches and Articles……10点の文書.
7) Frequently Asked Questions (FAQ).
8) Links to ASEM Web Sites.

3) *Bulletin of European Union* (以後, BEU と略称する) での関連記事の体裁.
(1996年6月号の場合)

United States, Japan and other industrialized countries.
 Western Economic Summit.
  By country (Australia, Canada, etc).
Asia.
 Relations with regional bodies.
 Bilateral relations.
 China, Republic of Korea, etc.
 Cooperation with Asia.
 Aid to refugees and displaced persons.
Latin America.
 Relations with regional bodies.
 Bilateral relations.
 Argentina, Chile, etc.
 Cooperation with Latin America.
 Aid to refugees and displaced persons.

4) 駐日欧州委員会代表部広報部刊の隔月誌 *Europe* (旧『月刊EC』) にみる EU と APEC 諸国との関係特集記事は次のとおりである.

新大西洋協力宣言 (New Transatlantic Agenda) 1996年6月12日調印 1/2-1997刊
「EU & Asia シリーズ」

EU と韓国	11/12-1996 刊
EU とベトナム	9/10-1996 刊
EU とインドネシア, シンガポール, ブルネイ	7/8-1996 刊
EU とオーストラリア, ニュージランド	5/6-1996 刊
アジアとともに歩む EU	3/4-1996 刊
アジア欧州首脳会議 (Asia-Europe Meeting)	3/4-1996 刊
東南アジア5カ国 (タイ, マレーシア, ラオス, カンボジャ, ミャンマー) と EU	1/2-1996 刊
EU とフィリピン	11/12-1995 刊
EU と中国	9/10-1995 刊
日・EU 関係強化を決議	7/8-1995 刊
欧州ビジネス引きつける太平洋沿岸諸国	3/4-1995 刊
グローバルな相互依存状況　世界的協力を不可欠に	11-1993 刊

US–EC–Japan　　　　　　　　　　　　　　　　　　　　7/8–1993　刊
　　　1990 年代における EC の対中国・アジア関係　　　　　12–1991　刊
5)　今川，加文（1993）においても言及した．
6)　対中国長期政策については *BEU*，p.94, 7/8–1995 での説明を紹介する．
　　　1995 年 7 月 5 日採択
　　　EU 委員会は EU 理事会が承認した「新アジア戦略」の一環として EU と中国との関係についての長期的方針を作成した．中国の経済力，政治力，軍事力の揺るぎない高まりをみるにつけて中国が国際社会で十分な役割を果たすように EU が働きかけ，改革プロセスをすすめ，中国との関係強化をはかる必要性を EU は強調する．
　　　この目的を達成するために EU は人権問題を含む政治的関係，経済，貿易関係を深め，協力を拡大し，中国における EU の立場を高めるための戦略を提唱する．とりわけ，以下の諸点を提案する．
（1）　政治，人権問題では地域的，世界的安全の問題についての対話を促進する．核非拡散，軍縮に関わる主要な国際的取り決めのすべてに中国が加盟することにより国際社会に十分に関わることを進める．市民社会や法のルールに基づいた中国の政治改革を支援する．法制度の調整計画や人権問題に関する対話を推進する．香港，マカオの返還について中国とイギリス，ポルトガルとの間で調印された共同宣言の原則を支持する．
（2）　経済，貿易問題では経済，社会，金融問題に関する改革と対話を進める．中国と国際機関との対話の促進，中国が WTO のルールに同意することをうながすことによって中国の WTO 加盟を支持し，欧州企業の中国市場へのアクセス改善，対中国直接投資の促進をはかる．
（3）　次の分野での協力目標と優先順位の設定をする．人的資源開発，経済，社会開発，貧困対策，環境保護，企業提携，科学技術協力．情報面では中国のメディア関係，有識者に EU について関心を持つように働きかけ，中国における EU 加盟国の協調的文化活動を通じて EU と EU における中国との PR を進める．双方の学生が相手の国で学ぶことを推奨する．
7)　たとえば松岡智恵子，他（1996）．分析とともに東アジア各国受け入れ統計より JETRO が独自に作成した直接投資統計が有用である．なお筆者による分析は今川　健（1997），67 ページ，76–81 ページ．
8)　外務省『外交青書』ではアジア欧州会合と呼称し，*Bulletin of European Union* では　Euro-Asia summit としているが，駐日欧州委員会代表部の呼び方を採用し，アジア欧州首脳会議（ASEM）と記載する．
9)　East Asia（東アジア）についての定義．Soogil Young（1993），p.127 では日本，アジア Nies である香港，台湾，韓国，シンガポール，シンガポールとブルネイを除く ASEAN としている．中国を加えていない点が異なるが，今後は中国を除外しては東アジアの分析方向を誤るであろう．
10)　Grilli（1993），pp.271–275，pp.281–287，p.290.
11)　Grimwade（1996），p 209.
12)　今川　健（1983），(1984 a)，(1984 b)，Imagawa（1987）において EC と ASEAN

諸国との経済関係について検討を加えた．そこでは EC, ASEAN の加盟国同士の経済（貿易）関係について，その密度の高まりと偏りとを確認する事が出来た．

13) Dent（1997），pp.133–167.
14) 「新アジア戦略」（"Towards a new Asia strategy"），*BEU*, p.82, 7/8–1994 より．
15) 「新アジア戦略」に関する EU 議会の決議，*BEU*, pp.125–126, 6–1995 より．
16) アジア欧州首脳会議（ASEM）準備に関する EU 理事会報告，*BEU*, pp.135–135, 12–1995 より．
17) アジア欧州首脳会議（ASEM）の準備に関する EU 委員会コミュニケ，*BEU*, pp.110–111, 1/2–1996 より．
18) アジア欧州首脳会議（ASEM）の概略，*BEU*, pp.86–87, 3–1996 より．
19) アジア欧州首脳会議（ASEM）に関する EU 理事会の評価，*BEU*, p.142, 6–1996 より．
20) 日本経済新聞社説，1996 年 3 月 3 日朝刊．
21) Follow-up for the Asia-Europe Meeting（ASEM）より．なおアジア欧州首脳会議（ASEM）に関しては ASEM のホームページからも情報が得られる（アドレスは http : //www.fco.gov.uk/current/asem）．
22) EU/UNCTAD（1996）より．
23) EU（1996）を参照．全般的な輸出市場開拓戦略が内容である．本稿ではこれ以上ふれないが，ホームページアドレスは http : //europa.eu.int/en/comm/dg 01/etoc.htm.
24) 今川，加文（1993）においては日米欧の 3 極関係における日欧間の弱いリンクを確かなものにするために日本からの対欧積極策を提唱したが，今回は中国を加えたアジアに対して欧州からの積極的アプローチが特色である．

参 考 文 献

Dent Christopher M.（1997）, "Europe and the Triad", Chapter 5 in *The European Economy : The global context*, Routredge.

EU, *Bulletin of European Union*,（Monthly）, various issue from 1/2–1992 to 11–1996.

EU（1996）, *The Global Challenge of International Trade : A Market Access Strategy for the European Union*, COM（96）53 final, Internet version, 14 February.

EU/UNCTAD（1996）, *Investing in Asia's Dynamism*, Joint EU/UNCTAD Study, Internet version, October.

Grilli Enzo R.（1993）, "EC and Asia : Growing Farther Apart", Chapter 7 in *The European Community and the Developing Countries,* Cambridge University Press.

Grimwade Nigel（1996）, "The European Union and the International Economy", Chapter 16 in Barbour Philippe ed., *The European Union Handbook*, Fitzroy Dearborn Publishers.

今川　健（1983），「拡大 EC と ASEAN との経済関係：文献展望」，『経済学論纂』（中央大学），第 24 巻第 1/2 号，117-132 ページ，3 月．

今川　健（1984 a），「拡大 EC と ASEAN との経済関係 I－貿易・援助・投資－」，『経

済学論纂』(中央大学), 第25巻第3/4号, 1～19頁, 7月.
今川　健 (1984b),「拡大ECとASEANとの経済関係-資料-」,『経済学論纂』(中央大学), 第25巻第3/4号, 75-110ページ, 7月.
Imagawa Takeshi (1987), "Development of Asian Manufacturing Output and Trade with Special Reference to the Relations with USA, Japan and EC",『中央大学経済研究所年報』, 第17号, pp.71-91.
今川　健, 加文敬子 (1993),『EC統合と日本-歴史・理論・実証-』, 中央経済社.
今川　健 (1997), 第4章「アジア太平洋地域の工業品貿易構造」, 土屋六郎編『アジア太平洋経済圏の発展』, 同文舘.
松岡智恵子, 他 (1996),「加速する欧州の対アジア攻勢」, 国際スコープ特集,『ジェトロセンサー』, 48-61ページ, 8月.
土屋六郎編 (1997),『アジア太平洋経済圏の発展』, 同文舘.
Young Soogil (1993), "East Asia as a regional force for globalism", Chapter 6 in Anderson Kym & Richard Blackhurst eds., *Regional Integration and the Global Trading System*, Harvester Wheatsheaf.

〔1997年3月15日記〕

第 4 章

APEC 地域における日本企業のグローバルな事業のネットワーク化

はじめに

　APEC(アジア太平洋経済協力)地域は,従来のアジア太平洋地域の経済協力構想が 1989 年に実現したものであるが,以来 8 年の経過とともに,メンバー国・地域の数を増やすとともに,政治,経済,文化の各面で大きな展開がみられ,今日の国際経済社会のなかで 18 カ国・地域からなる最もエネルギッシュでダイナミックな地域経済圏の一つである.

　これら 18 カ国・地域の国内総生産(GDP)の合計は 1995 年に約 16 兆ドル(US ドル,以下同様),所得は約 13 兆ドルとなり,世界の総所得の 2 分の 1 を超えている(約 55%)[1].また,世界貿易の約 40% を上回り[2],EU 圏とともに世界の貿易中心圏の一つである.

　本章の目的は,1985 年から 95 年までにおける APEC 地域のグローバルな経済発展の様子を考察し,その大きな原因の一つとしてアジア(経済)地域を中心とする日本の貿易や対外直接投資フローの拡大と日系企業のグローバルな事業展開ならびにそのネットワーク化との関連性に焦点をあてて分析する.分析は APEC 地域における貿易と直接投資に関し,とくに日系企業のアジア地域を中心とするグローバルな事業展開の様子を帰納的に考察し,APEC(地)域内での

日系企業のグローバルな事業展開とそのネットワーク化の関連を考察する.

第1節　貿易構造の変化

1. **輸出構造の変化**

　IMF(国際通貨基金)の貿易統計(*Direction of Trade Statistics*)により1985年,90年ならびに95年におけるAPEC(加盟国)地域の世界およびアジア地域の輸出動向をみると(表4-1), 世界全体の輸出に関しては, 1995年のAPEC地域全体の輸出総額が2兆2,523億ドルである. なお, 同年7月28日にベトナムがASEANメンバー国として正式に認められたので, 同国をこれに含めるとAPEC 19カ国全体では2兆2,578億ドルである. 1985年と90年のAPEC地域の輸出総額にベトナムを加え, 1985-90-95年の3カ年におけるAPEC 19地域の輸出総額を比較してみると, 85年に7,267億ドル, 90年に1兆3,131億ドルと推移した. 1985年の輸出総額を100.0とした場合, 90年は180.7(約1.8倍), 95年は310.7(約3.1倍)となった.

　EU(15カ国)圏ならびに世界(全体)の輸出動向をAPEC地域とそれぞれ比較すると, 観察前期(1985年から90年まで)ならびに観察後期(1990年から95年まで)に, EU圏は7,259億ドル→1兆4,922億ドル→1兆9,114億ドル, 世界は1兆8,765億ドル→3兆3,860億ドル→4兆9,617億ドルとそれぞれ拡大した. 伸び率ではこの間にEU圏が100.0→205.6→263.3, 世界が100.0→180.4→264.4となった. EU圏のこの10年間における伸びはほぼ世界と等しい. この10年間の世界全体の輸出総額の伸びに比べAPEC地域の伸びが46ポイントも上回った. なお, この前期と後期の観察期間に関し, 年平均増加率によってこれらの地域を比較してみると, 世界全体は前期に12.5%, 後期に7.9%と後期の増加率が落ち込んだ. APEC地域に関しては前期が12.6%, 後期が11.4%と後期における増加率に落ち込みがみられるが, ほぼ安定した増加を示した. また, EU圏は前期が15.5%, 後期が5.1%と, 前期の伸びが高かったのに比べ後期に増加率が大きく伸び悩んだ.

この結果，世界に占める構成比の変化をみると，APEC 地域は 38.7%→38.8%→45.5% と世界全体の 45% に達した．EU 圏はこの間に 38.7%→44.1%→38.5% と 40% を挟んだ動きを示しており，戦後の世界経済の成長過程のなかで，貿易拡大により経済成長を達成してきたヨーロッパ地域(EU 圏)に APEC 地域が互してきたことをうかがわせる．

APEC 地域をさらに詳しくみると，これら両観察期間におけるアジア(日本を除く)地域の輸出の年平均増加率は前期に 16.9%，後期に 15.5% と，ともに APEC 地域の増加率をそれぞれ上回るとともに，世界全体の増加率をも上回った．後期におけるアジア地域の増加率(15.5%)は前期の増加率(16.9%)を 1.4% ポイント下回ってはいるものの，それは APEC 地域の後期の増加率(11.4%)を上回るのみならず，世界全体の増加率(7.9%)さらには EU 圏の増加率(5.1%)も大きく凌ぎ，アジアのこの間における輸出拡大のダイナミズムがうかがえる．この輸出拡大の駆動軸は，アジア NIEs 圏ならびに ASEAN 5 圏である．とりわけ前者では香港とシンガポールが，また後者ではマレーシアとタイの伸びが際立っている．同時に，ベトナムと中国の成長率は前期にそれぞれ 49.1%，18.1%，後期に 16.7%，18.8% とともに爆発的な伸びを示した．

日本の世界に対する輸出総額は，1985–90–95 年に 1,772 億ドル→2,877 億ドル→4,430 億ドルと変化し，1985 年を 100.0 とした場合，90 年は 162.3，95 年に 250.0 となり，この 10 年間で 2.5 倍になった．これを年平均増加率でみると，1985–90 年の前期に 10.2%，1990–95 年の後期に 9.0% と，後期に増加率が 1.2% ポイント下がった．しかし，世界全体の輸出の年平均増加率も後期に落ち込んだことから，日本の輸出が世界に占める構成比はこの間に若干戻し，9.4%→8.5%→8.9% となった．

これとは別に，APEC 地域ではブルネイ(前期 1985–90 年の年平均増加率がマイナス 5.5%，後期 1990–95 年の年平均増加率がマイナス 0.7%，以下同様)ならびに ANZCERTA(オーストラリア＝ニュージーランド経済緊密化協定)圏(前期が 11.3%，後期が 6.6%)の伸びが低い．さらに，NAFTA(北米自由貿易協定)圏(前期が 10.9%，後期が 9.3%)については，前期は米国が，後期はメキ

表 4-1 アジア地域ならびに世界における APEC

区分 国・地域	ア ジ ア 輸 出 額 1985年	90年	95年	年平均増減(△)率 1985-90年	1990-95年	構 1985年
アジア NIEs	30,426	84,856	231,258	22.8	22.2	14.8
香 港	11,937	33,462	80,813	22.9	19.3	5.8
韓 国	4,167	11,427	44,009	22.4	31.0	2.0
シンガポール	9,366	22,593	60,751	19.3	21.9	4.6
台 湾	4,956	17,374	45,685	28.5	21.3	2.4
ASEAN 5	13,599	26,843	69,520	14.6	21.0	6.6
インドネシア	3,574	6,444	11,570	12.5	12.4	1.7
マレーシア	6,247	13,109	32,639	16.0	20.0	3.0
フィリピン	994	1,458	4,439	8.0	24.9	0.5
タ イ	2,070	5,091	20,340	19.7	31.9	1.0
ブルネイ	714	741	532	0.7	△6.4	0.3
(ベトナム)	173	675	1,461	31.3	16.7	0.1
パプアニューギニア	95	224	517	18.7	18.2	0.0
中 国	10,704	33,575	59,541	25.7	12.1	5.2
アジア(日本を除く)	57,472	150,945	373,475	21.3	19.9	28.0
日 本	46,826	90,146	193,411	14.0	16.5	22.8
ANZCERTA	6,673	13,511	25,831	15.2	13.8	3.3
オーストラリア	5,739	11,651	22,267	15.2	13.8	2.8
ニュージーランド	934	1,860	3,564	14.8	13.9	0.5
NAFTA	32,105	66,907	123,160	15.8	13.0	15.7
米 国	28,639	60,774	115,592	16.2	13.7	14.0
カナダ	3,177	5,817	6,600	12.9	2.6	1.5
メキシコ	289	316	968	1.8	25.1	0.1
チ リ	368	891	2,635	19.3	24.2	0.2
APEC	140,796	316,953	705,873	17.6	17.4	68.6
APEC(ベトナムを含む)	140,969	317,628	707,334	17.6	17.4	68.7
E U	29.9	66.1	136.0	17.2	15.5	14.6
世 界	205.1	432.3	940.0	16.1	16.8	100.0

(注) 1. 他の国・地域があるために，国・地域の合計は世界と一致しない．
  2. ベトナムは 1995年7月 28日に ASEAN メンバー国として認められた．シンガポール
  3. EUは15カ国であり，1985-90-95年の数値はこれら15カ国のデータに基づく．なお，1985
  4. 世界の数値には「その他の国ぐに」のカテゴリーに属する国のデータも含む．
(資料) IMF, *Direction of Trade Statistics* (DTS).

第 4 章　APEC 地域における日本企業のグローバルな事業のネットワーク化　109

加盟国の輸出（FOB）：1985-90-95 年

単位：100 万 US ドル，ただし EU と世界は 10 億 US ドル；%

成　比		世　　　　　　　界							
		輸　出　額			年平均増減(△)率		構　成　比		
90 年	95 年	1985 年	90 年	95 年	1985-90 年	1990-95 年	1985 年	90 年	95 年
19.6	24.6	113,966	266,438	528,916	18.5	14.7	6.1	7.9	10.7
7.7	8.6	30,182	82,143	173,546	22.2	16.1	1.6	2.4	3.5
2.6	4.7	30,289	65,027	125,365	16.5	14.0	1.6	1.9	2.5
5.2	6.5	22,812	52,753	118,172	18.3	17.5	1.2	1.6	2.4
4.0	4.9	30,683	66,515	111,833	16.7	11.0	1.6	2.0	2.3
6.2	7.4	48,676	88,579	193,317	12.7	16.9	2.6	2.6	3.9
1.5	1.2	18,597	25,681	43,285	6.7	11.0	1.0	0.8	0.9
3.0	3.5	15,408	29,420	73,990	13.8	20.3	0.8	0.9	1.5
0.3	0.5	4,614	8,194	17,249	12.2	16.1	0.2	0.2	0.3
1.2	2.2	7,123	23,072	56,662	26.5	19.7	0.4	0.7	1.1
0.2	0.1	2,934	2,212	2,131	△5.5	△0.7	0.2	0.1	0.0
0.2	0.2	342	2,524	5,471	49.1	16.7	0.0	0.1	0.1
0.1	0.1	918	1,266	2,600	6.6	15.5	0.0	0.0	0.1
7.8	6.3	27,329	62,876	148,755	18.1	18.8	1.5	1.9	3.0
34.9	39.7	208,049	453,405	931,450	16.9	15.5	11.1	13.4	18.8
20.9	20.6	177,189	287,664	443,005	10.2	9.0	9.4	8.5	8.9
3.1	2.7	28,325	48,395	66,709	11.3	6.6	1.5	1.4	1.3
2.7	2.4	22,611	38,965	52,977	11.5	6.3	1.2	1.2	1.1
0.4	0.4	5,714	9,430	13,732	10.5	7.8	0.3	0.3	0.3
15.5	13.1	326,031	546,720	852,536	10.9	9.3	17.4	16.1	17.2
14.1	12.3	213,146	393,106	582,526	13.0	8.2	11.4	11.6	11.7
1.3	0.7	90,780	126,447	190,187	6.9	8.5	4.8	3.7	3.8
0.1	0.1	22,105	27,167	79,823	4.2	24.1	1.2	0.8	1.6
0.2	0.3	3,893	8,651	16,447	17.3	13.7	0.2	0.3	0.3
73.3	75.1	726,327	1,310,589	2,252,285	12.5	11.4	38.7	38.7	45.4
73.5	75.2	726,669	1,313,113	2,257,756	12.6	11.4	38.7	38.8	45.5
15.3	14.5	725.9	1,492.2	1,911.4	15.5	5.1	38.7	44.1	38.5
100.0	100.0	1,876.5	3,386.0	4,961.7	12.5	7.9	100.0	100.0	100.0

は ASEAN メンバー国であるが，慣例に従い，ここではアジア NIEs に分類した．
年に関しては旧東ドイツのデータも含む．

シコが高い輸出増加率を示しており，NAFTA 発足にからみ，同地域経済統合のメリットが出たものと考えられる[3]．

輸出規模が小さいものの，チリのこの間の輸出増加率は高く，前期に 17.3％，後期に 13.7％ と APEC 地域の輸出増加率をそれぞれ上回る良好なパフォーマンスを示した．

つぎにアジア地域向けの輸出に関してみると，ベトナムを含む APEC 地域全体の 1995 年の輸出総額は 7,073 億ドルである．これを 85 年と 90 年との比較でみてみると，85 年が 1,410 億ドル，90 年が 3,176 億ドルであった．85 年の輸出総額を 100.0 とした場合，90 年は 225.3（約 2.25 倍），95 年は 501.8（約 5.0 倍）となった．EU（15 カ国）圏ならびに世界（全体）の輸出動向を APEC 地域とそれぞれ比較してみると，1985–90–95 年の観察期間に EU 圏は 299 億ドル→661 億ドル→1,360 億ドル，世界は 2,051 億ドル→4,323 億ドル→9,400 億ドルとそれぞれ拡大した．伸び率ではこの間に EU 圏が 100.0→221.1→454.8，世界が 100.0→210.8→458.3 となった．世界ならびに EU 圏の動向と比較して，90 年・95 年とも APEC のアジア向け輸出の伸びがそれぞれ若干高い．

既に検討した世界における APEC 地域のこの間の輸出動向と比較してみると，APEC 地域のアジア地域向けの輸出の伸びが一層高いことがわかる．つまり，APEC 地域の世界向けの輸出の伸びはこの間に 100.0→180.7→310.7 であったのに対し，APEC 地域のアジア地域向けの輸出は同期間に 100.0→225.3→501.8 であったので，前者の伸びを大きく凌いだ．このことは APEC 地域の輸出がこの間にアジア NIEs 圏，ASEAN 圏，さらには中国を中心に拡大し，世界の貿易のダイナミックな軸となったことを意味している．さらに，世界全体におけるこの間の輸出の伸びならびに EU 圏の輸出の伸びがそれぞれ 100.0→180.4→264.4 ならびに 100.0→205.6→263.3 であることと比較した場合，単にアジア地域だけでなく，APEC 域内におけるこれら他の地域向けの輸出の伸びがなおさらアジア地域を軸に拡大していることが明瞭である．

さらに，この観察期間の前期と後期に関し，年平均増加率によってこれらの地域を比較してみると，世界全体は前期に 16.1％，後期に 16.8％ と後期にお

ける増加率が若干高まっている．APEC 地域に関しては前期が 17.6%，後期が 17.4% とほぼ安定した増加率を示した．EU 圏は前期が 17.2%，後期が 15.5% と後期に増加率が伸び悩んだ．

この結果，世界に占める構成比の変化をみると，EU 圏はこの間に 14.6%→15.3%→14.5% と 15% を挟んだ動きであるのに対して，APEC 地域は 68.7%→73.5%→75.2% と世界全体の 4 分の 3 に達した．

APEC 地域を国・地域別にみると，世界全体向けの輸出動向と同様に，アジア NIEs 圏，ASEAN 圏，ならびに中国のアジア地域向け輸出が大きく拡大した．ただし，アジア NIEs 圏に関しては韓国と台湾の輸出の伸びが大きく，ASEAN 圏に関してはタイ，フィリピンならびにベトナムの輸出の伸びが高い．また，前観察期におけるアジア NIEs 圏の伸びは 22.8%，後期は 22.2% と安定した伸びを保っており，ASEAN 圏の同様の伸び率である 14.6% ならびに 21.0% とともに，アジア地域の輸出拡大の軸になっている．

これらの地域に比べ，ANZCERTA 圏と NAFTA 圏の輸出の伸びは世界の輸出動向と同様に，穏やかである．ただし，これら両経済圏とも世界への輸出の伸びに比べればアジア地域での輸出の伸びが遥かに大きいことから，これらの経済圏が APEC のメンバーとしてアジア経済にアクセスすることのメリットは大きい．

日本のアジア地域向けの輸出はこの間に，468 億ドル→901 億ドル→1,934 億ドルと伸び，これを伸びでみると，100.0→192.5→413.0 と順調に伸びた．しかし，アジア NIEs 圏ならびに ASEAN 圏のこの間の一層高い伸びにおされ，日本のアジア地域向けの輸出構成比は下がった．

2. 輸入構造の変化

1985–90–95 年における APEC 地域の世界およびアジア地域からの輸入動向をみると（表 4–2），世界全体からの輸入に関しては，95 年の APEC 19 カ国・地域の輸入総額が 2 兆 3,647 億ドルである．同様に，85 年と 90 年の APEC 地域の世界全体からの輸入総額は，それぞれ 8,106 億ドルならびに 1 兆 3,893 億

表 4-2 アジア地域ならびに世界における APEC

国・地域 \ 区分 年	アジア 輸入額 1985年	90年	95年	年平均増減(△)率 1985-90年	1990-95年	構 1985年
アジア NIEs	29,521	84,391	208,217	23.4	19.8	13.9
香 港	14,235	49,126	118,105	28.1	19.2	6.7
韓 国	3,876	7,797	21,626	15.0	22.6	1.8
シンガポール	9,255	19,665	47,585	16.3	19.3	4.4
台 湾	2,155	7,803	21,001	29.3	12.9	1.0
ASEAN 5	10,405	28,269	65,199	22.1	18.2	4.9
インドネシア	1,811	5,416	11,035	24.5	15.3	0.9
マレーシア	4,010	9,350	24,792	18.4	21.5	1.9
フィリピン	1,705	3,677	8,394	16.6	17.9	0.8
タ イ	2,646	9,357	18,815	28.7	15.0	1.2
ブルネイ	233	469	2,163	15.0	35.8	0.1
(ベトナム)	228	840	7,352	29.8	54.3	0.1
パプアニューギニア	158	232	367	8.0	9.6	0.1
中 国	7,096	20,571	44,453	25.7	16.7	3.3
アジア(日本を除く)	52,511	144,211	346,579	22.4	19.2	24.7
日 本	37,509	68,074	123,970	12.7	12.7	17.7
ANZCERTA	4,652	8,853	17,109	13.7	14.1	2.2
オーストラリア	3,884	7,701	14,828	14.7	14.0	1.8
ニュージーランド	768	1,152	2,281	8.4	14.6	0.4
NAFTA	65,257	112,975	207,503	11.6	12.9	30.7
米 国	61,219	104,198	190,177	11.2	12.8	28.8
カナダ	3,877	7,928	13,465	15.4	11.2	1.8
メキシコ	161	849	3,861	39.4	35.4	0.1
チ リ	113	364	1,585	26.4	34.2	0.1
APEC	154,711	323,729	668,403	15.9	15.6	72.8
APEC(ベトナムを含む)	154,933	324,569	675,755	15.9	15.8	72.9
E U	27.6	81.7	143.5	24.2	11.9	13.0
世 界	212.4	452.2	911.1	16.3	15.0	100.0

(注) 1. 他の国・地域があるために,国・地域の合計は世界と一致しない.
2. ベトナムは1995年7月28日にASEANメンバー国として認められた.シンガポールは
3. EUは15カ国であり,1985-90-95年の数値はこれら15カ国のデータに基づく.なお,1985
4. 世界の数値には「その他の国ぐに」のカテゴリーに属する国のデータも含む.
(資料) IMF, *DTS*.

第4章　APEC 地域における日本企業のグローバルな事業のネットワーク化　113

加盟国の輸入（CIF）：1985-90-95 年

単位：100万 US ドル，ただし EU と世界は 10 億 US ドル；%

構成比		世			界			
		輸 入 額			年平均増減(△)率		構 成 比		
90年	95年	1985年	90年	95年	1985-90年	1990-95年	1985年	90年	95年
18.7	22.9	107,119	267,047	555,963	20.0	15.8	5.4	7.6	10.9
10.9	13.0	29,701	82,482	192,764	22.7	18.5	1.5	2.4	3.8
1.7	2.4	31,058	69,858	135,153	17.6	14.1	1.6	2.0	2.6
4.3	5.2	26,237	60,954	124,394	18.4	15.3	1.3	1.7	2.4
1.7	2.3	20,123	53,753	103,652	21.7	14.0	1.0	1.5	2.0
6.3	7.2	37,792	98,579	223,044	21.1	17.7	1.9	2.8	4.4
1.2	1.2	10,275	22,008	39,456	16.5	12.4	0.5	0.6	0.8
2.1	2.7	12,301	29,170	77,662	18.9	21.6	0.6	0.8	1.5
0.8	0.9	5,351	12,993	28,419	19.4	16.9	0.3	0.4	0.6
2.1	2.1	9,259	33,408	73,959	29.3	17.2	0.5	1.0	1.4
0.1	0.2	606	1,000	3,548	10.5	28.8	0.0	0.0	0.1
0.2	0.8	610	2,841	11,586	36.0	32.5	0.0	0.1	0.2
0.1	0.0	906	1,375	1,512	8.7	1.9	0.0	0.0	0.0
4.5	4.9	42,480	53,915	132,007	4.9	19.6	2.2	1.5	2.6
31.9	38.0	202,525	469,760	995,920	18.3	16.2	10.3	13.4	19.5
15.1	13.6	130,516	235,289	335,871	12.5	7.4	6.6	6.7	6.6
2.0	1.9	31,840	51,827	75,140	10.2	7.7	1.6	1.5	1.5
1.7	1.6	25,897	42,263	61,347	10.3	7.7	1.3	1.2	1.2
0.3	0.3	5,943	9,564	13,793	10.0	7.6	0.3	0.3	0.3
25.0	22.8	456,230	671,108	1,014,210	8.0	8.6	23.2	19.2	19.8
23.0	20.9	361,620	517,018	770,947	7.4	8.3	18.4	14.8	15.1
1.8	1.5	80,615	122,665	167,377	8.8	6.4	4.1	3.5	3.3
0.2	0.4	13,995	31,425	75,886	17.6	19.3	0.7	0.9	1.5
0.1	0.2	3,079	7,301	15,348	18.8	16.0	0.2	0.2	0.3
71.6	73.4	809,962	1,386,441	2,353,095	11.3	11.2	41.2	39.6	46.0
71.8	74.2	810,572	1,389,282	2,364,681	11.4	11.2	41.2	39.7	46.2
18.1	15.8	740.2	1,543.0	1,901.5	15.8	4.3	37.6	44.1	37.2
100.0	100.0	1,966.9	3,500.0	5,118.2	12.2	7.9	100.0	100.0	100.0

ASEANメンバー国であるが，慣例に従い，ここではアジア NIEs に分類した．
年に関しては旧東ドイツのデータも含む．

ドルである．

　1985年のAPEC地域の世界全体からの輸入総額を100.0としてみた90年と95年の伸びは，それぞれ171.4ならびに290.3である．これらの値を前出のAPEC地域の輸出総額のこの間の伸び（90年が約1.8倍，95年が約3.1倍）と突き合わせてみると，輸出に比べ輸入総額の伸びの方が緩やかである．同様に，世界全体ならびにEU圏に関するこの間の輸入総額の伸びは，前者が100.0→177.9→260.2ならびに後者が100.0→208.5→256.9と，この10年間ではともにAPEC地域の輸入総額の伸びを下回った．また，世界全体ならびにEU圏は，この間に輸入総額の伸びが各々輸出総額の伸びを若干下回っており，この点ではAPEC地域に関してと同様の傾向にある．しかも，前期と後期に分けてみた場合，APEC地域の世界からの輸入総額の年平均増加率が11.4％ならびに11.2％とそれほど大きく落ち込んでいないにもかかわらず，世界全体に関しては前期の増加率が12.2％，後期が7.9％と落ち込み，EU圏に関しても前期が15.8％，後期が4.3％と落ち込みがさらに大きく，このような傾向も輸出に関してと同様である．

　この結果，APEC地域とEU圏の世界全体の輸入に占める構成比はこの間にそれぞれ41.2％→39.7％→46.2％，ならびに37.6％→44.1％→37.2％と対照的に変化した．

　APEC地域をさらに詳しくみると，輸出と同様に，アジアNIEs圏ならびにASEAN圏の輸入の伸びが大きい．またベトナムの輸入の伸び（前期の年平均増加率が36.0％，後期が32.5％）は，輸出同様，著しい．

　対照的に，ANZCERTA圏ならびにNAFTA圏に関しては，輸出についてと同様，この間の輸入総額の伸びは緩やかである．ただし，メキシコとチリに関しては米国を中心とするNAFTA圏の動向に大きく左右されるにもかかかわらず，この間に輸入の伸びは大きかった．

　日本のこの間の世界からの輸入の伸びは世界全体（平均）の伸びにほぼ等しい．したがって，世界の輸入総額に占める日本の構成比は6～7％で，この間はほぼ安定している．

第4章 APEC地域における日本企業のグローバルな事業のネットワーク化 115

　アジア地域からの輸入に関してみると，APEC 19 地域の 1985-90-95 年の輸入総額は，1,549 億ドル→3,246 億ドル→6,758 億ドルと推移した．85 年の値を 100.0 とすると，90 年は 209.5，95 年は 436.2 となった．この推移をアジア地域におけるこの間の世界ならびに EU 圏の輸入額の推移と比較すると，世界の輸入額は 100.0→212.9→429.0，EU 圏は 100.0→296.0→519.9 とそれぞれ推移した．APEC 地域のアジア地域からの輸入の伸びは，世界のアジア地域からの輸入の伸びとともに，アジア域内での輸出の伸びをそれぞれ下回った．対照的に，EU 圏のアジア地域からの輸入の伸びはこの間に大きく伸びたことが注目される．同時に，アジア（日本を除く）地域の域内からの輸入の伸びが高い（年平均増加率は 1985-90 年が 22.4％，1990-95 年が 19.2％，以下同様）．とくにアジア NIEs 圏のこの間の伸びが高い（前期に 23.4％，後期に 19.8％）．アジア NIEs 圏には若干及ばないものの，同様に ASEAN 圏のアジア域内からの輸入も大きく伸びた（前期が 22.1％，後期が 18.2％）．同時に，中国の輸入に関しても大きく伸びた（前期に 25.7％，後期に 16.7％）．とりわけ，ベトナムのアジア域内での輸入は前期に 29.8％，後期に 54.3％と驚異的である．

　対照的に，ANZCETA 圏ならびに NAFTA 圏に関しては，この間の輸入の伸びは，輸出に関してと同様，緩やかである．ただし，メキシコならびにチリのアジア地域からの輸入はこの間，大幅に伸びた．メキシコおよびチリのアジア地域からの輸入は，年平均増加率で 1985-90 年がそれぞれ 39.4％ および 26.4％，ならびに 1990-95 年がそれぞれ 35.4％ および 34.2％ と，大幅に伸びた．

　日本のアジア地域からの輸入はこの間に，375 億ドル→681 億ドル→1,240 億ドルと伸びた．しかし，年平均増加率でこれをみると，前期，後期ともに 12.7％であり，世界のアジア地域からの輸入の伸びである前期 16.3％，後期 15.0％には到らず，結果としてアジア域内での日本の輸入構成比はこの間に漸減した．

　同時に，EU 圏のアジア地域からの輸入もこの間に大きく伸び，EU 圏のアジア地域への輸出の伸び（100.0→221.1→454.8）を上回った．とくに 1985-90 年における EU 圏のアジア地域からの輸入の年平均増加率は 24.2％ と，同期に

おける APEC 地域のアジア地域からの輸入の伸び(年平均増加率で 15.9%)，あるいは同じくアジア(日本を除く)地域のアジア域内からの輸入の伸び(同，22.4%)をも凌いだ．

以上の結果，1985-90-95 年の 3 時点における APEC 地域のアジア地域からの輸入が世界に占める構成比をみると，72.9%→71.8%→74.2% と 90 年に一度減少し，その後，上昇しており，この傾向は APEC 地域の世界からの輸入に関する構成比(41.2%→39.7%→46.2%)と同じである．APEC 地域をさらに詳しくみると，アジア(日本を除く)地域がこの間に 24.7%→31.9%→38.0% と構成比を大きく上げた．とくに，アジア NIEs 圏(13.9%→18.7%→22.9%) ならびに ASEAN 圏(4.9%→6.3%→7.2%)の構成比の上昇は大きい．また，ベトナムと中国の構成比も大きく上昇した．

対照的に，ANZCERTA 圏とメキシコを除く NAFTA 圏はこの間に構成比をそれぞれ下げた．

最後に，1985-90-95 年における APEC 地域の輸入をアジア地域からのものとそれ以外の世界からのものと比較してみると，アジア NIEs 圏，ASEAN 圏，中国，ならびにチリの構成比はアジア地域からの輸入に関しても，また世界からの輸入に関してもともに上昇した．対照的に ANZCERTA 圏ならびにメキシコを除く NAFTA 圏の輸入はアジア地域からの輸入に関しても，世界からの輸入に関しても，ともに構成比を下げた．しかし，これらの地域の輸入に関してはアジア地域からの輸入の伸びが世界からの伸びをそれぞれ上回っている点が注目される．このことはアジア地域とともに，これらの地域がアジア地域からの輸入を世界からの輸入以上に伸ばしたことを意味しており，アジア地域が世界のなかで重要な輸入拠点の一つとなってきたことを示している．

3. APEC 域内の貿易の変化
(1) APEC 域内の輸出動向

APEC 域内での APEC メンバー国相互の輸出総額は 1985 年に 4,956 億ドルであった(表 4-3)．それが 90 年に 9,046 億ドル，95 年には 1 兆 6,574 億ドル

になった．この10年間の輸出総額の伸びは100.0→182.5→334.4と約3.3倍になった．年平均増加率では，1985-90年に12.8％，1990-95年に12.9％であり，これらはAPEC域内における世界全体の輸出総額の同期間の増加率である12.5％ならびに11.4％をそれぞれ0.3％ポイントならびに1.5％ポイント上回っており，APEC地域の輸出の伸びは大きい．また，APEC域内における世界の輸出総額に占めるAPEC地域の構成比は，この間に68.2％→69.0％→73.6％と漸次高まった．

APEC域内で輸出を伸ばしたのはアジア地域であるが，シンガポールを除くアジアNIEs圏の1985-90年における年平均増加率は20％をそれぞれ超えた．1990-95年に輸出を大きく伸ばしたのはアジアNIEs圏に替わりASEAN圏であり，とくにベトナム，ブルネイ，マレーシアである．中国の高い伸びも後期にみられる．

APEC域内での日本の輸出の伸びは前期においてみられるが，後期には伸び悩んでいる．同様な傾向はカナダ，メキシコ，EU圏にみられる．また，ANZCERTA圏は前期・後期ともに輸出の伸びが押さえられたのに対し，チリの輸出の伸びは前期・後期を通じ大きい．

(2) **APEC域内の輸入動向**

APEC域内でのAPECメンバー国相互の輸入総額は1985年に5,282億ドルであった(表4-3)．それが90年に9,298億ドル，95年には1兆6,898億ドルになった．この10年間の輸入総額の伸びは100.0→176.0→319.9と約3.2倍になり，輸出の伸びより若干低い．年平均増加率では，1985-90年に12.0％，1990-95年に12.7％であり，これらはAPEC域内における世界の輸入総額の増加率である11.4％ならびに10.4％をそれぞれ0.6％ポイントならびに2.3％ポイント上回っており，APEC地域の輸入の伸びは大きい．また，APEC域内に関し，世界の輸入総額に占めるAPEC地域の構成比は，この間に65.6％→67.4％→74.8％と，輸出同様，漸次高まった．

APEC域内で輸入を大きく伸ばしたのは輸出と同様に，アジア地域である

表 4-3　APEC 域内の貿易：

国・地域 \ 区分 年	輸出額 1985年	90年	95年	年平均増減(△)率 1985-90年	1990-95年	構 1985年
アジア NIEs	73,098	190,029	377,882	21.1	14.7	10.1
香　港	24,157	66,519	129,042	22.5	14.2	3.3
韓　国	17,946	44,828	86,942	20.1	14.2	2.5
シンガポール	18,152	40,877	88,110	17.6	16.6	2.5
台　湾	12,844	37,805	73,788	24.1	14.3	1.8
ASEAN 5	26,035	68,368	163,974	21.3	19.1	3.6
インドネシア	5,501	13,828	26,061	20.2	13.5	0.8
マレーシア	9,680	21,224	63,513	17.0	24.5	1.3
フィリピン	4,451	9,583	23,314	16.6	19.5	0.6
タ　イ	5,881	22,801	48,744	31.1	16.4	0.8
ブルネイ	522	932	2,342	12.3	20.2	0.1
(ベトナム)	369	1,073	7,942	23.8	49.2	0.1
パプアニューギニア	755	1,061	1,228	7.0	3.0	0.1
中　国	27,409	39,593	129,295	7.6	26.7	3.8
アジア(日本を除く)	140,084	316,212	707,740	17.7	17.5	19.3
日　本	69,753	132,641	207,156	13.7	9.3	9.6
ANZCERTA	19,372	30,705	46,042	9.6	8.4	2.7
オーストラリア	15,708	25,288	36,788	10.0	7.8	2.2
ニュージーランド	3,664	5,417	9,254	8.1	11.3	0.5
NAFTA	278,089	439,249	724,152	9.6	7.0	38.3
米　国	206,688	308,870	526,174	8.4	11.2	28.5
カナダ	56,184	97,501	144,936	11.7	8.3	7.7
メキシコ	15,217	32,878	53,042	16.7	10.0	2.1
チ　リ	1,068	2,909	7,637	22.2	21.3	0.1
APEC	495,579	904,555	1,657,366	12.8	12.9	68.2
E　U	109,587	248,660	342,089	17.8	6.6	15.1
世　界	726,328	1,310,589	2,252,285	12.5	11.4	100.0

(注)　1. 他の国・地域があるために，国・地域の合計は世界と一致しない．
　　　2. 台湾のアジアNIEsにおける輸出額ならびに輸入額は台湾以外の NIEs の台湾からの輸入額
　　　　 であるが，慣例に従い，ここではアジアNIEsに分類した．
　　　3. EUは15カ国であり，1985-90-95年の数値はこれら15カ国のデータに基づく．なお，1985
　　　4. 世界の数値には「その他の国ぐに」のカテゴリーに属す国のデータも含む．
(資料)　IMF, *Direction of Trade Statistics* (*DTS*).

第4章　APEC地域における日本企業のグローバルな事業のネットワーク化　119

1985–90–95 年

単位：100万USドル；%

	成 比		輸 入 額			年平均増減(△)率		構 成 比		
90年	95年	1985年	90年	95年	1985–90年	1990–95年	1985年	90年	95年
14.5	16.8	78,020	166,790	292,651	16.4	11.9	9.7	12.1	12.9
5.1	5.7	18,019	36,161	39,019	14.9	1.5	2.2	2.6	1.7
3.4	3.9	19,037	44,807	87,787	18.7	8.6	2.4	3.2	3.9
3.1	3.9	13,189	31,354	67,601	18.9	16.6	1.6	2.3	3.0
2.9	3.3	27,775	54,468	98,243	14.4	12.5	3.5	4.0	4.3
5.2	7.3	45,298	75,133	163,744	10.6	16.9	5.6	5.4	7.2
1.1	1.2	19,021	23,794	37,826	4.6	9.7	2.4	1.7	1.7
1.6	2.8	13,873	26,141	67,015	13.5	20.7	1.7	1.9	3.0
0.7	1.0	4,831	7,627	16,157	9.6	16.2	0.6	0.6	0.7
1.7	2.2	4,733	15,636	40,446	27.0	20.9	0.6	1.1	1.8
0.1	0.1	2,840	1,935	2,300	△7.4	3.5	0.4	0.1	0.1
0.1	0.4	263	1,292	3,760	37.5	23.8	0.0	0.1	0.2
0.1	0.1	531	873	2,257	10.5	20.9	0.1	0.1	0.1
3.0	5.7	22,349	69,674	182,500	25.5	21.2	2.8	5.1	8.1
24.1	31.4	154,229	322,897	666,919	15.9	15.6	19.2	23.4	29.5
10.1	9.2	132,489	204,441	357,316	9.1	11.8	16.5	14.8	15.8
2.3	2.0	21,523	37,670	52,835	11.8	7.0	2.7	2.7	2.3
1.9	1.6	17,683	30,926	42,596	11.8	6.6	2.2	2.2	1.9
0.4	0.4	3,841	6,744	10,239	11.9	8.7	0.5	0.5	0.5
33.5	32.2	226,018	370,719	629,342	10.4	11.2	28.1	26.9	27.8
23.6	23.4	125,387	225,861	387,694	12.5	11.4	15.6	16.4	17.2
7.4	6.4	78,017	109,568	171,283	7.0	9.3	9.7	7.9	7.6
2.5	2.4	22,613	35,290	70,365	9.3	14.8	2.8	2.6	3.1
0.2	0.3	1,980	4,453	9,132	17.6	15.4	0.2	0.3	0.4
69.0	73.6	528,207	929,753	1,689,777	12.0	12.7	65.6	67.4	74.8
19.0	15.2	131,463	241,254	359,923	12.9	8.3	16.3	17.5	15.9
100.0	100.0	804,952	1,378,733	2,259,904	11.4	10.4	100.0	100.0	100.0

ならびに台湾への輸出額の集計値としてそれぞれ算出した．なお，シンガポールはASEANメンバー国

年に関しては旧東ドイツのデータも含む．

が，アジア NIEs 圏の 1985-90 年における輸入の増加率は 10% をそれぞれ超えた．1990-95 年に輸入を大きく伸ばしたのはアジア NIEs 圏に替わり ASEAN 圏であり，とくにベトナム，タイ，マレーシアである．中国の高い伸びも後期においてみられる．

APEC 域内での日本の輸入の伸びは前期におけるよりも後期における方が高い．同様な傾向はカナダを除く NAFTA 圏にもみられる．対照的に，ANZCERTA 圏と EU 圏は前期における輸入の伸びが後期を上回っている．また，輸出の伸びと同様に，チリの輸入の伸びは前期・後期を通じて大きい．

以上の観察を要約すると以下のとおりである．APEC 域内ではアジア地域を中心にこの間に輸出が大きく伸びた．また，ANZCERTA 圏ならびに NAFTA 圏は APEC 地域への輸出の伸びが APEC 地域全体(平均)の伸びには達しないものの，輸入面では伸びが観察される．このことからアジア地域は APEC 域内での輸出基地化が進行しているとともに，ANZCERTA 圏ならびに NAFTA 圏はその輸出基地から輸入を増やしている．また，チリの輸出・輸入両面での伸びが大きく，注目に値する．

4. 日本の貿易構造の変化
(1) 日本の輸出動向

通商産業省『通商白書』によると，日本の 1995 年の輸出額は 4,429 億ドルである．同様に，85 年の輸出額は 1,756 億ドル，90 年は 2,869 億ドルであったから，85 年の輸出額を 100.0 とした場合，90 年は 163.4，95 年は 252.2 であり，この 10 年間に日本の輸出は約 2.5 倍に増えた．これを 1985-90 年ならびに 1990-95 年の各 5 年間における年平均増加率でみると，前期間が 10.3%，後期間が 9.1% であり，後半において若干，増加率が落ちた．

地域別にこの間の日本の輸出の推移をみると(表 4-4)，日本を除く APEC 18 地域向けの輸出の年平均増加率は 1985-90 年に 10.0% で，世界への輸出の年平均増加率の 10.3% を僅かに下回った．対照的に，1990-95 年に日本の APEC 地域向けの輸出増加率は 11.2% であり，世界の 9.1% を 2.1% ポイント上回っ

た．APEC 地域をさらに詳しくみると，アジア（日本を除く）地域向けの輸出が伸びている．とくに，アジア NIEs 圏ならびに ASEAN 圏向けの輸出の伸びが大きく，年平均増加率は 1985–90 年にそれぞれ 20.3% ならびに 25.0% であり，ASEAN 圏の増加率の方が高い．1990–95 年にはそれがさらにそれぞれ 14.4% ならびに 19.0% となり，両観察期を通じて ASEAN 圏向けの輸出の伸びがアジア NIEs 圏向けの輸出を大きく上回った．

対照的に，ANZCERTA 圏向けならびに NAFTA 圏向けの輸出の伸びは 1985–90 年，1990–95 年ともに穏やかである．ただし，メキシコならびにチリに対する日本の輸出の伸びは大きい．

この結果，日本の輸出全体に占めるアジア地域の構成比はこの間に高まり，26.1%→31.0%→43.5% となった．とくに，アジア NIEs 圏ならびに ASEAN 圏の構成比は大きく高まり，アジア NIEs 圏が 12.8%→19.7%→25.1% とほぼ倍増した．さらに ASEAN 圏は 4.2%→7.9%→12.1% と，約 3 倍となった．

対照的に，ANZCERTA 圏ならびに NAFTA 圏の構成比はこの間に，それぞれ 3.7%→2.8%→2.2% ならびに 40.3%→34.6%→29.4% となり，構成比が大きく落ちた．また，EU 圏の構成比はこの間に 13.1%→20.3%→15.9% と，一度増えその後下がった．

(2) 日本の輸入動向

日本の 1985–90–95 年における地域別輸入動向は，APEC 地域からの輸入が伸張しており，とりわけアジア地域を中心にして伸びている．対照的に ANZCERTA 圏ならびに NAFTA 圏からの輸入は相対的に減ってきたという点では既に検討した輸出動向と類似点が多い．

しかし，詳しくみると異なる点もある．つまり，アジア NIEs 圏の構成比はこの間に 7.6%→11.1%→12.3% と伸びているが，両観察期間を通してみると輸出の伸びには及ばない．また，アジア NIEs 圏からの輸入は前期の 1985–90 年には大きく伸びたが，後期には伸びが急速に落ちた．対照的に，日本の輸入が伸びた国・地域はベトナム，マレーシア，タイ，台湾，ならびに中国である．

表 4-4 日本の地域別輸出ならびに

国・地域	輸出額 1985年	90年	95年	年平均増減(△)率 1985-90年	1990-95年	構 1985年
アジア NIEs	22,492	56,667	111,037	20.3	14.4	12.8
香 港	6,509	13,072	27,775	15.0	16.3	3.7
韓 国	7,097	17,457	31,291	19.7	12.4	4.0
シンガポール	3,861	10,708	23,001	22.6	16.5	2.2
台 湾	5,026	15,430	28,969	25.2	13.4	2.9
ASEAN 5	7,398	22,537	53,710	25.0	19.0	4.2
インドネシア	2,173	5,310	9,971	19.6	13.4	1.2
マレーシア	2,168	5,511	16,795	20.5	25.0	1.2
フィリピン	937	2,504	7,098	21.7	23.2	0.5
タ イ	2,030	9,126	19,715	35.1	16.7	1.2
ブルネイ	90	86	131	△0.9	8.8	0.1
(ベトナム)	149	214	922	7.6	33.9	0.1
パプアニューギニア	134	139	121	0.8	△2.7	0.1
中 国	12,477	6,130	21,931	△13.3	29.0	7.1
アジア(日本を除く)	45,876	89,079	192,702	14.2	16.7	26.1
ANZCERTA	6,451	8,106	9,730	4.7	3.7	3.7
オーストラリア	5,379	6,900	8,105	5.1	3.3	3.1
ニュージーランド	1,072	1,206	1,626	2.4	6.2	0.6
NAFTA	70,792	99,320	130,258	7.0	5.6	40.3
米 国	65,278	90,322	120,859	6.7	6.0	37.2
カナダ	4,520	6,727	5,827	8.3	△2.8	2.6
メキシコ	994	2,271	3,572	18.0	9.5	0.6
チ リ	169	483	915	23.4	13.6	0.1
APEC	119,913	193,381	327,701	10.0	11.1	68.3
APEC(ベトナムを含む)	120,062	193,595	328,623	10.0	11.2	68.4
E U	22,988	58,134	70,291	20.4	3.9	13.1
世 界	175,638	286,948	442,937	10.3	9.1	100.0

(注) 1. 他の国・地域があるために，国・地域の合計は世界と一致しない．
    2. ベトナムは1995年7月28日にASEANメンバー国として認められた．シンガポールは
    3. EUは15カ国であり，1985-90-95年の数値はこれら15カ国のデータに基づく．なお，1985
(資料) 通商産業省『通商白書・各論』当該年．

第 4 章　APEC 地域における日本企業のグローバルな事業のネットワーク化　123

輸入：1985-90-95 年

単位：100 万 US ドル；％

構成比		輸入額			年平均増減(△)率		構成比		
90 年	95 年	1985 年	90 年	95 年	1985-90 年	1990-95 年	1985 年	90 年	95 年
19.7	25.1	9,838	25,947	41,219	21.4	9.7	7.6	11.1	12.3
4.6	6.3	767	2,173	2,739	23.2	4.7	0.6	0.9	0.8
6.1	7.1	4,092	11,707	17,269	23.4	8.1	3.2	5.0	5.1
3.7	5.2	1,594	3,571	6,844	17.5	13.9	1.2	1.5	2.0
5.4	6.5	3,386	8,496	14,366	20.2	11.1	2.6	3.6	4.3
7.9	12.1	18,611	25,690	39,728	6.7	9.1	14.4	10.9	11.8
1.9	2.3	10,119	12,721	14,214	4.7	2.2	7.8	5.4	4.2
1.9	3.8	4,330	5,402	10,549	4.5	14.3	3.3	2.3	3.1
0.9	1.6	1,243	2,157	3,482	11.7	10.1	1.0	0.9	1.0
3.2	4.5	1,027	4,147	10,134	32.2	19.6	0.8	1.8	3.0
0.0	0.0	1,892	1,263	1,349	△7.8	1.3	1.5	0.5	0.4
0.1	0.2	65	595	1,716	55.7	23.6	0.1	0.3	0.5
0.0	0.0	252	333	733	5.7	17.1	0.2	0.1	0.2
2.1	5.0	6,483	12,054	35,922	13.2	24.4	5.0	5.1	10.7
31.0	43.5	36,819	67,266	122,743	12.8	12.8	28.4	28.6	36.5
2.8	2.2	8,355	14,096	17,113	11.0	4.0	6.4	6.0	5.1
2.4	1.8	7,452	12,369	14,569	10.7	3.3	5.8	5.3	4.3
0.4	0.4	903	1,727	2,544	13.8	8.1	0.7	0.7	0.8
34.6	29.4	34,436	62,691	87,729	14.1	7.0	25.0	26.7	26.1
31.5	27.3	25,793	52,369	75,408	15.2	7.6	19.9	22.3	22.4
2.3	1.3	4,773	8,392	10,834	11.9	5.2	3.7	3.6	3.2
0.8	0.8	1,870	1,931	1,487	0.6	△5.1	1.4	0.8	0.4
0.2	0.2	534	1,622	3,188	24.9	14.5	0.0	0.7	0.9
67.4	74.0	76,509	142,432	225,632	13.2	9.6	59.1	60.7	67.1
67.5	74.2	76,574	143,027	227,349	13.3	9.7	59.1	60.9	67.6
20.3	15.9	10,180	61,597	48,812	43.5	△39.9	7.9	26.2	14.5
100.0	100.0	129,539	234,799	336,094	12.6	7.4	100.0	100.0	100.0

ASEAN メンバー国であるが，慣例に従い，ここではアジア NIEs に分類した．
年に関しては旧東ドイツのデータも含む．

これらの国へは日本の輸出も大きく伸びており，貿易面で日本とのつながりが強くなっている．

アジア地域以外の国・地域に関しては，チリが輸出同様，輸入面でも伸びが大きい．米国からの輸入の伸びは，前期・後期ともに世界全体の伸びを上回っている点が注目される．

第2節　直接投資フローの変化

1. 対外直接投資フローの変化

IMFの国際収支統計(*Balance of Payments Statistics*)に基づき，1980-84年(第Ⅰ期)，1985-89年(第Ⅱ期)，ならびに1990-94年(第Ⅲ期)におけるAPEC地域の対外直接投資フロー(以下，とくに注記がない限り直接投資はフローであり，ストックではない)ならびに対内直接投資の動向を検討しよう(表4-5)．

APEC地域のこの15年間における対外直接投資は，第Ⅰ期895億ドル，第Ⅱ期2,868億ドル，ならびに第Ⅲ期4,226億ドルと推移した．第Ⅰ期のフローを100.0とした場合，第Ⅱ期は320.3，第Ⅲ期は472.0となり，この間にほぼ4.7倍になった．これを同期間の世界全体における対外直接投資の伸び100.0→346.3→525.3と比較してみると，この間のAPEC地域の対外直接投資の伸びは世界の伸びには及ばず，緩慢な伸びに留まった．第Ⅰ－Ⅱ期ならびに第Ⅱ－Ⅲ期における年平均増加率により両者を比較してみると，第Ⅰ－Ⅱ期では世界が28.2%であるのに対してAPEC地域は26.2%で2%ポイント低く，第Ⅱ－Ⅲ期には両者とも増加率が大きく落ち，世界が8.7%，APEC地域が8.1%とAPEC地域の落ち込みが大きかった．

APEC地域を詳しくみると，国・地域によりその様子が大きく異なる．一方でアジア地域の伸張が観察されるのに対して，ANZCERTA圏ならびにNAFTA圏の伸びが緩慢である．アジア地域のなかでは，アジアNIEs圏の伸びが第Ⅰ－Ⅱ期ならびに第Ⅱ－Ⅲ期を通じて大きい．同時に，極めて注目されることとして，タイを中心にASEAN圏の対外直接投資も第Ⅰ－Ⅱ期ならびに第Ⅱ－Ⅲ期を通じて極めて大きく，伸び率ではNIEs圏を凌いでいる．同様に，中国の

伸びもタイ同様に両期を通じて大きい．日本の対外直接投資は第Ⅰ－Ⅱ期に年平均増加率で40.9%と大きく伸びたが，第Ⅱ－Ⅲ期には不況で急ブレーキがかかり，それが1.6%へ落ち込んだ．なお，パプアニューギニアに関しては直接投資が年ごとに出入りが大きく，正確な動向は摑みがたい．

ANZCERTA圏に関しては，第Ⅰ－Ⅱ期に年平均増加率が39.5%と大きく伸びるが，第Ⅱ－Ⅲ期にはそれが逆にマイナス14.1%と大きく後退する．NAFTA圏の対外直接投資動向はメキシコを除きフロー規模そのものがもともと大きいこともあり，比較的安定的である．チリの対外直接投資は1990年代になって本格化した．したがって平均増加率でみて，第Ⅱ－Ⅲ期にはそれが119.0%と爆発的に伸びた．

この結果，第Ⅰ－Ⅱ－Ⅲ期におけるAPEC地域の対外直接投資が世界に占める構成比をみると，45.8%→42.3%→41.1%と徐々に下がった．これは，日本やANZCERTA圏のフロー規模の大きな国・地域からの伸びが鈍った結果である．しかし，APEC地域のなかではこれらの国・地域とは大きく異なり，フロー規模がまだ小さいものの，アジアNIEs圏，タイを中心とするASEAN圏，ならびに中国の対外直接投資はこの間に大きく伸びた．結果として，世界に占める第Ⅰ－Ⅱ－Ⅲ期の構成比は，NIEs圏が0.5%→0.8%→1.6%と3倍に達するほか，タイを中心にASEAN圏が0.0%から始めて0.1%に達した．中国はこの間，0.1%→0.5%→1.2%と急速に伸びている．また，チリも第Ⅲ期に0.2%に達した．

対照的に，日本ならびにANZCERTA圏は第Ⅰ－Ⅱ期にともに構成比を上げるが，第Ⅱ－Ⅲ期には下げた．反対に，これらの国・地域とは対照的に，EU圏の構成比は第Ⅰ－Ⅱ期に下がるが，第Ⅱ－Ⅲ期にはそれが上がった．また，NAFTA圏とくにカナダに関しては，この間に構成比が持続的にしかも大きく減少した．

表 4-5　APEC 域内の対外直接投資・

国・地域	区分　年	対外直接投資（フロー）					
^	^	フロー金額			年平均増減(△)率		構
^	^	第Ⅰ期 1980-84年	第Ⅱ期 1985-89年	第Ⅲ期 1990-94年	第Ⅰ-Ⅱ期	第Ⅱ-Ⅲ期	第Ⅰ期
アジアNIEs		999	5,193	15,985	39.0	25.2	0.5
韓　国		471	3,568	7,649	49.9	16.5	0.2
シンガポール		528	1,625	8,336	25.2	18.5	0.3
ASEAN		9	246	1,026	93.8	33.1	0.0
インドネシア		-	-	-	-	-	-
マレーシア		-	-	-	-	-	-
フィリピン		-	-	△142	-	-	-
タイ		9	246	1,168	93.8	36.6	0.0
パプアニューギニア		22	△14	-	△104.8	-	0.0
中　国		271	3,354	12,143	65.4	29.3	0.1
アジア（日本を除く）		1,310	18,701	40,303	70.2	16.6	0.7
日　本		21,400	118,820	128,830	40.9	1.6	10.9
ANZCERTA		3,863	20,396	9,514	39.5	△14.1	2.0
オーストラリア		3,819	18,676	10,724	37.4	△10.5	2.0
ニュージーランド		44	1,720	△1,210	108.2	△79.3	0.0
NAFTA		62,968	138,799	253,247	17.1	12.8	32.2
米　国		47,960	114,450	225,960	19.0	14.6	24.5
カナダ		15,008	24,349	27,287	10.2	2.3	7.7
メキシコ		-	-	-	-	-	-
チリ		11	37	1,865	27.5	119.0	0.0
APEC		89,543	286,831	422,610	26.2	8.1	45.8
EU		121,702	349,678	545,509	23.5	9.3	62.2
世　界		195,671	677,555	1,027,882	28.2	8.7	100.0

（注）1.　他の国・地域があるために，国・地域の合計は世界と一致しない。
　　　2.　シンガポールはASEANメンバー国であるが，慣例に従い，ここではアジアNIEsに分類した。
　　　3.　EUは15カ国であり，1980-94年の数値はこれら15カ国のデータに基づく．
（資料）IMF, *Balance of Payments Statistics*（*BPS*）：Yearbook, respective years.

第4章　APEC地域における日本企業のグローバルな事業のネットワーク化　127

対内直接投資（フロー）：1980-94年

単位：100万USドル；％

成　比			フロー金額			対内直接投資（フロー） 年平均増減(△)率		構成比		
第Ⅱ期	第Ⅲ期	第Ⅰ期 1980-84年	第Ⅱ期 1985-89年	第Ⅲ期 1990-94年	第Ⅰ－Ⅱ期	第Ⅱ－Ⅲ期	第Ⅰ期	第Ⅱ期	第Ⅲ期
0.8	1.6	7,290	15,577	27,501	16.4	12.0	3.0	1.9	3.0
0.5	0.7	356	3,442	4,092	57.4	3.5	0.1	0.4	0.4
0.2	0.8	6,934	12,135	23,409	11.8	14.0	2.9	1.5	2.5
0.0	0.1	8,145	11,808	42,056	7.7	28.9	3.4	1.5	4.5
－	－	872	2,211	8,465	20.5	30.8	0.4	0.3	0.9
－	－	5,654	3,994	20,867	△6.7	39.2	2.3	0.5	2.2
－	△0.0	196	1,945	3,784	58.2	14.2	0.1	0.2	0.4
0.0	0.1	1,423	3,658	8,940	20.8	19.6	0.6	0.5	1.0
△0.0	－	502	624	645	4.4	0.7	0.2	0.1	0.1
0.5	1.2	2,324	12,435	80,311	39.9	45.2	1.0	1.5	8.6
2.8	3.9	20,204	63,909	159,610	25.9	20.1	8.3	7.9	17.2
17.5	12.5	1,310	460	6,870	△18.9	71.7	0.5	0.1	0.7
3.0	0.9	10,105	27,820	28,744	22.5	0.7	4.2	3.4	3.1
2.8	1.0	9,940	25,741	22,322	21.0	△2.8	4.1	3.2	2.4
0.3	△0.1	165	2,079	6,422	66.0	25.3	0.1	0.3	0.7
20.5	24.6	101,918	272,424	232,543	21.7	△3.1	42.0	33.7	25.0
16.9	22.0	89,820	238,870	178,090	21.6	△5.7	37.0	29.5	19.1
3.6	2.7	1,295	23,554	27,408	78.6	3.1	0.5	2.9	2.9
－	－	10,803	10,000	27,045	△1.5	22.0	4.5	1.2	2.9
0.0	0.2	1,210	3,608	4,423	24.4	4.2	0.5	0.4	0.5
42.3	41.1	132,804	344,756	423,093	21.0	4.2	54.7	42.6	45.5
51.6	53.1	76,435	218,200	399,695	23.3	12.9	31.5	27.0	43.0
100.0	100.0	242,762	809,495	930,418	27.2	2.8	100.0	100.0	100.0

2. 対内直接投資フローの変化

第Ⅰ－Ⅱ－Ⅲ期における APEC 地域の対内直接投資の変化を検討しよう（表4-5）．

APEC 地域のこの 15 年間における対内直接投資は，第Ⅰ期 1,328 億ドル，第Ⅱ期 3,448 億ドル，ならびに第Ⅲ期 4,231 億ドルと推移した．第Ⅰ期の直接投資を 100.0 とした場合，第Ⅱ期は 259.6，第Ⅲ期は 318.6 となり，この間にほぼ 3.2 倍になった．これを同期間における世界の対内直接投資動向である 100.0→333.5→383.3 と比較してみると，この間の APEC 地域の対内直接投資は既にみた対外直接投資の動向と同様で世界の伸びには及ばず，緩慢な伸びに留まった．また，この間の対内直接投資の伸びと対外直接投資の伸びとを比べてみると，APEC 地域，世界ともに対外直接投資の伸びが対内直接投資の伸びを上回った．

第Ⅰ－Ⅱ期ならびに第Ⅱ－Ⅲ期における APEC 地域の対内直接投資を世界全体と比較してみると，第Ⅰ－Ⅱ期には世界の年平均増加率が 27.2％ であるのに対して，APEC 地域は 21.0％ と 6.2％ ポイント低く，第Ⅱ－Ⅲ期には両者とも増加率が大きく落ちた．しかし，第Ⅰ－Ⅱ期とは対照的に世界の増加率が 2.8％ であるのに対して APEC 地域が 4.2％ と，APEC 地域が 1.4％ ポイント世界を上回った．

APEC 地域を詳しくみると，アジア（日本を除く）地域での対内直接投資の増加率は第Ⅰ－Ⅱ期に 25.9％ で世界より若干低い．しかし，第Ⅱ－Ⅲ期には APEC は 20.1％ と逆に世界よりも 17.3％ ポイントも高い伸びを示し，直接投資の受入れがかなりコンスタントに伸びている．ただし，アジア地域のなかでもこのように直接投資の受入れが比較的コンスタントであるのはアジア NIEs 圏であり，それ以外の国・地域では様子はだいぶ異なっている．いくつかの例外はあるが，ASEAN 圏や日本は 1970-80 年代までは直接投資の受入れが余り多くなかった．しかし，1980 年代後半から 90 年代に様子が変わる．ASEAN 圏のなかでは，先発グループのタイやフィリピンに続き他の ASEAN メンバー国が 80 年代後半から 90 年代にかけて対内直接投資を急速に増加させた．日本

は通商摩擦の解消，行政改革および規制緩和を進める過程で直接投資の受入れ拡大を意図してきた．

　中国のこの間の対内直接投資の伸びは実に著しい．年平均増加率でみると，第Ⅰ-Ⅱ期に39.9％と大きく伸びたが，さらに第Ⅱ-Ⅲ期にはそれが45.2％と，第Ⅰ-Ⅱ期の伸びを上回り，対内直接投資が急速に伸びているアジア地域のなかにあっても，対外直接投資とともに，とくに直接投資が集中的に行われる国・地域になった．その背景には，故鄧小平主席の南行巡行政策が大きく作用したものと考えられる．

　ANZCERTA圏の対内直接投資は第Ⅰ-Ⅱ期に伸びたが，第Ⅱ-Ⅲ期にはオーストラリアとニュージーランドとで様子が異なる．オーストラリアの直接投資受入れはマイナスに転じるのに対して，ニュージーランドではその受入れの伸びは落ちるが，依然としてその受入れの伸びは高い．

　NAFTA圏の対内直接投資は第Ⅰ-Ⅱ期に伸びたが，第Ⅱ-Ⅲ期には直接投資の回収がなされ，マイナスに転じた．ただし，メキシコの第Ⅱ-Ⅲ期に関しては，NAFTA成立にタイミングを合わせた直接投資の急増が生じたためと考えられる．

　チリの対内直接投資は第Ⅰ-Ⅱ期に24.4％と伸びたのち，第Ⅱ-Ⅲ期には4.2％となった．同様の動きがEU圏のこの間の対内直接投資の推移にもみられ，第Ⅱ-Ⅲ期に伸び悩んだ．

　この結果，第Ⅰ-Ⅱ-Ⅲ期におけるAPEC地域の対内直接投資が世界に占める構成比をみると，54.7％→42.6％→45.5％と一度下がったのちに，若干持ち直している．アジア地域に関してみると，アジアNIEs圏，ASEAN圏ともに第Ⅰ-Ⅱ期に一度構成比を下げ，この後持ち直している．日本に関してもこれと同様の傾向がみられる．対照的に，中国は第Ⅰ-Ⅱ-Ⅲ期全体を通して構成比を高めており，この内容は，既に観察した中国の対外直接投資に関するものと同様である．

　ANZCERTA圏に関しては，オーストラリアとニュージーランドとで様子が異なる．オーストラリアの直接投資受入れは第Ⅰ-Ⅱ-Ⅲ期全体を通して構成

比を持続的に下げた．対照的に，ニュージーランドでは両期間を通じて，その構成比は上昇した．

NAFTA 圏に関しては，対内直接投資が最も多い米国のこの間の直接投資の動向に引き寄せられるかたちで推移した．同様に，構成比の変化も NAFTA 全体としては第Ⅰ－Ⅱ－Ⅲ期の構成比が 42.0%→33.7%→25.0% と持続的に下がった．しかし，カナダの構成比はこの間に上昇した．またメキシコの構成比は一時減少し，その後，上昇した．メキシコと類似の傾向がチリと EU 圏でも観察される．

3. 直接投資マトリクス

APEC 域内で直接投資がどのように流れているのかを表 4-6 に基づいて検討しよう．

APEC 加盟国・地域が APEC 域内で 1994 年に受け入れた直接投資総額は 981 億 5,330 万ドルであった．これは APEC 地域が世界全体から受け入れた直接投資の総額 1,630 億 6,340 万ドルの 60.2% であった．

APEC 地域をさらに詳しくみると，APEC 加盟国・地域が 1994 年に日本を除くアジア地域から受け入れた直接投資は 490 億 8,080 万ドル（世界全体の直接投資受入れ額を 100.0 とした場合の割合は 30.1%，以下同様）である．この東アジア地域からの直接投資の受入れ額の中味で最も多いのがアジア NIEs 圏からのものであり，459 億ドル（28.2%）である．とりわけ，香港からが多く，278 億ドル（17.1%），ついで台湾 81 億ドル（5.0%），シンガポール 69 億ドル（4.2%）が続く．ASEAN 圏は 24 億ドル（1.5%）で，そのなかで最も多いのがマレーシア 17 億ドル（1.0%）である．

東アジア地域以外に関しては，日本が 171 億ドル（10.5%）と全体の約 1 割を占めている．また，NAFTA 圏は 296 億ドル（18.2%）で，東アジア地域に次いで高い構成比を占める．そのうち，米国は 231 億ドル（14.2%）であり，国としては最も高い構成比を占める．カナダは 54 億ドル（3.3%），メキシコは 11 億ドル（0.6%）である．オーストラリアは 23 億ドル（1.4%）である．

この年の東アジア地域の対内直接投資総額 763 億ドルの 80% が APEC からのものである．東アジア域内での直接投資は 56.6% とその大宗を占め，なかでも香港を中心とするアジア NIEs 圏からの直接投資の受入れが過半数の 54.3% である．東アジア地域以外からの直接投資に関しては，日本と NAFTA 圏がそれぞれ 11.3% ならびに 11.4% を占めている．

　アジア NIEs 圏の主要な直接投資受入れ先は米国を中心とする NAFTA 圏ならびに日本である．1994 年の受入れ額では NAFTA 圏からが 37.1%，日本からが 26.6% である．同時に，アジア NIEs 圏の直接投資受入れ先について，アジア NIEs 圏が金額で 5.4 億ドル，構成比で 8.7% を占める．韓国に直接投資をしている主要なアジア NIEs メンバーは台湾，香港ならびにシンガポールである．同様に，台湾に直接投資をしている主要なアジア NIEs メンバーは香港ならびにシンガポールである．ところが，香港はアジア NIEs 圏からは直接投資をさほど受けておらず，大部分が日本(51.3%)と米国を中心とする NAFTA 圏(22.7%)からである．

　ASEAN 圏の対内直接投資総額 363 億ドルの約 70% が APEC 地域からのものである．東アジア域内からの直接投資は 46.7% と最も大きな構成比を占め，なかでも香港と台湾を中心とする NIEs 圏からの直接投資の受入れが過半数の 44.0% である．東アジア地域以外からに関しては日本と NAFTA 圏がそれぞれ 13.5%，ならびに 10.2% を占めている．アジア NIEs 圏は ASEAN 圏の主な直接投資受入れ先であるが，詳しくみると，ASEAN 圏のなかでも，とくにインドネシアとマレーシア両国のアジア NIEs 圏からの受入れ依存度が高い．対照的に，フィリピンとタイのアジア NIEs 圏からの受入れ依存度は比較的に低い．フィリピンは米国を中心とする NAFTA 圏からの受入れが多く．タイは日本からの受入れが最も多く，次いで米国からの受入れが多い．また，ASEAN 圏は既に域内からも直接投資を受け入れており，その金額は，1994 年には 7.7 億ドル，構成比で 2.1% に達している．とくに，フィリピンでは構成比が 9.3% にも達しており，ASEAN 域内で直接投資の流れが生じていることがわかる．

表 4-6　APEC 域内における直接

区分	受け入れ投資		アジア NIEs	香港	韓国	シンガポール	台湾	ASEAN	インドネシア	マレーシア
直接投資額	アジア NIEs		543.0	13.2	127.5	0.0	402.3	15,945.0	12,042.7	1,989.3
		香港	266.8	−	43.1	n.a.	223.7	6,873.7	6,041.7	333.0
		韓国	5.1	n.a.	−	n.a.	5.1	2,049.2	1,849.1	155.8
		シンガポール	202.9	9.7	19.7	−	173.5	2,696.9	1,664.4	405.3
		台湾	68.1	3.4	64.7	n.a.	−	4,325.2	2,487.5	1,095.3
	ASEAN		28.6	15.2	5.9	0.0	7.6	765.5	469.4	4.9
		インドネシア	0.8	0.6	0.0	n.a.	0.2	0.2	−	0.0
		マレーシア	22.8	14.6	5.3	n.a.	2.9	650.4	421.8	−
		フィリピン	3.2	n.a.	0.1	n.a.	3.1	42.8	35.9	0.5
		タイ	1.9	0.0	0.5	n.a.	1.4	72.1	11.7	4.4
	中国		25.3	19.1	6.2	n.a.	n.a.	204.6	91.0	7.1
	東アジア		596.9	47.5	139.6	0.0	409.9	16,915.1	12,603.1	2,001.5
	日本		1,666.9	249.2	428.4	598.3	391.0	4,894.0	1,562.5	672.7
	オーストラリア		23.8	△1.2	0.5	n.a.	24.5	215.6	53.3	66.9
	NAFTA		2,326.7	110.2	312.6	1,605.1	298.8	3,696.0	1,016.0	480.8
		米国	2,319.2	109.5	310.9	1,605.1	293.7	3,436.6	977.0	477.5
		カナダ	7.4	0.7	1.6	n.a.	5.1	259.3	39.0	3.3
		メキシコ	0.0	n.a.	n.a.	n.a.	0.0	0.0	n.a.	n.a.
	チリ		0.0	n.a.	n.a.	n.a.	n.a.	0.0	n.a.	n.a.
	APEC		4,614.3	405.6	881.5	2,203.4	1,124.3	25,720.7	15,234.9	3,221.9
	世界		6,265.7	485.3	1,316.5	2,833.2	1,630.7	36,258.1	23,724.3	4,320.8
世界に占める構成比	アジア NIEs		8.7	2.7	9.7	0.0	24.7	44.0	50.8	46.0
	ASEAN		0.5	3.1	0.4	0.0	0.5	2.1	2.0	0.1
	中国		0.4	3.9	0.5	n.a.	n.a.	0.6	0.4	0.2
	東アジア		9.5	9.8	10.6	0.0	25.1	46.7	53.1	46.3
	日本		26.6	51.3	32.5	21.1	24.0	13.5	6.6	15.6
	オーストラリア		0.4	△0.2	0.0	n.a.	1.5	0.6	0.2	1.5
	NAFTA		37.1	22.7	23.7	56.7	18.3	10.2	4.3	11.1
	チリ		0.0	n.a.	n.a.	n.a.	n.a.	0.0	n.a.	n.a.
	APEC		73.6	83.6	66.9	77.8	68.9	70.9	64.2	74.6

（注）1. APEC地域はブルネイ，パプアニューギニア，ニュージーランドを除く15カ国・地域．
　　　2. 韓国，台湾，インドネシア，メキシコはそれぞれ認可ベース．マレーシアは認可ベースはコミットメントベース．フィリピン，タイはそれぞれBOI認可ベースで，タイはス．米国は簿価ベース．カナダは国際収支ベースでそれぞれ計測したものである．
　　　3. ＊オーストラリアのASEAN圏からの受け入れは内訳が不明．
（資料）各国受け入れ統計よりジェトロが作成．出所：ジェトロ（日本貿易振興会）『1996ジェト占める構成比」を加筆した．

第4章 APEC地域における日本企業のグローバルな事業のネットワーク化　133

投資マトリクス：1994年

単位：100万USドル；%

フィリピン	タイ	中国	東アジア	日本	オーストラリア	NAFTA	米国	カナダ	メキシコ	チリ	APEC
630.8	1,282.2	24,958.9	41,446.9	226.4	2,651.0	1,607.0	1,607.0	0.0	0.0	5.6	45,937.0
287.9	211.1	19,665.4	26,805.9	77.2	754.9	181.0	181.0	n.a.	n.a.	3.3	27,822.3
14.9	29.4	722.8	2,777.2	66.4	n.a.	279.0	279.0	n.a.	n.a.	1.9	3,124.5
60.1	567.1	1,179.6	4,079.4	58.1	1,896.1	855.0	855.0	n.a.	n.a.	0.4	6,889.1
267.8	474.6	3,391.0	7,784.4	24.7	n.a.	292.0	292.0	n.a.	n.a.	0.0	8,101.1
216.4	74.8	692.0	1,486.7	1.1	*728.4	156.0	156.0	0.0	0.0	0.0	2,371.6
0.2	0.0	115.7	116.7	0.2	n.a.	14.0	14.0	n.a.	n.a.	n.a.	130.9
160.2	68.3	201.0	874.2	0.1	618.9	169.0	169.0	n.a.	n.a.	0.0	1,662.1
−	6.4	140.4	186.4	0.5	n.a.	27.0	27.0	n.a.	n.a.	n.a.	213.9
56.0	−	234.9	308.9	0.3	n.a.	△54.0	△54.0	n.a.	n.a.	n.a.	255.2
17.2	89.1	−	230.0	7.0	355.0	177.0	177.0	n.a.	n.a.	3.3	772.2
864.4	1,446.1	25,650.9	43,163.0	234.5	3,734.4	1,940.0	1,940.0	0.0	0.0	8.9	49,080.8
103.2	2,555.7	2,075.3	8,636.2	−	1,051.4	7,377.0	6,442.0	235.1	699.9	67.6	17,132.2
9.6	85.8	188.3	427.7	29.6	−	1,830.0	1,830.0	n.a.	n.a.	16.2	2,303.5
675.1	1,524.1	2,706.9	8,729.5	1,914.8	2,987.7	14,511.8	5,013.0	5,330.3	4,168.5	1,502.0	29,645.7
673.3	1,308.7	2,490.8	8,246.7	1,595.8	2,987.7	9,335.3	−	5,330.3	4,005.0	979.2	23,144.6
1.8	215.3	216.1	482.8	319.0	n.a.	4,131.5	3,968.0	−	163.5	505.9	5,439.3
n.a.	n.a.	n.a.	0.0	0.0	n.a.	1,045.0	1,045.0	n.a.	−	16.8	1,061.8
n.a.	n.a.	n.a.	0.0	0.1	n.a.	△9.0	△9.0	n.a.	n.a.	−	△8.9
1,652.3	5,611.7	30,621.3	60,956.4	2,179.0	7,773.5	25,649.7	15,216.0	5,565.3	4,868.4	1,594.7	98,153.3
2,338.1	5,874.9	33,766.5	76,290.3	4,154.8	15,959.9	64,125.4	50,066.0	6,033.2	8,026.2	2,533.0	163,063.4
27.0	21.8	73.9	54.3	5.4	16.6	2.5	3.2	0.0	0.0	0.2	28.2
9.3	1.3	2.0	1.9	0.0	4.6	0.2	0.3	0.0	0.0	0.0	1.5
0.7	1.5	−	0.3	0.2	2.2	0.3	0.4	0.0	0.0	0.1	0.5
37.0	24.6	76.0	56.6	5.6	23.4	3.0	3.9	0.0	0.0	0.4	30.1
4.4	43.5	6.1	11.3	−	6.6	11.5	12.9	3.9	8.7	2.7	10.5
0.4	1.5	0.6	0.6	0.7	−	2.9	3.7	n.a.	n.a.	0.6	1.4
28.9	25.9	8.0	11.4	46.1	18.7	22.6	10.0	88.3	51.9	59.3	18.2
n.a.	n.a.	n.a.	0.0	0.0	n.a.	△0.0	△0.0	n.a.	n.a.	−	△0.0
70.7	95.5	90.7	79.9	52.4	48.7	40.0	30.4	92.2	60.7	63.0	60.2

スで，「払い込み予定資本金＋ローン」。オーストラリアは年度(7～6月)の認可ベース。シンガポー
複数国による投資が重複計上。中国，チリはそれぞれ実行ベース。日本は年度(4～3月)の届け出ベー

ロ白書・投資編：世界と日本の海外直接投資』。ただし，著者が表のレイアウト替えをし，「世界に

中国の1994年の直接投資受入れ総額338億ドルの約90%はAPEC地域からのものであり，76%は東アジア地域から受け入れている．このうち，73.9%は香港を主とするアジアNIEs圏からの受入れである．中国もASEAN圏から直接投資を受け入れており，その構成比は2.0%に達している．

　日本に関しては，約50%をAPEC地域から受け入れている．その大部分は米国を中心とするNAFTA圏からである．東アジア地域からの受入れは5.6%を占める．

　オーストラリアの直接投資の受入れ総額は160億ドルで，その48.7%をAPEC地域から受け入れた．主な直接投資の受入れ先はシンガポールを中心とするアジアNIEs圏ならびに米国を中心とするNAFTA圏である．

　NAFTA圏の直接投資の受入れ総額は641億ドルで，その40%をAPEC地域から受け入れた．主な受入れ先はNAFTA圏内からのものである．また日本からの受入れは11.5%で，NAFTA圏に次ぐ．米国のNAFTA圏内からの受入れ構成比は10%である．また，日本からの受入れは12.9%と，米国にとって日本からの受入れがAPEC域内では最も構成比が高い．米国の東アジア地域からの受入れは3.9%を占め，その内容はもっぱらシンガポールを中心とするアジアNIEs圏からのものである．カナダのAPEC域内での直接投資の受入れ構成比は92.2%と非常に高い．APEC域内ではほとんどが米国を中心とするNAFTA圏内からであり，その構成比は88.3%と非常に高い．メキシコのAPEC域内での直接投資の受入れ構成比は60%で，51.9%は米国を中心とするNAFTA圏内からの受入れである．さらに，日本からの受入れも8.7%と，大きな構成比を構成している．

　最後に，チリに関してはその直接投資受入れ総額の63%がAPEC域内でのものである．NAFTA圏からの受入れ構成比は59.3%で，米国とカナダからの受入れが多い．チリの最近の高い経済成長率は，直接投資と貿易を通じてNAFTA圏，さらにはAPEC地域との経済関係を密にすることから得られる「小国」経済のメリットが働いていると考えられる．

4. 日本の対外直接投資フローの変化[4]

1985年9月のプラザ合意に基づく通貨調整の結果，円高が加速するとともに日本の対外直接投資は急増した．大蔵省の「対外民間直接投資・届け出ベース」によると，89年度に日本の対外直接投資は675億ドルのピークを迎え，その後92年度には341億ドルとほぼ半減しボトムを形成したのち徐々に回復している（図4-1）．

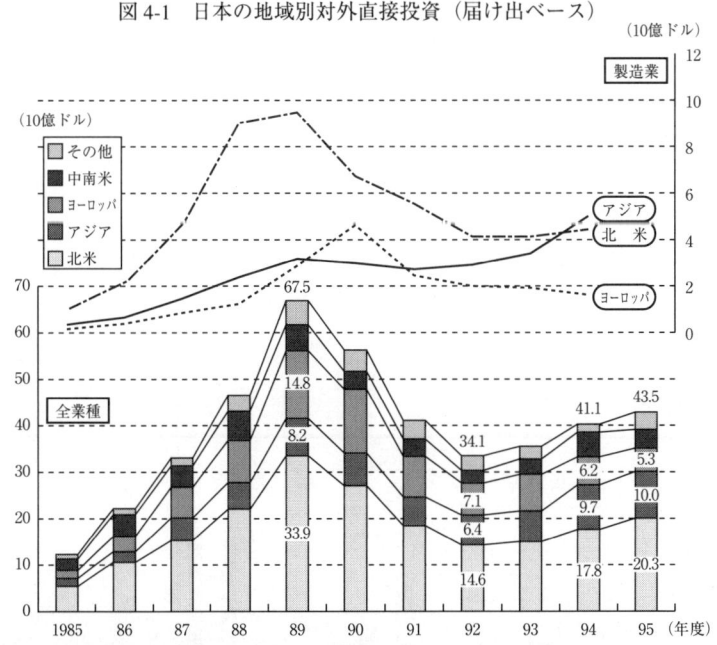

図4-1 日本の地域別対外直接投資（届け出ベース）

（備考）1995年度の数値は上半期の数値を2倍にした数値を使用した．
（資料）大蔵省届出統計
（出所）『通商白書（総論）』1996年版，142ページ，第2-1-13図．ただし，筆者が若干加筆した．

1989-94年度の6年間における日本の対外直接投資（全業種）の主要地域別構成比の推移をみると，89年度における北米地域，アジア地域，ならびにヨーロッパ地域の構成比はそれぞれ50％，12％，ならびに22％であったが，94年度にはそれぞれ43％，24％，ならびに15％となり，北米地域とヨーロッパ地域の構成比がともに下がった．これに対してアジア地域の構成比はこの間に倍

増しており，この間の日本の対外直接投資がアジア地域に集中したことがわかる．製造業に関してこれをみると，北米地域へは89年度に95.9億ドルでピークとなり（世界に占める構成比は59％，以下同様），その後減少に転じた．同年，アジア地域へは32.2億ドル（20％）が投資された．ヨーロッパ地域へは89年度に30.9億ドル（19％），翌90年度に45.9億ドル投資され，この年にピークになったのち減少した．94年度には日本製造業のアジア地域への直接投資が51.8億ドルとなり最も多い（38％）[5]．

1985-95年度における日本のアジア地域向けの対外直接投資（全業種）を地域別にみると（図4-2），初期にはアジアNIEs圏向けの直接投資の伸びが大きかった．その後ASEAN圏向けがこれに代わり，さらに90年度以降は中国への直接投資の伸びが著しい．時期のずれは多少あるが，このような傾向は製造業に関しても観察できる．

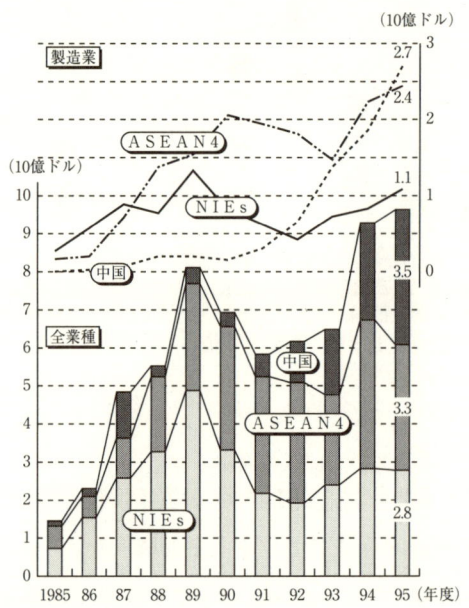

図4-2 東アジア地域向け直接投資の推移

（備考）1995年度の数値は上半期の数値を2倍にした数値を使用した．
（資料）大蔵省届出統計
（出所）『通商白書（総論）』1996年版，143ページ，第2-1-15図．

この間の日本の対外直接投資を業種別にみると，北米地域向けに関しては製造業への投資が91年度以降減少しているのとは対照的に，非製造業への投資は不動産業，金融・保険，ならびにサービス業を中心に増えている．94年度にはサービス業への投資は49.3億ドルに達し，製造業への投資47.6億ドルを上回った．日本のヨーロッパ地域向けの直接投資は北米地域同様，金融・保険ならびに商業を中心とする非製造業への投資が多いのが特徴である．対照的に，日本のアジア地域向けの直接投資の特徴は製造業への投資が多く，94年度にはその全産業に占める構成比が53%に達する．製造業のなかではとりわけ電機産業への投資が多く，電機産業への投資は製造業全体の27%を占める．とくに中国への投資では製造業への投資が非常に多く，94年度では72%と過半数を大きく上回っている．

5. アジアにおける日本の国際分業の展開

電機産業をはじめとする機械産業への日本のアジア地域向け直接投資は生産工程の細分化が可能な製品であるという特徴を有しており，直接投資の拡大は同時にアジア地域における国際分業の深化をともないながら部品・中間財ならびに完成品の貿易の拡大をもたらしている．とくに日本の対外直接投資累計額と輸入額との間にみられるプラスの相関関係は電機製品をはじめとする機械産業はもとより鉄・非鉄金属，化学，繊維，食料といった製品に関してもアジア地域において鮮明に観察できる[6]．

これは直接投資に基づき国際事業展開を行う多国籍企業が，日本とアジア地域との間で工程間分業（準垂直的産業内分業）を深化させつつ，部品・中間財の貿易を拡大させながらグローバルな事業ならびにそのネットワーク化を進行させていることを示している．同時に，このような多国籍企業の国際事業展開は高級品と普及品といった製品の質の違いに基づく製品間（同士）の水平的産業内分業（産業内貿易）を拡大させている．準垂直的産業内分業ならびに水平的産業内分業の深化は単にアジア域内に止まらず，北米地域，オセアニア地域を含むAPEC地域全体にわたる3極間分業・貿易構造となって展開している．さら

に，それはヨーロッパ地域をも巻き込み4極経済構造となって進展している．

第3節　APEC地域における日系企業のグローバルな事業ネットワーク化

1. 日系企業の現地化の進展

通商産業省『我が国企業の海外事業活動』第18・19回ならびに第25回により，1988–94年度の7年間においてAPEC域内ならびにヨーロッパ域内での日系企業の販売・輸出の推移をみると，APEC域内では約16.2兆円から約27.9兆円へと，1.7倍(72%)増加した．APEC域内ではアジア圏での現地販売・輸出がこの間に3.9兆円から7.9兆円へと倍増(102%)した．さらにアジア地域のなかではアジアNIEs圏内での現地販売・輸出はこの間に伸び悩むが，かわりにASEAN圏内での伸びが高い．

また，北米地域ならびにヨーロッパ地域での日系企業の現地販売・輸出は，それぞれこの間に11.5兆円から19.5兆円，ならびに5.0兆円から8.4兆円へと，ともに1.7倍増となった．同様に，この間のAPEC域内ならびにヨーロッパ域内での日系企業の調達・輸入の推移をみると，APEC域内では約8.1兆円から約8.7兆円へと，1.1倍(8%)増加した．日系企業の現地での調達・輸入は販売・輸出に比べ，この間の伸びは緩慢であった．APEC域内ではアジア地域での現地調達・輸入がこの間に2.1兆円から3.6兆円へと1.8倍(78%)増えた．さらにアジア地域のなかではアジアNIEs圏内での現地調達・輸入はこの間に52%増となるが，販売・輸出に関してと同様に，ASEAN圏内での伸びはさらに高く，2.3倍(130%)増となった．

この間における日系企業の事業活動には以下の特徴がみられ，日系企業の事業ネットワーク化がアジア地域を中心としてAPEC域内，さらにはヨーロッパ地域を巻き込んでグローバルに展開している．第1は，日系企業の現地化の進展である．第2は，日系企業の海外での事業活動が日本との経済取引を深めていることである．第3は，販売・輸出ならびに調達・輸入にみられる日系企業の海外での事業活動がネットワークを形成し，それがAPEC域内ならびに

ヨーロッパ地域との3極地域相互間で強化されていることである．以下，これらの様子を明らかにしよう．

表4-7は日系企業の現地化の様子を「事業の現地化指数(BL指数：Business Localization Index)」によってみたものである．「BL指数」とは，アジア，北米，オセアニアならびにヨーロッパ各地域，あるいはAPEC地域における日系企業の，①販売・輸出総額に占める域内（圏内）での販売・輸出額の割合，ならびに②調達・輸入総額に占める域内（圏内）での調達・輸入額の割合の両者を加えて2分したものである($1 \geqslant BL1 \geqslant 0$)．このように日系企業の事業活動を当該国だけでみるよりもより大きな経済圏単位で観察することにより，APECや北米，さらにはヨーロッパなどの各地域経済圏内でみられる取引関係強化の様子やボーダーレス化の進展が観察できるものと考えられる．

表4-7 日系企業の事業の現地化指数(BL指数)の推移：1988-94年度

地域経済圏 \ 年度	1988年度	1993年度	1994年度
アジア	29.3	34.3	33.6
アジアNIEs	27.1	32.8	31.0
ASEAN	34.8	34.0	38.0
中国	n.a.	22.9	31.9
オセアニア	26.7	20.5	23.6
北米	26.1	35.3	41.0
APEC	43.7	55.8	60.0
ヨーロッパ	20.6	35.2	37.9
世界	22.9	27.6	31.5

（注）BL指数＝〔圏内での販売・輸出の割合＋圏内での調達・輸入の割合〕÷2

まず，1988年度から94年度までの7年間の世界全体における日系企業の現地化指数の変化をみると，1988年度の22.9から94度年の31.5へと8.6ポイント上昇しており，現地化が進んだことがわかる．APEC地域に関してみると，この間に43.7→60.0へと16.3ポイントも現地化が大きく進展した．APEC域内ではアジアNIEs圏がこの間に27.1→31.0と変化したが，93年度には32.8であったので，最近の1年間に現地化指数が下がった．対照的に，ASEAN圏

では最近1年の現地化指数は34.0から38.0へとなり，急速に現地化を進めたことがわかる．北米地域もこの7年間に26.1→35.3→41.0と14.9ポイントも現地化指数の上昇をみた．同様に，ヨーロッパ地域でもこの間に日系企業の現地化が大いに進んだ．

2. 現地化の進展とグローバルな事業ネットワーク化

第2の課題を検討しよう．それは，日系企業の海外での事業活動がAPEC域内ならびにそれとの連関でヨーロッパ等他の地域との間で，どのように事業のネットワーク化を図っているのか．また，その事業ネットワーク化を進める過程で，日系企業の海外での事業活動が日本との経済取引をどのように深めているのかについてである．

まず，APEC地域における日系企業の事業活動(販売・輸出ならびに調達・輸入)がどの経済地域と取引を行っているのか，1988-93-94年度についてみたのが表4-8である．

まず，販売・輸出に関してみると，APEC地域向けは1988年度の44.6%から94年度に54.6%へ，この間10%ポイントも上昇した．この間，93年度には55.4%に達し，翌94年度に若干減少してはいるが，50%を超えるマーケット・シェアを保っている．APEC域内を詳しくみると，現地国向けならびに当該経済圏内の他国向けのものの両者を含む「現地販売」は，1988年度に33.6%であったが，その後93年度に38.5%，94年度に43.0%と持続的に上昇しており，現地化へ向けて寄与している．

調達・輸入に関しては，APEC地域からのものが1988年度に42.7%，93年度に56.1%と過半数を占め，翌94年度にはさらに上昇し65.4%に達した．APEC域内では，「現地調達」がこの間に19.9%→28.7%→31.5%と持続的に上昇している．注目できることは，日本から調達・輸入するものが，この間に20.8%→21.7%→24.5%と，これも持続的に上昇している．現地で調達できないものが日本から輸入されているわけであるが，そのこととあわせ，これらの経済圏と日本との間で経済連関の深化がみられるためでもある．具体的にはこ

表4-8 日系企業のAPEC域内における取引の地域別構成比変化：1988-93-94年度

単位：％

地域経済圏	年度	1988年度	1993年度	1994年度
販売・輸出	現地販売	33.6	38.5	43.0
	現地国	32.2	31.1	40.3
	圏内他国	1.4	7.4	2.6
	日本向け	8.1	9.1	7.3
	アジア向け（日本を除く）	0.6	0.4	0.3
	北米向け	1.0	0.8	1.3
	APEC	44.6	55.4	54.6
	ヨーロッパ向け	0.5	0.9	0.7
	世界	100.0	100.0	100.0
調達・輸入	現地調達	19.9	28.7	31.5
	現地国	18.6	23.8	26.6
	圏内他国	1.3	4.9	5.0
	日本から	20.8	21.7	24.5
	アジアから（日本を除く）	0.7	0.9	1.3
	北米から	0.1	0.5	0.3
	APEC	42.7	56.1	65.4
	ヨーロッパから	0.1	1.0	2.8
	世界	100.0	100.0	100.0

（注）1. 他の国・地域があるために，国・地域の合計は世界と一致しない．
　　　2. 表のAPEC地域の範囲は厳密に18カ国に限られない．

れらの経済圏と日本との間で水平分業，工程間分業，さらには中間財や資本財の取引きなどの準垂直的分業が増大しているためである．

　産業構造がますます高度化し国際化する現代の産業高度化社会では，作業工程がますます専門化し分割化されるのにつれて，企業は原料・中間投入財・サービスの調達・輸入を比較優位に基づきボーダーレスな観点で環境・立地・調達・輸入を企てる．アウトプットの販売・輸出は企業の合目的的パフォーマンスを求めて，グローバルな観点で合理的な行動にしたがってなされる．個々

表4-9 日系企業の事業ネットワーク化

区分		地域経済圏	世界	アジア	アジアNIEs	ASEAN	中国	オセアニア	北米	APEC
販売・輸出	1988年度	現地販売	20,372.7	3,900.4	2,558.3	1,128.9	n.a.	990.3	11,480.5	16,158.0
		現地国	-	3,330.7	2,119.1	999.5	n.a.	990.3	11,388.7	15,497.6
		圏内他国	-	569.7	439.2	129.4	-	n.a.	91.8	660.4
		日本向け	4,947.8	868.0	703.6	157.1	n.a.	758.4	2,256.8	3,875.9
		アジア向け	902.8	-	-	-	n.a.	18.8	257.9	276.7
		北米向け	651.9	447.2	369.6	77.2	n.a.	14.6	-	461.4
		ヨーロッパ向け	1,202.2	194.5	145.0	49.3	n.a.	7.3	32.0	233.6
	1994年度	現地販売	34,186.6	7,868.8	4,605.6	2,876.8	168.5	786.9	19,500.5	27,938.3
		現地国	-	6,516.0	3,706.7	2,487.1	109.9	786.9	19,125.9	26,216.5
		圏内他国	-	1,352.8	898.9	389.7	-	-	374.6	1,721.8
		日本向け	6,214.9	2,134.8	1,511.9	497.2	120.7	443.5	2,207.1	4,780.4
		アジア向け	1,728.9	-	-	-	58.6	61.7	139.9	201.6
		北米向け	1,385.9	843.0	638.7	190.6	13.4	12.2	-	854.9
		ヨーロッパ向け	2,090.9	334.7	271.4	57.6	1.1	4.3	133.6	468.0
調達・輸入	1988年度	現地調達	9,201.0	2,051.4	1,495.7	517.8	n.a.	943.4	5,134.6	8,091.5
		現地国	-	1,595.9	1,137.0	424.3	n.a.	943.4	5,071.3	7,576.0
		圏内他国	-	455.5	358.7	93.5	-	-	63.3	515.5
		日本から輸入	11,152.6	1,400.7	986.4	379.6	n.a.	764.8	6,315.2	8,446.0
		アジアから輸入	856.5	-	-	-	n.a.	8.6	261.4	270.0
		北米から輸入	212.2	21.6	13.4	8.2	n.a.	2.4	-	24.0
		ヨーロッパから輸入	437.8	23.9	8.8	9.5	n.a.	2.1	31.5	51.9
	1994年度	現地調達	10,204.9	3,648.7	2,274.2	1,189.0	80.9	415.4	4,781.4	8,740.9
		現地国	-	2,492.1	1,348.4	991.5	51.0	415.4	4,556.6	7,362.9
		圏内他国	-	1,156.6	925.8	197.5	-	-	224.8	1,378.0
		日本から輸入	8,900.2	2,356.7	1,508.7	729.7	78.7	275.5	4,210.6	6,803.2
		アジアから輸入	1,855.7	-	-	-	29.9	36.4	310.4	346.8
		北米から輸入	449.4	75.8	43.3	31.9	0.1	10.3	-	85.6
		ヨーロッパから輸入	1,949.0	702.5	670.9	30.8	0.5	3.0	84.1	789.3

(注) 1. ASEAN圏は1988年度にはインドネシア，マレーシア，フィリピン，シンガポール，タの4カ国をいう．アジアNIEs圏は，1988年度・94年度とも香港，韓国，シンガポール，
 2. 圏内他国とは，アジア，オセアニア，北米ならびにヨーロッパの各地域経済圏におい
 3. 原資料での経済圏の構成国・地域の内容が本章のものと異なるので，地域計は必ずし
(資料) 通商産業省『我が国企業の海外事業活動』第18・19回，第24回ならびに第25回．

第4章　APECにおける日本企業のグローバルな事業のネットワーク化　143

（1988年度と94年度の比較）

単位：10億円；％

		販売先別・調達元別構成比（％）							
ヨーロッパ	世界	アジア	アジアNIEs	ASEAN	中国	オセアニア	北米	APEC	ヨーロッパ
4,990.4	29.8	35.6	31.9	43.6	n.a.	25.3	34.2	33.6	29.3
4,067.4	－	30.4	26.4	38.6	n.a.	25.3	33.9	32.2	23.9
923.0	－	5.2	5.5	5.0	－	－	0.3	1.4	5.4
650.7	7.2	7.9	8.8	6.1	n.a.	19.4	6.7	8.1	3.8
20.0	1.3	－	－	－	n.a.	0.5	0.8	0.6	0.1
68.0	1.0	4.1	4.6	3.0	n.a.	0.4	－	1.0	0.4
－	1.8	1.8	1.8	1.9	n.a.	0.2	0.1	0.5	－
8,441.5	36.6	33.5	30.0	40.8	23.2	21.2	51.1	43.0	37.0
6,886.2	－	27.8	24.1	35.3	15.2	21.2	50.1	40.3	30.2
1,555.3	－	5.8	5.8	5.5	－	－	1.0	2.6	6.8
1,016.6	6.7	9.1	9.8	7.0	16.6	12.0	5.8	7.3	4.5
130.2	1.9	－	－	－	8.1	1.7	0.4	0.3	0.6
89.5	1.5	3.6	4.2	2.7	1.8	0.3	－	1.3	0.4
－	2.2	1.4	1.8	0.8	0.2	0.1	0.3	0.7	－
1,731.8	15.9	22.9	22.3	25.9	n.a.	28.1	18.0	19.9	11.8
1,361.1	－	17.8	16.9	21.2	n.a.	28.1	17.8	18.6	9.2
370.7	－	5.1	5.3	4.7	－	－	0.2	1.3	2.5
2,462.7	19.2	15.6	14.7	19.0	n.a.	22.8	22.1	20.8	16.7
63.9	1.5	－	－	－	n.a.	0.3	0.9	0.7	0.4
44.6	0.4	0.2	0.2	0.4	n.a.	0.1	－	0.1	0.3
－	0.8	0.3	0.1	0.5	n.a.	0.1	0.1	0.1	－
3,695.7	26.4	33.6	32.0	35.1	40.5	26.0	31.0	31.5	38.7
2,551.8	－	23.0	19.0	29.3	25.6	26.0	29.5	26.6	26.7
1,143.9	－	10.7	11.6	5.8	－	－	1.5	5.0	12.0
1,832.2	23.0	21.7	21.2	21.5	39.4	17.2	27.3	24.5	19.2
307.4	4.8	－	－	－	15.0	2.3	2.0	1.3	3.2
99.0	1.2	0.7	0.6	0.9	0.1	0.6	－	0.3	1.0
－	5.0	6.5	9.4	0.9	0.3	0.2	0.5	2.8	－

イ，ならびにブルネイの6カ国をいい，1994年度にはインドネシア，マレーシア，フィリピンならびにタイならびに台湾の4カ国・地域をいう．
て日系企業が事業を行う当該国以外の国をいう．
も一義的なものではない．

の分割された作業工程で用いられる中間投入財・サービスには質が保証されたうえで低廉豊富な経営資源が求められており，また技術・情報・専門知識等は高度で専門的な中間財，加工処理，サービスが求められ，そのことが国際分業の高度化とさらなる進展を進め，ボーダレスな取引や直接投資の拡大を誘発する．

　日系企業の事業活動も現地化を進めつつ，活発化する過程で，グローバルな経済関係を関係国・経済圏と深めている．APEC地域における日系企業の事業活動（販売・輸出ならびに調達・輸入）に関して，どの地域経済圏と取引を行っているのか，その過程で事業ネットワーク化がどのように進んでいるのかを，販売・輸出面と調達・輸入面の両面から，1988–94年度に関して調べてみたのが表4–9である．

　販売・輸出面では，日系企業のAPEC域内での現地販売・輸出額は1988–94年度の間に16兆1,580億円→27兆9,383億円と拡大した．これを世界全体に対する販売・輸出総額に占めるAPEC地域での現地販売・輸出（現地化）の割合でみると，この間に33.6%から43.0%へと高まった．APEC域内の地域別現地化の内訳をみると，現地販売・輸出額のアジア地域での現地化構成比が下がった（0.6%→0.3%）．アジア地域での内容をさらに詳しくみると，アジアNIEs圏ならびにASEAN圏ではともに，現地販売・輸出の構成比がそれぞれ下がった．オセアニア地域向けについてもアジア地域と同様の傾向が観察される．

　対照的に，北米地域での現地販売・輸出の構成比はこの間に34.2%→51.1%へと16.9%ポイントも上がった．同様な傾向はヨーロッパ地域にもみられる．以上から，この間の日系企業のAPEC地域での現地販売・輸出は北米地域で，ならびにヨーロッパ地域において相対的に拡大し，その構成比が高まった．

　調達・輸入面では，日系企業のAPEC地域からの現地調達・輸入総額は1988–94年度の間に8兆915億円から8兆7,409億円となった．これを世界全体からの調達・輸入総額に占めるAPEC地域からの調達・輸入（現地化）の割合でみると，この間に19.9%から31.5%へと11.6%ポイントも高まった．APEC域内の地域別現地化の内訳をみると，アジア地域での現地調達・輸入額

の構成比が上がった．アジア地域からの調達・輸入の現地化の内容をさらに詳しくみると，アジア NIEs 圏ならびに ASEAN 圏からがともに，現地化構成比をそれぞれ上げた．中国に関しては，1988 年度の数値が入手できないので正確なことはいえないが，1994 年度には現地調達・輸入の構成比は 40.5％ と非常に高い．

アジア地域での傾向と同様に，北米地域での現地調達の構成比もこの間に高まった(18.0％→31.0％)．さらに，ヨーロッパ地域についても現地調達・輸入の構成比が大いに高まった(11.8％→38.7％)．対照的に，オセアニア地域については現地調達の構成比が下がった．以上から，この間の日系企業の APEC 地域での現地調達・輸入はアジア地域，北米地域，ならびにヨーロッパ地域で拡大し，その構成比も高まり，現地化を高めることによってこれらの経済圏と日本との経済連関が深まるとともに事業活動のネットワークが広がったことがわかる．

対照的に，オセアニア地域の構成比がこの間に下がっていることから，オセアニアでの日系企業の現地調達・輸入活動は現地販売・輸出面と同様に経済連関の程度を相対的に下げたことがわかる．

3. 現地での再投資を増強させる日系企業の利益率

APEC 地域をはじめ世界各国・各地域に存在する日系企業が事業活動ネットワークをグローバルに展開することができるのはなぜであろうか．ここでは APEC 地域のなかでも最も力強くダイナミックに発展しているアジア地域を中心に，その理由を最近の日本の直接投資にみられる 2 つの新たな傾向に焦点をあてて考えてみよう．第 1 は，日系企業が立地する国・地域をベースとして，主にその同一経済圏内において子会社(日本で対外直接投資をした親会社からみると「孫会社」)を設立していることである．孫会社を設立する目的は，事業展開をますますグローバルなものとすることで，一層高い利潤率を確保するとともに，リスク・ヘッジを図るためである．第 2 は，日系企業の現地での借入や内部留保を原資として行う再投資がかなりの規模に達していることである．

表 4-10 APEC 域内における日系子会社・孫会社数 (概数):1994 年

単位:社

子会社所在地 \ 孫会社所在地	アジア	NIEs	ASEAN	中国	オーストラリア	NAFTA	米国	カナダ	メキシコ	APEC	ヨーロッパ	EU	世界
アジア	194	99	62	29	4	6	6	0	n.a.	204	4	4	219
NIEs	169	99	35	23	4	6	6	0	0	193	3	3	167
ASEAN	19	0	12	1	0	0	0	0	0	13	1	1	20
中国	6	0	0	5	0	0	0	0	0	5	0	0	6
オーストラリア	1	0	0	0	33	0	0	0	n.a.	33	1	0	36
NAFTA	3	2	1	0	1	587	532	34	21	591	29	25	633
米国	3	2	1	0	1	574	531	26	17	578	29	25	622
カナダ	n.a.	0	0	0	0	9	1	8	0	9	0	0	9
メキシコ	n.a.	0	0	0	0	4	0	0	4	4	0	0	n.a.
APEC	198	101	48	29	38	593	538	34	21	809	34	29	862
ヨーロッパ	6	6	0	0	1	4	4	n.a.	n.a.	11	355	310	372
EU	6	6	0	0	1	4	4	n.a.	n.a.	11	330	300	347
世界	204	107	63	29	39	597	546	39	21	835	390	340	1,319

(注) 他の国・地域があるために、国・地域の合計は世界等と一致しない。また、数字は概数である。
(資料) 通商産業省『我が国企業の海外事業活動』第 25 回。

この点は第1点とも関連している．

　まず，第1点から検討する．アジア地域を中心に，APEC地域，さらにはヨーロッパ地域を巻き込んだボーダレスな事業活動の進展により，日系企業がさらに孫会社を同一経済圏内，さらには第3国に設立し，一層グローバルな事業転換を推進させている．表4-10は，通商産業省『我が国企業の海外事業活動』に基づき，1994年度におけるAPEC地域での日系孫会社の数（概数）と立地場所（所在国・地域）に関してみたものである．

　APEC地域にある日系企業が所有する孫会社の数はこの年，世界全体で862社存在する．これらのうちAPEC域内に存在する孫会社の数は809社で，全体に占める割合は94％である．APEC域内の様子を詳しくみると，これら809社の孫会社のうち最も多くの企業が立地する国・地域はNAFTA圏であり，593社存在する．アジア地域には198社存在するが，これらのうちにはAPECメンバー国・地域でないところに存在するものもあると考えられる．NIEs圏に存在するものが101社，ASEAN圏にあるものが48社，ならびに中国にあるものが29社である．また，オーストラリアには38社存在する．NAFTA圏，アジア地域，ならびにオーストラリアにそれぞれ存在する孫会社の立地場所をさらに詳しくみると，NAFTA圏では米国にある日系企業で孫会社を米国内に立地しているのが531社あり，最も多い．同様に，カナダならびにメキシコに存在する日系企業で孫会社をそれぞれ同一国内に立地しているのはカナダに8社ならびにメキシコに4社ある．これらとは別に，企業数はまだ少ないが，米国，カナダならびにメキシコに存在する日系企業が孫会社をそれぞれ第3国に立地しているものもある．このような企業のなかで多いケースは，米国にある日系企業が孫会社をそれぞれカナダあるいはメキシコに立地しているものであり，カナダに立地しているものが26社，メキシコに立地しているものが17社である．

　同様にアジア地域についてみると，日系企業がアジアNIEs圏に存在し，同一経済圏内に孫会社を立地しているものは99社，ASEAN圏内同士では12社，ならびに中国内同士では5社存在する．これらとは別に，まだ数が多くは

ないが，アジア NIEs 圏，ASEAN 圏，ならびに中国に存在する日系企業が孫会社をそれぞれ同一国内以外または同一圏内以外に立地しているものも存在する．それらのうち，最も多いケースはアジア NIEs 圏に存在する日系企業が孫会社を ASEAN 圏および中国に立地する場合であり，それぞれ ASAN 圏には 35 社，中国には 23 社ある．

同時に，アジア NIEs 圏に存在する日系企業が孫会社を米国内やヨーロッパ地域にそれぞれ立地させたり，米国やヨーロッパ地域に存在する日系企業が孫会社をそれぞれアジア地域，オーストラリアならびにヨーロッパ地域に立地させている．このように，日系企業が孫会社を世界各国・各地域に立地させ，事業活動のネットワークをますますグローバルに張り巡らしている．

APEC 地域をはじめ世界各国・各地域に存在する日系企業が事業活動ネットワークをグローバルに展開することができるのはなぜであろうか．前述の第 2 点がこれに関連している．つまり，日系企業の現地での借入や内部留保を原資として行う再投資がかなりの規模に達していることである．ここでは APEC 域内でも最も力強くダイナミックに発展しているアジア地域を取り上げ，その理由を考えてみよう．

再投資については，前出の通商産業省のデータによると[7]，製造業での日本の対外直接投資（フロー）は，1994 年度には 138 億ドルであり，過去 3 年間でピークとなった．しかし，これは過去最高だった 89 年度の 163 億ドルに比べ 25 億ドルも少ない．ところが，再投資分が 89 年度に 67 億ドル（したがって，投資総額（フロー）は 230 億ドル），94 年度に 136 億ドル（同，274 億ドル）であることを勘案すると，日系企業の投資総額は 94 年度にピークとなった．1992–94 年度には日系企業の再投資額は日本からの直接投資とほぼ拮抗する水準に達している．1995 年度の製造業における日本の対外直接投資は 186 億ドルと 94 年度に比べさらに 50 億ドルも膨らんでいるので[8]，日系企業の直接投資総額は 95 年度にはさらに増大するものと推量される．

日本の対外直接投資の特徴として，北米地域向けならびにヨーロッパ地域向けのものはサービス業に属するものが多く，対照的にアジア地域向けは製造業

に関するものが多いことを既にみたが，その製造業への日本の直接投資を北米地域とアジア地域とで比較してみると，1993年度を境にして変化が生じた．北米地域とアジア地域向けの日本の製造業の対外直接投資は，1993年度までは前者が後者を上回っていた．バブルがはじける前のピークであった1989年度における製造業への日本の対外直接投資は北米地域向けが96億ドル，アジア地域向けが32億ドルと，ちょうど3対1の割合であった．同年の再投資は北米地域が30億ドル（直接投資総額は126億ドル），アジア地域が23億ドル（同，83億ドル）であり，これらの両地域の比較では，北米地域が対外直接投資でも再投資でもアジア地域をだいぶ上回っていた．その後，バブルがはじけ，日本の対外直接投資は主に北米地域を中心に大きく落ち込んだ．結果として，1992–93年度の両年に，北米地域がそれぞれ42億ドルならびに41億ドルであったのに対して，アジア地域向けはそれぞれ31億ドルならびに37億ドルと，北米地域に近付いた．ついに1994年度には，北米地域向けが48億ドル，アジア地域向けが52億ドルと，アジア地域が北米地域を追い越した．興味があるのは，既に1992年度に日系企業の再投資分が北米地域とアジア地域で逆転したことである．1992–94年度の3年間における日系企業の再投資分は北米地域がそれぞれ，41億ドル（直接投資総額は83億ドル）→44億ドル（同，85億ドル）→43億ドル（同，91億ドル）となった．同様に，アジア地域が58億ドル（同，89億ドル）→54億ドル（同，91億ドル）→70億ドル（同，122億ドル）となり，再投資分の増大とともに直接投資総額でもアジア地域で日系企業の事業活動が活発に展開していることがわかる．

アジア地域のなかでは，アジアNIEs圏は1990年度から日本の対外直接投資が伸び悩んでいるが，早くから直接投資が行われてきたことから再投資は多く，これにASEAN圏が続き，直接投資が急増してきた中国は再投資分はまだ少ない．アジアのこれらの国・経済圏における製造業での日系企業の直接投資総額をみると，1994年度ではNIEs圏が9億ドル，ASEAN圏が22億ドル，中国が19億ドルであるが，再投資分22億ドル，34億ドル，ならびに9億ドルをそれぞれ加えた投資総額ではそれぞれNIEs圏が31億ドル，ASEAN圏が56

表 4-11　日系企業の売上高経常利益率：1994 年度

単位：%

地域・国 業種	アジア NIEs	アジア ASEAN	アジア 中国	オセアニア	北米	北米 米国	中南米	ヨーロッパ	世界
農林漁業	0.77	−	−0.21	2.55	2.33	−5.26	−5.41	8.73	−3.00	1.86
鉱業	9.40	−	13.56	−0.54	−7.76	20.95	23.18	48.11	13.49	25.58
建設業	3.99	6.57	2.55	8.70	−27.77	−9.54	−9.55	6.02	−34.55	−4.17
製造業合計	4.25	3.78	4.80	4.94	2.67	2.05	2.20	7.49	1.27	3.06
食料品	6.71	8.38	4.28	−0.16	−1.12	−0.01	−0.07	17.72	0.51	3.31
繊維	3.36	2.01	3.66	8.70	2.46	−6.37	−6.37	14.38	−4.18	2.65
木材・紙・パルプ	2.57	14.56	0.56	4.35	5.54	−3.31	−2.12	7.68	−5.91	−1.80
化学	6.06	4.77	7.60	6.27	13.46	3.46	3.48	13.26	1.21	5.48
鉄鋼	2.91	4.23	2.71	0.08	4.88	5.87	5.96	9.89	−	6.00
非鉄金属	5.12	2.83	8.53	−5.59	−0.55	2.65	3.14	10.02	4.14	4.59
一般機械	3.46	4.20	1.36	−0.25	3.20	2.31	2.28	3.31	−0.11	1.93
電気機械	3.40	3.43	3.16	5.99	5.58	3.14	3.14	5.39	1.66	2.95
輸送機械	4.49	4.37	4.46	4.05	0.79	2.21	2.43	−1.40	0.48	2.61
精密機械	1.58	1.05	3.40	−0.74	5.22	−3.95	−3.95	5.55	1.24	0.09
石油・石炭	0.14	0.05	3.91	2.20	−3.15	−1.20	−1.20	11.55	0.38	0.10
その他	7.09	5.19	9.50	3.74	10.45	0.95	0.93	22.42	3.24	3.48
商業	0.78	0.76	0.88	−0.62	0.63	0.50	0.47	1.20	0.15	0.52
サービス業	5.29	3.06	12.75	7.24	0.89	−1.58	−2.90	1.13	−0.89	0.15
その他	16.15	18.17	11.70	−4.21	−27.99	−2.82	−2.83	2.02	−0.17	2.49
合計	3.11	2.56	4.05	4.56	0.57	1.08	1.12	8.22	0.47	1.91

(注)　回答のあった現地法人を対象に集計した．
(出所)　通商産業省『我が国企業の海外事業活動』第 25 回（1996 年度）

　億ドル，ならびに中国が 28 億ドルとなり，ASEAN 圏での投資が最も多くなっている．

　アジア地域を中心に APEC 地域で日系企業がグローバルかつ活発な事業活動の展開を可能にさせ，支えるものはいったい何か．

　表 4-11 は APEC 地域における日系企業の 1994 年度の売上高経常利益率を比較したものである．

　日系企業の全産業(平均)に関する売上高経常利益率はアジア地域では 3.11% である．これは中南米での同様の値である 8.22% にはだいぶ及ばないものの，

世界（全体）の同様の値 1.91% を 1.2% ポイント上回る高い値である．さらに，これは北米地域ならびにオセアニア地域でのそれぞれの値 1.08% ならびに 0.57% を大きく上回る．アジア地域のなかでは，NIEs 圏，ASEAN 圏ならびに中国での同様の値がそれぞれ，2.56%，4.05%，ならびに 4.56% であることから，NIEs 圏より ASEAN 圏，さらに ASEAN 圏より中国での投資効率が高いことがわかる．

産業別にこれをみると，世界全体では，鉱業での売上高経常利益率が最も高く 25.58%，これに製造業 3.06%，およびその他業種 2.49% が続く．製造業のなかでは，鉄鋼 6.00%，化学 5.48%，非鉄金属 4.59%，その他製造業 3.48%，および食料品 3.31% が製造業の平均値を超えている．アジア地域についてみると，製造業の平均値が 4.25% と世界での同様の値を 1.19% ポイントも上回る．アジア地域のなかでは，ASEAN 圏ならびに中国の値がそれぞれ，4.80% ならびに 4.94% で高く，NIEs 圏は 3.78% と頭打ちになってきた．また，中南米地域の同様の値は 7.49% でさらに高い．

アジア地域に関して，製造業平均の売上高経常利益率を上回る業種を探すと，その他業種 16.15%，鉱業 9.40%，およびサービス業 5.29% がある．製造業のなかでは，その他製造業 7.09%，食料品 6.71%，化学 6.06%，非鉄金属 5.12%，および輸送機械 4.49% が製造業の平均値を超えている．NIEs 圏の製造業に関しては，木材・パルプ 14.56%，食料品 8.38%，その他製造業 5.19%，化学 4.77%，輸送機械 4.37%，鉄鋼 4.23%，および一般機械 4.20% が高い利益率を示している．ASEAN 圏ではその他製造業 9.50%，非鉄金属 8.53%，および化学 7.60% で利益率が高い．中国では，繊維 8.70%，化学 6.27%，および電気機械 5.99% が利益率が高い．

最後に，日系企業の現地からの撤退が増えていることに触れておこう．以上のように日系企業はアジア地域を中心に APEC 地域においてグローバルな事業展開とネットワーク化をますます展開する一方で，現地から撤退する企業も増えている．

前出の通商産業省のデータによって[9]，1994 年度の親会社の撤退企業状況を

みると，本社ベースでは103社，現地法人ベースでは233社の撤退があった．同年の新規進出企業数は，本社ベースで231社，現地法人ベースで627社であったので，本社ベースでは新規に100社進出したもののうち44社が撤退した勘定である．また現地法人ベースでの比較では，100社のうち37社が撤退した勘定である．撤退した企業を詳しくみると，企業規模別では中小企業が多く，その構成比は本社ベースでみて84%，また現地法人ベースでは47.9%となっている．同年における新規進出企業数全体に占める中小企業の構成比が本社ベースで35.0%，現地法人ベースで15.0%であることを勘案すると，撤退企業のなかで中小企業の占める割合が高いことがうかがえる．

地域別にこれをみると，1994年度の製造業では，現地法人ベースで北米地域からの撤退企業社数が28社（現地法人総数に占める構成比は2.1%），アジア地域からが56社（同，1.8%），ヨーロッパ地域からが19社（同，2.1%）である．同年の非製造業に関しては，北米地域からの撤退企業社数が41社（同，2.4%），アジア地域からが39社（同，2.2%），ヨーロッパ地域からが31社（同，2.4%）である．アジア地域について詳しくみると，製造業ではNIEs圏からの撤退企業社数が28社（同，2.3%），ASEAN圏からが19社（同，1.6%），中国からは既に6社（同，1.0%）存在した．同様に非製造業に関してみると，NIEs圏からの撤退企業社数が31社（同，3.0%），ASEAN圏からが6社（同，1.1%），中国からも1社（同，0.7%）存在した．

さらに，1994年度現在，今後撤退を検討している現地法人数はさらに増え，北米・アジア・ヨーロッパ地域から製造業が94社（北米地域32社，同2.5%；アジア地域43社，同1.4%；ヨーロッパ地域19社，同2.1%），非製造業が177社（北米地域85社，同5.1%；アジア地域52社，同3.0%；ヨーロッパ地域40社，同3.1%）に上る回答が出ている．

日系企業はアジア地域を中心に，APEC地域をベースとして，ますますグローバルな事業展開を進め，ネットワーク化を推進している．それは単線的で一方向的なものでは決してない．寄せては引く波のように，一方では力強く前進し，他方では機会と状況を精査し，「機に臨み変に応ず」の方法でグローバ

ル化とネットワーク化は進行している．

第4節　結　語

　アジア地域にみられる高度な経済発展過程と産業連関の高度化プロセスは，いま世界の注目を一手に集めている．アジア地域の高度経済発展は，一方で，APEC 地域の経済成長をリードするまでになっており，それとともに他方で，財・サービス，資本，技術・情報面での取引(投入・産出)を通じて，アジア地域経済が APEC 域内ならびに他の経済地域と密接に関連しており，大きな影響を受けあっている．

　本章は，エネルギッシュでダイナミックに発展するアジア地域の貿易と直接投資が APEC 域内で他の地域・経済圏とどのように関連しているのか，またその繋がりのなかで日本の貿易・直接投資がどのような役割をしているのか，さらには APEC 地域に存在する日系企業のグローバルな事業の展開とネットワーク化がどのように展開しているのかについて，その様子を帰納的に考察し，そこから導き出せるグローバル・ビジネスの事業展開とネットワーク化についての分析を試みた．

　経済の実相がどんどん変わるなかで，事業活動のグローバルな展開やネットワーク化は留まるところをしらない．本章が APEC 地域における日系企業のグローバルな事業展開とネットワーク化の一端を多少なりとも明らかにできたかどうかについては，識者の判断を仰がねばならない．かりにそれが多少なりともできたとしても，それはあくまでも一時的・中間的なものに留まっており，不十分な点が多々あり，結論じみたものでは決してない．今後，一層の調査ならびに研究が待たれている．

　追　記（2001 年 1 月 23 日）
　本稿を脱稿した 1997 年春以後，アジア経済は金融危機に陥った．その結果，APEC 地域の経済状況・環境は大きく変わった．APEC 加盟国・地域の数も

1998年にベトナム，ペルー，およびロシアが加わったことで21カ国・地域になった．本章の分析と記述内容はアジア経済の金融危機以前の状況に基づいている．したがって，分析・記述内容が今日のアジア経済の実態とそぐわない部分も一部存在すると思われる．

しかし，金融危機を克服したアジア経済は再び力強く蘇ってきた．APEC地域，とりわけアジア地域は本章で考察したように，世界のなかで依然としてダイナミックでポテンシャリティーのある地域経済の一つの核であり続けているといえよう．経済活動や景気はよく「浜辺の波」のようにたとえられる．ただ，両者の異なるところは経済活動の循環過程で，繰り返してたどりつくところは元の場所や状況ではない．循環過程で産業構造や企業の事業活動そのものが変化する．APEC地域，とりわけアジア経済は新たな環境のなかでダイナミックでグローバルな展開が一層進み，競争条件はますます厳しいものとなる．しかし，そこには必ず新たなビジネスチャンスが芽生えてくる．新たなビジネス環境のなかで，企業はますますグローバル化・ネットワーク化を進めるなかで，合目的的な選択的行動戦略の立案・実行に尽力している．そのことによってこそ，企業にとってインチアヘッド（他者よりも1歩でも先んじる）に繋がるビジネス・パフォーマンス（事業成果）へと繋がってくる．今後，この面での新たな分析が必要である．

1) IMF（1996b）．ならびに通商産業省（1996a）を参照．
2) IMF, *Direction of Trade Statistics*.
3) 小柴（1997a）を参照．
4) 小柴（1997b），第2-3節を加筆修正．
5) 大蔵省『財政統計金融月報』No.476ならびにNo.524を参照．
6) 通商産業省（1996b），152ページ．
7) 通商産業省（1996c），59ページ．
8) 同上書，25ページ．
9) 同上書，32-33ページ．

参 考 文 献

IMF (1996 a) *Direction of Trade Statistics*.
IMF (1996 b) *International Financial Statistics*.
大蔵省 (1991.12)『財政統計金融月報』No.476.
大蔵省 (1995.12)『財政統計金融月報』No.524.
小柴徹修 (1997 a)「日本と NAFTA における自動車・同部品の準垂直的産業内貿易の研究」東北学院大学論集,経済学第 134 号, 30-60 ページ.
小柴徹修 (1997 b)「アジア太平洋諸国における日本企業の事業ネットワーク」(第5章) 土屋六郎編『アジア太平洋経済圏の発展』同文舘.
通商産業省 (1996 a)『1996 APEC 経済展望』.
通商産業省 (1996 b)『通商白書 (総論)』1996 年版.
通商産業省 (1996 c)『我が国企業の海外事業活動』第 25 回.

第 5 章

韓国の対 APEC 戦略
——貿易・投資構造分析からみた場合——

はじめに

　韓国は APEC を WTO の補完的機能ととらえている．すなわち，韓国はAPEC の活動に積極的に参加をしている．なぜならば，韓国は多国間貿易体制で最も利益を受ける一員であり，APEC の開かれた地域主義は WTO を強めようとする韓国の意図に合致するものであるからだ．

　韓国の APEC への積極的参加の意味は，上述した一般的なもののほか，次の2つの側面を考えることができる．まず第1に，この積極的参加が主に内政面でもつ意味である．これは，韓国の政治的側面と経済的側面との関係に集約される．政治的側面での意味は，改革を含めた政権の安定化の問題と統一問題との関連で大きな意味をもつことになる．一方，経済面での意味は対外貿易赤字の削減の問題であり，これは，韓国経済の対外的依存性と関わる問題である．第2に，外交的な側面がある．これは戦後の冷戦構造の崩壊に対応する韓国外交の転換の問題であり，それは韓国政府の新たな外交戦略，いわゆる「世界化」[1]の展開と関連する問題である[2]．

　しばしば韓国は，APEC メンバーのなかで，開発途上国のメンバーと先進国のメンバーとの間の橋渡し役割という言葉で特徴付けられている．韓国がこの

役割をいかにスムーズに取り組み，政策面で活躍できるかが，韓国の対 APEC 政策の効果に繋がってくるものだと言える．

本章はこうした韓国の対 APEC への立場を十分考慮に入れながら，APEC 自由化による韓国にもたらす経済効果を理論的にアプローチした上で，APEC に対する韓国の戦略を明らかにすることが目的である．分析方法としては，韓国経済の特徴である「対外依存型経済構造」の両輪をなす貿易・投資構造に分析のメスを入れる．

第1節　拡大する韓国の対 APEC 貿易・投資

1.　貿易動向

1960 年代以後，強力な輸出主導型産業政策により韓国の対外貿易は着実な伸びをみせてきた．にもかかわらず，90 年代までの韓国の対外貿易は，日米市場に依存する画一的なパターンから脱却することができなかった．すなわち，資本財と中間財の輸入，労働集約的な単純工業品の輸出という貿易パターンを繰り返し，一方的な日米市場に依存するものであった．その結果，韓国は日米の国内景気変動によって大きな影響を受けてきた．それは，韓国の対外貿易の影響のみばかりではなく，経済全般にまで影響を受けるものであった．このような現象は，1980 年代の対米輸出に対する推移からみても明らかである．すなわち，80 年代の半ば以後，レーガン政府の公共支出の膨張政策によるアメリカの購買力増加とともに低金利，ドル安，石油の低価格という現象が生じ，その結果，韓国の輸出は急速な伸びをみせた．

韓国の総輸出増加率は金額面からみると，89 年には 2.8% にまで減少していたが，この後は徐々に増加に転じ，95 年には前年の同期に比べて 34.4% の増となっている．反面，韓国の対アメリカ輸出は 1988 年がピークになるが，91 年には年平均 5% まで落ち込んだ．その後 93 年には 13.3% の水準にまで戻ってはいるが，同期間の総輸出の増加率に比べると低調な水準である．こうした韓国の全般的な輸出の好調にもかかわらず，対米輸出の純化の原因は次の 3 点にまとめられる．

1) アメリカの財政・貿易赤字拡大によりインフラの減少，雇用悪化・消費不振により経済成長の純化
2) 輸出市場における発展途上国との中・低価格製品の価格競争力の喪失および日本など先進諸国とのハイテク製品の競争力の低下
3) 韓国の対米輸出一辺倒のパターンからアジア地域への輸出路線の変化などがあげられる．

特に，韓国の輸出市場の多様化によるアジア地域への市場拡大は，上の1)と2)の要因による対米輸出市場の衰退を補完する役割を果たしている．例えば，94年の香港，中国，シンガポール，台湾，などの主な東アジア地域に対する韓国の輸出伸び率は同年の総輸出伸び率に比べて16.8％上回っており，金額面でも上記4カ国への輸出総額は211億ドルにまで達している．これらの金額は韓国の対アメリカへの輸出額を上回ったばかりではなく，対EU全体に対する輸出額に比べても2倍以上になっている．要するに，表5-1が示すとおり韓国の輸出上位10カ国のなかで，7カ国がAPECメンバーとなっており，金額面においても韓国の総輸出額の59.9％を占めていることが分かる．

表5-1 韓国の国別貿易

	輸 出 1994年	輸 出 1995年(10月)	前年同期比(％)		輸 入 1994年	輸 入 1995年(10月)	前年同期比(％)
アメリカ	20,553	19,609	118.8	日　本	25,390	27,207	132.3
日　本	13,523	13,978	128.4	アメリカ	21,579	25,136	145.9
香　港	8,015	8,801	135.8	中　国	5,462	4,807	135.9
中　国	6,202	6,510	147.2	ドイツ	5,149	5,467	134.1
シンガポール	4,152	5,482	163.1	サウジアラビア	3,807	4,490	145.9
ドイツ	4,134	4,724	138.6	オーストラリア	3,783	4,027	131.9
台　湾	2,732	3,190	148.4	インドネシア	2,843	2,707	117.8
インドネシア	2,540	2,442	118.9	カナダ	2,005	2,155	132.2
マレーシア	1,652	2,425	187.7	台　湾	1,800	2,120	146.2
イギリス	1,783	2,408	178.8	マレーシア	1,876	2,039	133.3

(注) 中国との1995年の輸出入は，1〜9月の通関基準による．
(出所) 通商産業省編『通商白書（各論）』平成8年，288ページ及び韓国貿易協会『貿易統計』各年号．

一方,表 5-1 に韓国の輸入上位 10 カ国に対する輸入額および輸入増加率からみると,APEC 地域に対する輸入増加率は輸出増加率を上回っている.とくに,同年の対日米貿易から生じた貿易赤字は 129 億ドルにまで達しており,総貿易赤字の 2 倍にまでなっている[3].この対日貿易赤字の累積過程を考察すると,90 年代に急速に日韓貿易関係の不均衡が進展することが分かる.韓国の対日貿易赤字は,図 5-1 が示すように,1995 年まで 155 億ドルになっている[4].しかし,APEC 地域に対する韓国の貿易収支は,中国,オーストラリア,カナダ,シンガポール,タイなどの国から黒字を生み出し,いわゆる APEC 地域諸国に対する貿易収支全体は黒字になっている[5].

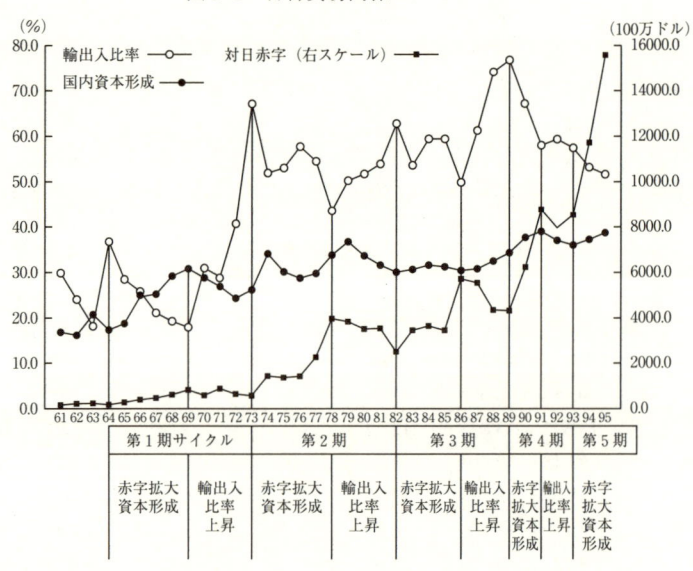

図 5-1　日韓貿易関係のメカニズム

(資料) Major Statistics of Korean Economy, National Statistical Office, Republic of Korea, 1996.
(出典) 『東アジアレビュー』東アジア総合研究所,1997 年 2 月号,10 ページ.

以上の韓国の輸出入動向の考察からみると,90 年代以後,韓国の対外貿易構造は次のような展開を示していることが明らかである.

(1) 日米両国に対する輸出依存度の低下

1990年までに29.7%を占める対米輸出は91年に25.8%, 92年に23.6%, 93年に22.1%, 94年に21.4%へと継続的に減少し続けており, 輸入面においても90年に24.3%から徐々に減少し, 94年には21.1%にまで落ち込んでいる. 一方, 対日輸出では90年の19.4%から94年は14.1%にまで減少しているが, 対日輸出だけは25%ラインを維持している. 結果的には, 国別に違いはあるものの, 日米に対するの韓国の輸出の量的増加は韓国の輸出全体の増加と比較して伸びていない. したがって, これらの国家に対する輸出依存度は低下しつつあるとも言える.

(2) APECメンバーに対する地域別比重の変化

まず, APECの地域を図5-2のように, 東アジア, 米州, 太洋州と大きく区分し, 各地域における韓国の貿易比重をみることにする. 東アジア地域に対す

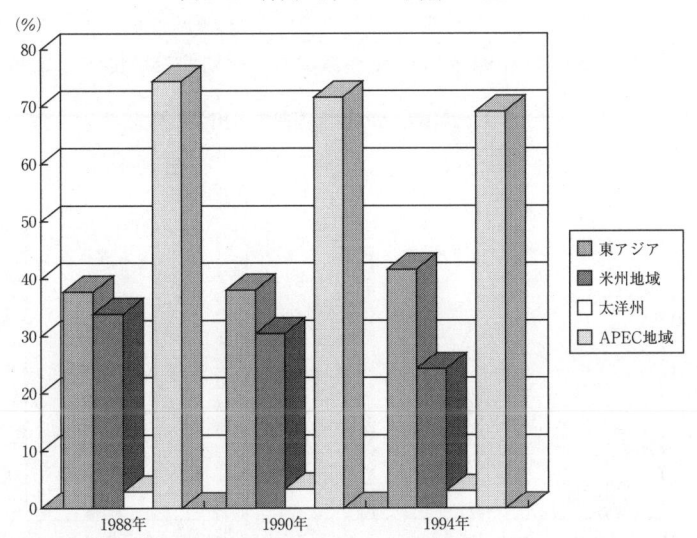

図5-2 韓国の対APEC貿易の比重

(注) 東アジア；ブルネイ, 中国, インドネシア, マレーシア, フィリピン, タイ, 香港, シンガポール, 台湾, 日本.
米州地域；カナダ, アメリカ, チリ, メキシコ.
太洋州；オーストラリア, ニュージーランド, パプアニューギニア.
(資料) 韓国貿易協会『貿易統計』1995年.

る韓国の貿易比重は，88年の37.6%と比較すると，94年は4.2%増加し，41.8%となっている．同期間の米州地域に対する比重は9.4%減少し，24.3%にまでなっている．さらに，韓国の対APEC貿易依存度は88年の74.1%から94年の69.2%へと減少している．これは韓国が最近展開している貿易構造の多様化，いわゆる輸入先多角化品目制度[6]の実施にもかかわらず，対日米への輸入偏重が未だ強く残っていることが示されている．すなわち，アメリカと日本は韓国の輸出市場の主要相手国であり，韓国の日米への貿易依存度はかなり高まってきている．このことは，日米の商品が，韓国の消費市場と生産過程に占める比重が高いことを意味するものである．

(3) 輸出入商品に対する構造の変化

図5-3-1と図5-3-2が示すように韓国の輸出入商品は軽工業製品の減少に対し重化学工業製品の輸出比重が高くなっている．これは80年以後に重化学工業中心の産業構造の調整により，労働集約的商品に対する国際比較優位が弱まってきたことを意味する．すなわち，韓国の対APECへの軽工業の輸出比重は88年の39.5%から94年30.3%へ減少し，同期間の重化学工業品の輸出

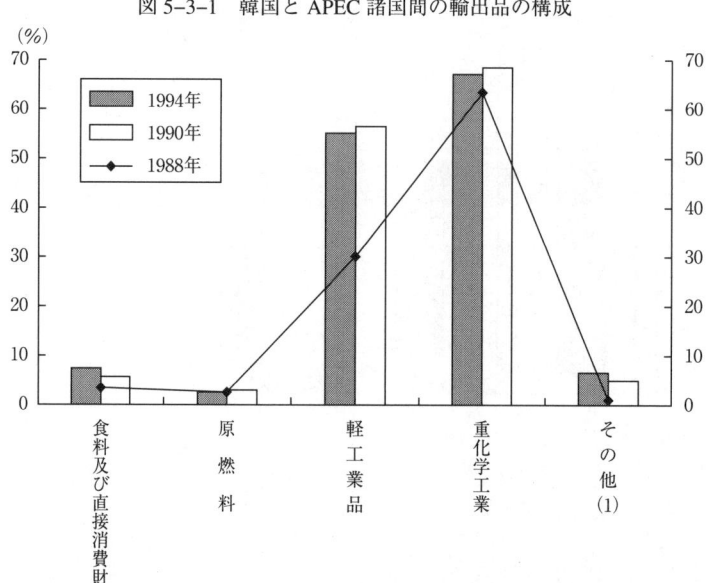

図5-3-1 韓国とAPEC諸国間の輸出品の構成

図 5-3-2　韓国と APEC 諸国間の輸入品の構成

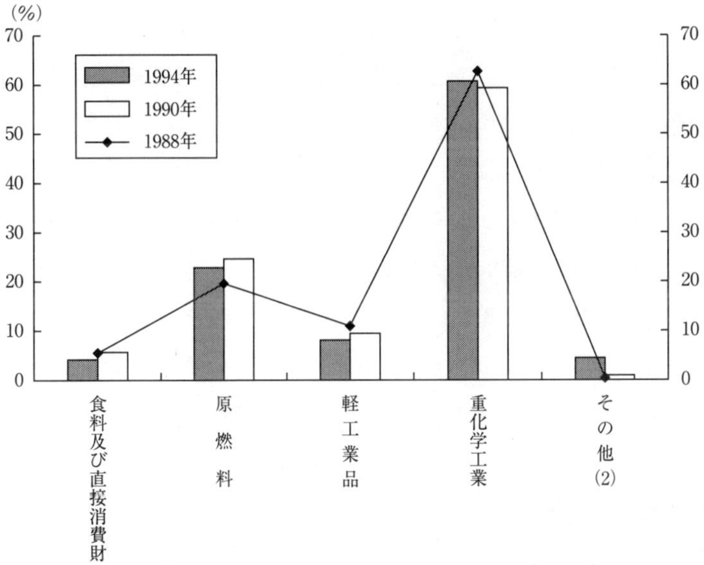

(注)　その他[1] 1988 年；ブルネイ，中国，マレーシア，タイ，チリ，パプアニューギニア．
　　　　　　　1990 年；ブルネイ，マレーシア，タイ，チリ，パプアニューギニア．
　　　　　　　1994 年；ブルネイ，パプアニューギニア．
　　　その他[2] 1988 年；ブルネイ，中国，パプアニューギニア．
　　　　　　　1990 年；ブルネイ，パプアニューギニア．
　　　　　　　1994 年；パプアニューギニア．
(資料)　韓国貿易協会『貿易統計』各年号．

比重は 15% 程度の増となった．

　地域別輸出品目の変化をみると，軽工業製品の輸出減少は主に日米市場で発生している．また重化学工業の輸出も日米市場で開発途上国との競争が激しくなっている．日米市場に対する中国，タイ，マレーシアなどの輸出の伸びが著しく，韓国との輸出競争は以前より激しい展開を迎えたと言えよう．例えば，アメリカ市場の場合，電気・電子製品はマレーシアとフィリピンが，機械類はシンガポールと台湾が，鉄鋼は台湾が，プラスチックは中国が，衣類は香港とフィリピンが韓国と競争している．一方日本市場ではシンガポール，マレーシア，フィリピンなどと韓国が電気・電子製品及び機械類などで競争している．

2. 投資動向

韓国政府はこれまで対外投資の自由化を進めてきた．しかし投資の急激な拡大が国際収支や国内生産に与える影響を考慮して，海外投資の際の自己資金比率を10%以上とする抑制策に乗り出した．表5-2が示すように，94年の韓国の対外直接投資は，234,666ドルで，金額ベースでは前年に比べて78.1%増という急激な伸びをみせた．91年に10億ドル台に達して以来，3年間に倍以上になったわけである．前年比の地域別の投資パターンをみると，アジア地域と欧州地域に対する投資は著しく増えていることが分かる．主要国・地域別からみてみると，94年の対外投資の拡大に最も寄与したのは東アジア及び東南アジアである．投資額は10億9,196万ドルで，99.9%の増なり，投資総額の46.5%を占めている．特に中国は同期間に135.8%増の6億4,081万ドルになり最大の投資先に躍り出た．

93年まで最大の投資先であったアメリカも同年に39.8%増の5億3,079万

表5-2 韓国の対外投資国・地域別状況

(単位：件，1,000ドル)

	93年		94年		残高累計	
	件数	金額	件数	金額	件数	金額
アジア地域	545	546,259	1,212	1,091,955	2,845	3,201,820
ASEAN	87	138,075	222	165,430	768	1,346,846
インドネシア	18	59,273	21	67,865	237	824,588
中国	378	271,787	836	640,806	1,477	1,104,924
ベトナム	15	26,988	44	90,355	67	133,918
欧州地域	33	189,632	57	455,825	245	981,300
北米地域	58	386,096	137	573,284	662	2,703,845
米国	54	379,646	128	530,794	622	2,270,172
その他	48	195,725	70	225,597	409	761,827
合計	584	1,317,712	1,476	2,346,661	4,161	7,648,792

(注) ①残高累計は66〜94年末で清算分などを除いたもの．
　　②ASEANはタイ，マレーシア，シンガポール，フィリピン，インドネシアの5カ国．
(資料) 韓国銀行
(出典) ジェトロ白書，『世界と日本の海外直接投資』1996年，169ページ．

ドルと好調であったが，そのシェアは93年の28.8%から22.6%に低下した．

一方，欧州は4億5,583万ドルで同年140.4%増と急激に伸び，シェアは全体の19.4%に達している．

業種別では製造業が1,081件，15億2,492万ドルで，金額では前年比184.3%増加した．全体に占める割合も65.0%に達しており，韓国の対外投資が製造業中心であることを示している[7]．また貿易業は146件で，金額面では4億8,790万ドル（前年比19.2%増）である．

一方，海外から韓国への直接投資は，表5-3が示すように，依然，増加傾向が続いている．80年代末以後，賃金の高騰などにより国際競争力が低下したことを深刻に受けとめ，その回復のためには外国からの投資や技術の受入れ

表5-3　対韓投資国・地域別認可状況

（単位：件，1,000ドル）

	93年		94年		95年（1～6月）		残高累計(62年~95年6月)	
	件数	金　額	件数	金　額	件数	金　額	件数	金　額
国 際 機 関	―	1,345	―	6,644	―	―	28	132,384
米 州 地 域	76	343,835	127	323,435	71	373,735	1,297	4,163,408
米　　　　国	68	340,669	115	310,940	65	367,255	1,204	3,937,329
アジア大洋州地域	141	391,583	207	569,061	128	367,614	2,900	5,859,328
日　　　　本	85	285,943	132	428,438	68	250,537	2,538	5,144,586
中　　　　国	29	6,727	32	6,207	22	5,693	94	23,273
香　　　　港	11	74,966	18	43,134	12	47,574	124	410,858
欧 州 地 域	60	307,424	88	406,650	48	203,293	714	3,253,784
ド　イ　ツ	11	35,929	17	60,199	9	15,896	172	597,023
英　　　　国	8	70,823	10	24,988	5	53,214	95	417,977
フ ラ ン ス	7	39,674	7	56,358	7	32,933	82	354,315
オ ラ ン ダ	10	131,223	9	67,177	9	48,327	95	1,093,703
ス　イ　ス	7	7,054	9	10,949	1	2,876	78	374,732
中 東 地 域	1	87	11	10,715	―	1,600	16	57,294
合　　　　計	278	1,044,274	423	1,316,505	248	946,308	4,958	13,471,392

　　（注）①件数は増資を除く新規認可のみ．金額は新規と増資を合計したもの．
　　　　　②1事業に数カ国が投資している場合，各国ごとに件数を計上している．
　　　　　③国際機関は，アジア開発銀行と国際金融公社．
　（資料）韓国財政経済院「外国投資動向」
　（出典）ジェトロ白書，『世界と日本の海外直接投資』1996年，165ページ．

の拡大が不可欠との考え方から,規制緩和や待遇策の強化を行ってきた.こうした規制緩和は先進国からの市場開放圧力やWTO体制への対応への一環でもある.

外資導入に関連した規制緩和としては,従来制限ないし禁止されてきた業種の97年までの「開放計画」が発表されたが,94年にはその一部前倒し実施の方針が明らかにされた.それに加えて,95年には,貿易業の投資が従来の認可制から原則として申告制に緩和された.手続の面でも,申告の「即時処理」の開始,国内銀行での申告受理の開始,その外国銀行の在韓支店への申告受理拡大などの改善が行われてきている[8].

以上のような規制緩和や待遇策の強化自体は評価すべきであるが,制度の小刻みで頻繁な変更や緩和ペースの遅さは外資系企業にとって依然,問題として受けとめられている.このような制度的障害のために,他のアジア諸国に比べると豊富で優秀な技術陣や労働力,それに整備されたインフラといった韓国の潜在力が十分に発揮されておらず,いっそう大胆かつ明確な規制緩和が望まれる.

第2節 韓国の対APEC貿易構造分析[9]

1. 分析方法

ここでは,APECのメンバーである日本,アメリカ,カナダ,メキシコ,シンガポール,マレーシア,台湾などの貿易を考察し,APEC自由化が韓国経済にどの程度の影響をもたらすかを分析する.そのための8カ国が関税引下を断行し,相互貿易に適用する場合に予測される韓国の輸出入の変化を分析した韓国対外経済政策院の資料(参考文献[I])を用いて,貿易分析からみた場合の韓国の対APEC戦略の理論的根拠を得ようとする[10].

韓国の輸出入変化を導くために,1971年から93年までの間に行った8カ国の貿易量をIMF統計から取り,貿易マトリックスを作成し,韓国における22年間の輸出入の流れを考察する.しかし,この分析過程では価格算定及び統計処理方法の相違によるデータ上の不一致があるために,特定国の輸出額が必ず

しも相手国の輸出額と一致してはいない，という現象が起きる．それを解消するために韓国と貿易相手国間の輸出データを

AEXB（A国のB国に対する輸出）＝BIMA（B国のA国からの輸入）

EX：輸出

IM：輸入

という等式が何時でも成立するようにした．このようなA国のB国に対する輸出がB国のA国からの輸入と一致するAB両国の貿易構造において，B国の輸出需要の関数は，つぎのような方式により導出される．

$$M_{BA} = f(P_{EXA}, P_B, Y_B) \cdots\cdots (1)$$

M_{BA}：B国のA国からの輸入量（またはA国のB国への輸入量）
P_{EXA}：A国の単位当り輸出価格
P_B：B国の国内価格水準
Y_B：B国の所得水準

(1)式から貨幣に対する錯覚を起こさないと仮定すれば，また次のような式が求められる．

$$M_{BA} = f\left(\frac{P_{EXA}}{P_B}, \frac{Y_B}{P_B}\right) \cdots\cdots (2)$$

(2)式では，一国の輸入量は輸出国の輸出価格と輸入国の国内価格により決定される相対価格及び輸入国の実質所得水準により決定されるという単純な関係を説明している．これを統計的に分析するためには次のような線形関数への転換が要求される．

$$M_{BA} = \alpha + \beta \frac{P_{EXA}}{P_B} + \gamma \frac{Y_B}{P_B} + \mu \cdots\cdots (3)$$

ここで，数式(3)の両辺にlogをとると，次のようなlog線形関数が表れる．

$$\log M_{BA} = \log \alpha_1 + \beta_1 \log \frac{P_{EXA}}{P_B} + \gamma_1 \log \frac{Y_B}{P_B} + \log \mu_i \cdots\cdots (4)$$

この(4)式を簡単に表すために，A国の相対輸出価格の$\frac{P_{\text{EXA}}}{P_{\text{B}}}$をP'へ，B国の実質所得$\frac{Y_{\text{B}}}{P_{\text{B}}}$をY'へと置換すると次のようになる．

$$\log M_{\text{BA}} = \log\alpha_1 + \beta_1 P' + \gamma_1 \log Y' + \log\mu_i \quad\cdots\cdots\cdots\cdots (5)$$

(5)式からみると，被説明変数としてM_{BA}が，説明変数としてP'とY'がなっており，数式自体がlog線形関数として表れているために相対輸出価格の係数βと限界輸入性向γが，各々輸入需要に対する価格弾力性と所得弾力性を表すようになる．

一方，理論上からみると，輸入価格（A国の輸出価格）の上昇は輸入需要を萎縮させる．代わりに，所得の増加は輸入需要を増大させるために輸入需要に対する価格弾力値のβは陰（−）の負の符号を，輸入需要に対する所得弾力値γは陽（＋）の正の符号を表すだろう．したがって，(5)式のモデルのデータを用いて回帰分析を行う場合，両国の貿易から現れる価格及び所得弾力値を容易に推定することができる．さらにこれを応用して，関税の引き上げが価格（P）に与える影響を分析するならば両国貿易に直接に影響を与えると判断している関税引き上げに対する効果を明らかにすることができる．

2. モデルの適用

数式(5)で示された基本モデルを用いて，韓国を含むAPEC主要8カ国の輸入曲線を測定することができる．このためにモデル(5)に基づいた各国の輸入需要曲線は，所得と相対価格の関数と定義されており，場合によっては信頼度のある弾性値を測るために1，2年の差も考慮される．例えば，日本に対する輸入（または韓国の対日輸出）需要曲線は(5)のような内容の関数として次のように表すことができる．

$$\text{Log (KOREXJ)} = \alpha_1 + \beta_1 \log (\text{JAGNP}) + \gamma_1 (\text{JAPP})$$

KOREXJ：韓国の対日輸出（日本の対韓輸入）をドルで換算した実質貿易額

JAGNP：日本の GNP をドルに換算した実質所得

JAPP：日本の相対価格

また，相対価格（JAPP）は具体的に次のような方法で計算される．

$$JAPP = \frac{KOREXP}{(JAPGNPD / JAPER)}$$

KOREXP：ドルに換算され表した韓国の輸出価格（1990＝100）

JAPGNPD：日本の物価水準（1990＝100）

JAPER：日本の為替レート（1990＝100）

表5-4-1 はこれまで紹介した測定方法を適用して推定された韓国の対 APEC 地域への輸出に対する相手国の所得及び価格弾力性を表している．分析の結果から現れている特徴をみると次のようになる．

表5-4-1 韓国の輸出に対する相対国の所得・価格弾力性の推定値

韓国の輸出	輸出額 (90年, 億ドル)	比重(%) (90年基準)	所得弾力性	価格弾力性 no lag	価格弾力性 1 lag
アメリカ	194.46	0.299	4.335	−0.809[a]	
日　本	126.38	0.193	2.375	−0.296	
カナダ	17.32	0.027	3.730	−0.411	
メキシコ	5.6	0.009	8.011	0.227	0.897
シンガポール	18.05	0.028	2.869	0.357	0.042
マレーシア	7.08	0.011	3.951	−2.300	−2.057
台　湾	13.44	0.021	1.115	−1.227	

（注）1. 90年の基準価格に基づいて算定．
　　　2. メキシコ（76-92）とマレーシア（75-92）を除いては71-93年の統計値を使用．
　　　3. Lag term の価格弾力性に該当する価格弾力性は別途に報告されていない．
　　　4. 台湾：71-75年間の輸出入データは IMF の DOT，76-93年間のデータは Taiwan Statistical Date Book より収集．
　　　5. [a] 分析期間は73-93, 信頼度は約89％．
（出所）金尚謙『APEC 主要国の交易構造と自由化の経済的効果』韓国対外経済政策研究院，1996年，70ページ．

韓国の輸出品に対する所得弾力性は最低1.115（台湾），最高8.011（メキシコ）として，その格差が7ポイント程度になっている．統計的信頼度が18％

未満のメキシコを除外する場合，アメリカの所得弾力性は4.335％と高いほうである．この原因としては高い消費性向を反映していることがあげられる．

一方，韓国の輸出品に対する台湾の所得弾力性は1.115であり，7カ国の中で最も低い値を記録している．このような現象は韓国と台湾の貿易構造が相互競争的になっているために台湾の対韓国の輸出が補完性の強い商品に多くの比重を置かれた上で，行われているからである．

また，価格弾力性についての特記事項といえば，韓国の最大輸出市場であるアメリカの対韓輸入に対する弾力性が7カ国の中で最も高い0.809を記録していることである．このことは韓国の対米輸出の特性が高先端の付加価値創出商品よりは価格競争を優先する単純製造業や消費製品のほうに重点を置いていることが分かる．

一方，韓国の対日輸入品に対する価格弾力値は，表5-4-2が示すように，-0.222となっており，低い水準にとどまっていることが分かる．このような結果は日本から輸入品の主な内容が中間財，生産財及び資本財といったもの，すなわち韓国の輸出製品と生産過程に必要な製品が日本より輸入されていることを意味する．

表5-4-2　韓国の各国からの輸入に対する所得・価格弾力性の推定値

韓国の輸入	輸入額 (90年, 億ドル)	比重 (％) (90年基準)	所得弾力性	価格弾力性 no lag	価格弾力性 1 lag
アメリカ	143.99	0.037	0.886	-0.569	-0.594
日　本	174.99	0.061	0.904	-0.222	
カナダ	12.45	0.010	1.710	-0.065	-0.234
メキシコ	1.02	0.004	3.492	-0.849	
シンガポール	11.72	0.022	1.534	-0.465	-0.449
マレーシア	13.6	0.046	1.625	-0.229	
台　湾	12.13	0.018	2.651	2.451	

（資料）金尚謙，前掲書，70-73ページより作成．

第5章 韓国の対APEC戦略　171

第3節　APEC自由化と韓国経済への影響

1. 自由化の関税効果

1997年1月より，APEC地域の貿易・投資自由化はその移行に向かって動きだしている[11]．しかし，15個の自由化対象分野の行動計画の内容と形態によって異なる経済的波及効果がもたらされてはいるものの，その中でも，関税引下に対する対象と幅が，域内の貿易活性化に最も大きく影響すると判断される[12]．このような脈絡から，APEC地域8カ国の関税引下が韓国の輸出入に対し，どの程度の影響を与えるかを，前述した資料（参考文献［1］）に基づいて考察してみる[13]．

まず，仮定として，前述した8カ国が一律的に関税引下を断行し，相互貿易を行うとする．それから，韓国の輸出入に波及する効果を測るために次のような方法を適用する．

$$(\text{EXUNIT}) = \Sigma(1 + \text{TR}) \times \text{SHARE}i + \text{SHARE}j$$

EXUNIT：一国の輸出単位価格
TR：関税引下率
ΣSHARE：一国の輸出で関税引下に参加する国家が占める比重
SHARE：一国の輸出で域外国家が占める比重

上の式からみると，関税引下が輸出価格に与える影響については，関税引下の幅および域外国と域内国が一国の輸出に占める比重によって違ってくることが分かる．すなわち，関税引下の幅が大きいほど，または域内の貿易比重が大きいほど，関税引下の効果は大きく現れている．さらに，この式を用いて計算した輸出価格の変化率と，各国の相互間の価格弾力値の大きさによって，関税変化が輸出に対して与える影響を測ることができる．

図5-4は，APECメンバーの東アジア4カ国とNAFTAメンバーの3カ国が相互間の貿易に一律的に5%の関税引下を適用した場合，予想される輸出価格の変化率を90年基準に表したものである．もちろん，8カ国の域内輸出依存

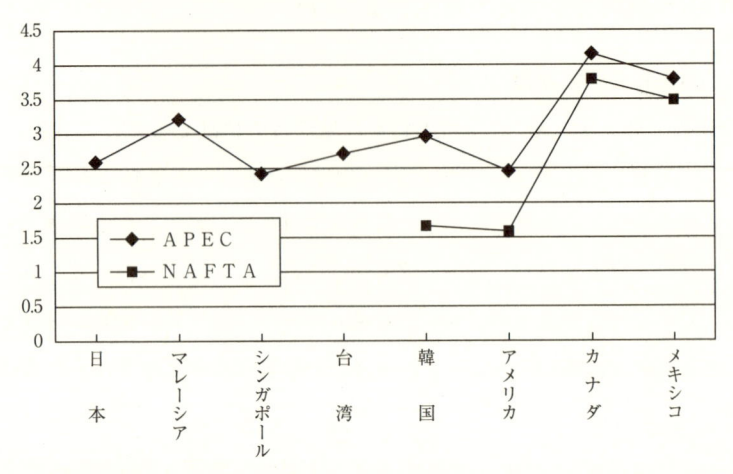

図 5-4　5％の関税引下が各国の輸出価格の変化に与える効果

（注）a)韓国と NAFTA メンバー国が同一条件の関税引下に合意した場合に予想される 90 年基準の輸出価格の変化率．
（資料）韓国対外経済政策研究院（KIEP），政策資料 96-01.

度の差は大きいものの，その中の韓国の域内輸出市場の依存度は 58.9％ となっており，これは韓国の全体輸出の過半数以上がこれら 7 カ国に依存されていることである．また関税率 5％ 引下に対する韓国の輸出価格の変化は 2.9％ となっている．

　次に，図 5-4 が示すとおり，韓国と NAFTA メンバーの 3 カ国が同一条件の関税引下を内容とする 4 カ国のみの排他的な貿易協定を締結するとすれば，これら 4 カ国の輸出価格の変化率は 8 カ国の含まれた全体の場合より，減少していることが明らかになっている．特に，韓国は 1.3％ 以上の節減を自由化効果により得られるようになる．また，アメリカも 0.9 ポイント程度の関税引下による効果の節減を得られる．ただ，アメリカとの貿易比重がかなり高いメキシコとカナダの減少は 0.3 ポイント水準にとどまっていることが分かる．

2.　韓国への適用

　さらに表 5-5 は，90 年度基準の韓国と相対国の輸出額に基づいて，5％ の関税引下が韓国の輸出入に与える効果を分析している．この結果，APEC メン

表 5–5　5％ の関税引下が韓国の輸出入に与える効果

(単位：億 US＄)

	APEC 輸出	APEC 輸入	NAFTA 輸出	NAFTA 輸入
日　　　本	1.098	1.010		
マレーシア	0.478	0.100		
シンガポール	−0.190	0.133		
台　　　湾	0.504	−0.807		
アメリカ	4.625	2.056	2.629	1.303
カ ナ ダ	0.209	−0.034	0.119	−0.031
メキシコ	−0.037	0.033	−0.021	0.031
合　　　計	6.678	2.491	2.727	1.302

(注)　価格は 90 年度基準
(資料)　韓国対外経済政策研究院 (KIEP)，政策資料 96-01，77 ページより作成．

バーの 8 カ国が 5％ の関税引下を相互貿易に適用するとすれば，韓国の輸出増加は同年の総輸出額 650 億ドルの 1％ を若干上回る 6 億 7,000 ドルになる．一方輸入の増加は，総輸入 587 億ドルの 0.42％ に該当する 2 億 5,000 万ドルになると算出される．その結果，韓国の貿易黒字は 3 億 8,000 万ドルになる．一方韓国と NAFTA 3 国間のみの関税効果を同一の方法で算出すると，韓国の輸出増加は 1 億 3,000 万ドルとなり，APEC 地域 7 国との貿易から生じた黒字額に比べると，およそ 1 億 4,000 万ドルのマイナスが生じる．

しかし，これまでの関税引下による推定効果は，価格効果のみを考慮にいれた静態的分析にとどまっており，各国の物価水準と総生産に与える動態的効果を考慮していない．したがって，これまでの分析効果は実際より過小評価される余地は十分にある．実際の物価水準が所得増大に与える効果を勘案すれば，表 5–5 の結果は乗数効果による量的効果の増大が予想される．しかし，上の結果は効果の方向性提示とともに，APEC 地域主義が唱える「開かれた地域主義」の原則が，閉鎖的な貿易ブロックの結成により効果が大きいことを示唆するものであり，またその点に分析の意義を求めている．したがって，韓国の立場からみても，APEC への積極的参加を実現することにより経済的効果がもたらされるということが理論的に示されている．

第4節　韓国の対 APEC 戦略

1. 基本戦略

韓国にとって APEC は「名と実」をともにもたらす有益な機構としてとらえている．それは韓国の主な貿易パトナーがすべて APEC メンバーとなっており，世界の経済成長を主導している国がほとんど APEC に加盟しているからである．特に APEC は他の閉鎖的な地域ブロックとは違って，地域の自由化措置を域外にまで適用できるようにしていることで，多様化戦略により世界全体に向け経済関係を結びたい韓国の立場と合致している．

開かれた地域主義を指向する APEC は，新たな国際秩序の形成過程のなかで東アジアと北米を統合する経済圏でもある．政治的・社会的な側面からみた場合，APEC のなかで韓国は 21 世紀のアジア太平洋時代の主役の一国として位置付けられる．これは韓国の外交半径を拡大させているとともに，中進国家として国際政治の場で能力を発揮する契機が与えられると言えよう．

事実，韓国は 1991 年に APEC の議長国としてソウル宣言を採択したように，APEC の主要メンバー国として役割を果たしている．さらに APEC は韓国が参加する唯一の地域経済協力体であり，APEC のような多国間協力体へ帰属することは韓国の安全保障にも大きく寄与するものとみなされる．

一方今後の韓国の経済は，企業活動の国際化と貿易拡大を通じて対外指向型の経済発展戦略への推進が不可欠である．こうしたなかで APEC は多国間貿易体制の不安定，EU 統合，NAFTA の形成など，地域主義の趨勢による国際経済環境の不確実に対応する最善の保障政策である．また APEC は世界最大の経済圏であるアジア太平洋地域内の安定的な市場基盤を提供するという点からも，韓国の APEC への期待はますます高くなるだろう．さらに韓国における APEC への期待は，貿易規模の拡大により引き起こされる通商摩擦に対し，地域次元で対処することによって，先進国の一方的な通商圧力を緩和させることも期待できるのである．

APEC の発展とともに韓国の経済戦略に期待されるものとしては次の 2 点に

絞られる[14]．第 1 に，多国主義秩序のなかで韓国の交渉力と発言権を強化していくこと．第 2 に，急増しつつある韓国の対 APEC への貿易関係をより拡大する方向に繋げるということである．したがって，韓国は APEC の発展を積極的に支持しなければならない．特に，域内貿易や投資拡大化に積極的に参加すべきである．その理由として次の 2 点があげられる．

まず最初に，域内貿易自由化への参加は日本や ASEAN 諸国，そして中国市場への進出を拡大する契機になるからである．

次に，投資拡大は資本の移動だけではなく技術移転の効果も伴い，お互いの利益を求めることができるからである．

要するに，対外指向型発展戦略を堅持している韓国の立場からみると，APEC への積極的な参加は貿易自由化と技術強化を目標としている APEC の標榜と合致している．特に，韓国との通商摩擦の多いアメリカ，日本，中国などの諸国が主な APEC メンバーとなっていることから，通商摩擦における APEC を通じての対話の調整は双務的な対立関係を緩和させるというメリットも持っている．したがって，APEC への積極的な参加は韓国の政治と経済の両面にプラスの効果として働いていることが明らかになる．

2. 主な各論別戦略[15]

(1) 関税の引き下げ

韓国の関税水準は他の発展途上国に比べて，まだ低い水準である．したがって，韓国にとって関税引下の負担はそれほど大きくない．むしろ，それより，東南アジア及び中国との貿易が急増している点を考慮に入れると，関税引き下げによる輸出拡大効果が得られる．韓国の工業製品関税引下は，2020 年をまたずに 2010 年までに実現するかもしれない．農業部分では，競争力の低さや政治的な困難さはあるものの，農業への投資の奏功，工業人口の減少などが，関税引下を容易にするだろう[16]．

(2) ウルグアイ・ラウンド (UR) の促進

韓国は APEC を WTO の補完的な機能として捉えており，UR の促進にも拍

車をかけている．UR 促進は，交渉で扱われて全部門にわたってのものではなく，各国の選んだ部門から行うこととなっている．製品の関税引下などでは問題なく UR 促進に協力できる．現在の韓国の立場からみると，コメをはじめとするいくつかの農産物の開放に対する負担はあるものの，UR 促進化に対してはそれほど難しい問題は抱えていない．むしろ，UR の促進による韓国の輸出効果が期待される[17]．

(3) 投資の自由化

APEC ではすでにいくつかの非拘束的な投資原則を打ち出している．現在こうした非拘束的原則を拘束的な原則に移行させる動きがあり，その可能性は高い．というのは，多くのメンバーが投資誘致に積極的であるからである．韓国では，ハイテク産業の高成長に力を注いでいる．投資誘致による技術移転が促進されているので，この面からも拘束的原則を指示する．

(4) 紛争仲裁サービス（DMS）

APEC の仲裁サービスは主に WTO が扱わない項目を扱うこととなる．韓国としては APEC 内の多様化が紛争を引き起こす傾向があると見ている[18]．

(5) 域内ルールの強化

現在，APEC 域内で行われている半ダンピングに対する制度的防止，競争政策の強化，環境保全，通関手続きの簡素化などは韓国が推進している自由化及び世界化の施策に合致しているだけではなく，輸出拡大という側面からみても大変望ましいことである．したがって，域内ルールの強化を積極的に支持すべきであり，韓国自らが先行するよう努力することである[19]．

(6) サブ・リージョナル・グループの取り決め

APEC はサブ・リージョナル・グループの取り決めを調査中で，将来の自由化の過程でこれらを統一することもありうる．韓国はサブ・リージョナル・グループに対する非排他的・無差別の原則保障を高く評価する一方，日本や中国と連携して，NAFTA の潜在的閉鎖に対する排除にとりわけ努力する[20]．

(7) 開発と技術協力

韓国は発展途上国と円滑な協力関係を維持し，または先進国からの技術導入

の円滑化のために開発と技術移転に協力するべきである．例えば，OECD の加盟による ODA 供与が義務付けられるが，これを発展途上国への技術協力と位置づけ，評価するべきである．また，ボゴール宣言に盛り込まれた人材育成，APEC 研究センター，科学技術協力，中小企業振興，インフラ改善などの成長のための潜在力を大きく高めることである[21]．

結　語 —— 韓国の役割

　APEC は，韓国が唯一加盟している経済協力体である．したがって，APEC の創設過程から韓国は積極的に参加活動を行ってきた．韓国は APEC を通じて，サブ・リージョナル・グループに共同対処し，韓国と密接な経済関係にあるアジア太平洋地域との協力関係を求めている．ここで，APEC に対する今後の韓国の役割および課題を以下の 3 点にまとめることにする．

　まず第 1 に，韓国は APEC の貿易投資委員会（CTI）の初代議長国として域内貿易・投資自由化のために APEC の活動を積極的に支持することが期待される．とくに域内の開発途上国が，投資自由化を活用して自国の産業構造の調整に必要な資本を誘致するように努力し，投資による技術移転の効果を極大化させる努力を続けることである．

　第 2 に，韓国は APEC 域内で発展途上国と先進国間の両者を仲立ちする仲裁者の役割が期待される．域内経済の多様性が尊重されざることを強調する上で，開発途上国がより積極的な姿勢で経済協力に臨むよう働きかけることである．はたして，韓国がこれをいかにスムーズに取り組んで政策面での良さを見せるかが韓国の APEC 戦略の効果に繋がっている．

　第 3 に，先進国市場の開放，すなわち日米市場の開放性に維持，または先進国からの技術移転など，双務的に解決が困難な懸案を APEC の枠内で論議できるように誘導し，これら諸懸案の解決のために，域内諸国間の政策協調を提案することである．

　要するに，「対外指向型経済成長政策」を堅持している韓国は，総貿易および外資流入の 70% 以上を APEC に依存しているため，域内の貿易投資自由化

が韓国経済に与える影響は大きい．このより大きな利益を得るためにも韓国は，APECにおいてより大きな役割を演じ，APECの発展のために発展途上国メンバーと先進国メンバーとの間に橋渡し役という本来の参加意図を遺憾なく発揮するべきである．

1) いわゆる「世界化」というのは，1994年，韓国の国家発展戦略の一環として打ち出された言葉である．意味としては，政治，経済，社会，文化などの全ての分野において，「世界一流」をめざそうとするものである．これは，世界が一つの地球村（Global Village）へと移行する過程の中で，韓国が世界一流にならなければ21世紀に向けて先進国への飛躍は不可能であり，生存自体が難しいという認識から出されたものである．また，「世界化」と「国際化」の差異点を次のように区分している．①「国際化」は経済的国境が存在し，関税主権，生産要素移動の制限権などの権利を主権国家が保有しているのに対し，「世界化」はいわゆる政治的国境は存在するし，関税・非関税障壁が完全に撤廃され，生産要素の自由な移動が保障されるとの，経済的国境は存在しない状態のことを指している．②「国際化」の規範がWTO協定だとすれば，「世界化」の規範はボゴール宣言である．③「国際化」が消極的・防衛的な概念の受動的な行動であるとすれば，「世界化」は積極的・攻撃的な能動的な行動である．換言すれば，「国際化」は激しい競争のなかで生存するための戦略であり，「世界化」はこうした競争から勝つための戦略である．以上の概念の整理は，1995年6月に行った韓国国際経済学会夏季政策セミナーで発表された韓国通商産業部次官（朴雲緒）の「韓国産業の世界化戦略」より．
2) 郷田正萬「APECにおける韓国の対応」『外交時報』1994年4月号によると，「北方外交：社会主義諸国との交流拡大外交の戦略」と「新外交：政治・経済に平行した外交戦略」の展開を韓国のAPEC参加への意義として提言している．
3) 韓国対外経済政策研究院，政策資料96-01,25ページ参照．
4) 韓国の対日貿易赤字は，変動があるものの増加基調にあって90年代に急速に貿易関係の不均衡が進展していることが分かる．しかし，その反面で韓国の資本形成や対日輸出入比率も増加している．もう少し詳細に見ると，対日赤字が増大するとそれに次いで国内資本形成が進展して，赤字がピークをこえ減少局面に入ると逆に対日輸出入比率が上昇をはじめ，そしてこれが低下し始めると再び対日赤字が上昇局面が入るという規則的な循環を確認することができる．すなわち，対日貿易赤字累積―国内資本形成進展―対日輸出入比率上昇という一連のサイクルが，起こっているということになる．
　　笠井信幸「日韓経済関係をどう読むか」（『東アジアレビュー』東アジア総合研究所，1997年2・3月合併号）9ページ．
5) 韓国貿易協会『貿易統計』1996年によると，1994年の韓国の対中国，カナダ，

シンガポール，タイの4カ国に対する総体的貿易収支は48.7億ドルの黒字になっている．

6) 韓国政府が実施している輸入先多角化品目制限は，事実上，対日輸出制限制度として機能し，80年11月から実施しているものであるが，韓国政府は，93年の同制度の品目数を5年間で半減することを決定．以降，95年1月に，26品目，同7月に21品目，96年1月に25品目を削減してきており，現在の輸入先多角化品目制度の対象品目は162品目となっている．しかし，本制度は明らかにWTO違反であるということで，日本からは同制度の即時撤廃を強く要求中．平成8年度『通商白書（各論）』283ページ参照．

7) 特に，東南アジアに対する製造業投資の業種別比重は，組立金属（29％），繊維衣類（15％），石油科学（11％）の順になっており，韓国の対東南アジアへの投資パターンが資源関連の労働集約的な単純製造業部門に偏っていることが特徴である．
韓国銀行『海外投資統計年報』1996年より．

8) 日本貿易振興会『世界と日本の海外直接投資』ジェトロ白書，1996年，168ページによると，外国投資の待遇措置も95年4月から大幅に強化され，高度技術を伴う外国投資に対し，例えば，従来事業開始年度とその後の3年間は100％免除，その後の2年間は50％減免することにした．また資本財導入時の関税について，従来の50％減免から100％減免に変更した．

9) 本論での分析方法は，韓国対外経済政策研究院の『政策資料96-01』の内容に基づいたものであり，統計資料，分析方法の仕方などは同研究院の同研究の出所であることをお断りしておく．

10) 金尚謙『APEC主要国の交易構造と自由化の経済効果』韓国対外経済政策研究院，1996年，67-75ページ．

11) 韓国はマニラ行動計画（MAPA）により，コメを除いたquter制度を2000年まで完全に撤廃し，輸出先多角品制度を99年まで廃止するなど14の部門での実行計画案を提出した．

12) ヴァイナーは関税同盟のもたらす効果を貿易創出効果（trade creation effect）と貿易転換効果（trade diversion effect）の2つの効果としてとらえて，貿易創出効果は比較優位による生産での特化が進展することになり，それは加盟国間の厚生を増加させるが，一方の貿易転換効果が貿易創出効果より大きくなると，加盟国の厚生は減少するとしている．関税同盟の静態的効果については以下の文章を参照されたい．
J.Viner,The Custom Union Issue,London : Cambridge,1950.

13) 地域ブロックが世界経済に与える影響については，
Paul Krugman,The Move Toward Free Trade Zone,Federal Reserve Bank of Kansas City,Economic Review, 76（6）1991, pp.5-25；韓国対外経済政策研究院，前掲書，55-58ページ参照．

14) より詳細な内容については，以下のものを参照されたい．
柳荘煕，前掲書，258-259ページ．

15) Ibid., pp.259-262.

16) 97年マニラ行動計画（MAPA）により韓国が約束した関税引き下げの部門においては，関税-97年1月より造船部門に対する無関税，非関税-コメを除いた数量制度を2001年まで撤廃，98年まで禁止補助金廃止，10品目に対する輸出自由規制，99年まで輸入先多角品制度禁止，などがある．
17) ジャー・ボン・ロウ「APECへ向けての韓国の戦略」『APEC：多様性のなかの協力報告書』アジア経済研究所，1996年3月．35ページ参照．
18) Ibid., p.36.
19) 柳莊熙，前掲書，260-261ページ参照．
20) より詳しいことは，ジャー・ボン・ロウ，前掲報告書，36ページ参照．
21) 現在APECのワークプロジェクトは10まで拡大されていて，その参加プロジェクト数は合計320にも達する．ほとんどが調査研究（プロジェクト件数113件），セミナー（同98件），出版（40），情報収集（26）であり，その大半が人材育成（108），エネルギー（44），テレコム（28）などに集中している．1件あたり支出額は2～5万ドルがもっとも多く，どのプロジェクトも提案国がコーディネーターになり，基本的に主要経費を負担している．韓国からの提案は22件で，オーストラリア（48），アメリカ（43），日本（26），カナダ（22）と並んでいる．経済技術協力の現状についてより詳しいことは以下の論文を参照されたい．山澤逸平「APECマニラ行動計画とアジア太平洋の経済秩序」『世界経済評論』1997年2月号，27ページ．

参 考 文 献

金尚謙『APEC主要国の交易構造と自由化の経済効果』韓国対外経済政策研究院，1996年．
柳莊熙『APECと新国際秩序』ナナム出版社（ソウル），1995年．
宮智宗七・大西健夫編『APEC日本の戦略』早稲田大学出版部，1995年．
青木健・馬場啓一『検証APEC』日本評論社，1995年．
陳文敬『APEC：亜太地区貿易と投資自由化の新良潮』中国対外経済貿易出版社，1996年．
斎藤優『国際開発論-開発・平和・環境-』有斐閣，1995年．
世宗研究所編『APEC発展と韓国の役割』ソウル，1994年．
韓国産業研究院編『製造業の海外直接投資の効率化方案』1992年．
韓国貿易振興公社編『APEC自由化展望と韓国の対応』1995年．
韓国法務部編『UR協定の法的考察（上）（下）』1994年．
韓国太平洋経済協力委員会編『APEC自由化と懸案課題』1993年．
経済企画庁調整局編『1996 APEC経済展望』1996年．
通商産業省編『通商白書（各論）』1996年．
日本貿易振興会編『世界と日本の海外直接投資（貿易編）』ジェトロ白書，1996年．
韓国銀行『海外投資統計年報』各年号．
韓国貿易協会『貿易統計』各年号．
韓国財政経済院『外国人投資動向』各年号．

山澤逸平「APECマニラ行動計画とアジア太平洋の経済秩序」『世界経済評論』1997年2月号.
笠井信幸「振興先進経済群(NAEs)化へ向かう韓国経済」『世界経済評論』1996年3月号.
郷田正萬「APECにおける韓国の対応」『外交時報』1994年4月号.
小井川広志「経済発展,輸入構造および技術変化」『国際経済』国際経済学会誌,第46巻第1号,1995年.
安忠栄「共生型大・中小企業関係の探索:韓・日・米比較の示唆点」『国際経済研究』韓国国際経済学会,第1巻第1号,1995年.
柳荘熙「WTO体制下の新通商政策の方向」韓国国際経済学会夏季政策セミナー資料,1995年6月.
ジャー・ボン・ロウ「APECへ向けての韓国の戦略」『APEC:多様性のなかの協力報告書』アジア経済研究所,1996年3月.
郭洋春「環太平洋経済圏のなかの韓国経済」国際経済研究会報告書,1995年10月.
韓国通商産業省「APEC第1次貿易投資委員会(CTI)及び高位幹部会議(SOM)結果報告書」1995年7月.
APEC, Implementing the APEC Vision, 3rd EPG Report, APEC Secretariat, Augest 1995.
OECD, Regional Integration and the Multilateral Trade System : Divergence and Synergy, OECD Secretariat, 1995.
The Instiute for International Economics, "Pacific Dynamism and the International Economic System," 1992.
Choong Yong Ahn, "Koria-Japan Partership in a Dynamic but Turbulent East Asian Economy" The International Economic, Japan International Economic Association, Vol.54, 2, 1996.
Ippei Yamazawa, "Japan-Koreann Partnership in a Dynamic Asia Pacific Econoy," Seminar Report on the Korea International Economic Association, 1995, 6.
Yoo, Jang-Hee, "A Future Perspective of APEC," Asian Economic Journal, Vol.9, No.1, March 1995.
Young, Soogil, Regional Integration : An East Asian Perspective, Seminar Proceedings, the Conference on Economic Cooperation in the Asia-Pacific Community, 1993, 11.

第 6 章

APEC の動向と現行国際通貨制度

はじめに

　国内，国際を問わず，経済取引における実物面と通貨面とはコインの表裏のように一体のものである．第二次大戦後の世界経済は，実物・貿易面での GATT と通貨・金融面での IMF との2頭立てで新たな道を踏み出した．これが GATT・IMF 体制とよばれる戦後の国際通商・通貨体制である．GATT は自由・無差別な貿易を基本理念とし，IMF は為替相場の安定と為替取引の自由化を目的として，戦後の世界経済の発展に大きく貢献してきた．

　ところが，2頭のうち，IMF に異常が生じたのである．IMF は通称金・ドル本位制といわれたように，米ドルによって支えられてきた．その米ドルが1971年8月に金との交換を停止したのである．これは戦後の IMF 体制の実質的な崩壊を意味した．その結果，先進主要通貨は73年初めにそれまでの米ドルを基軸通貨とするペッグ制（固定相場制）を放棄して，フロート制（変動相場制）へ移行した．そして，76年1月にジャマイカ・キングストンで開催された IMF 暫定委員会では，フロート制を追認すること，ペッグ制とフロート制のどちらを採用するかは加盟国の自由選択とすること，金の公定価格を廃止することなどが合意された（IMF 協定第二次改定）．こうして，世界は「海図なき航海」

ともいわれる総フロート制時代に入り，すでに4半世紀が経過しようとしている．

他方，GATT は，よりグローバルな世界貿易体制の再構築をめざして WTO へと衣替えした．しかし，その一方で，EU や NAFTA に代表されるような地域的な経済統合の動きもみられる．ときとして，APEC もその一つに数えられる向きもある．こうした世界経済の現状を踏まえながら，本章では APEC の現状を貿易と通貨の両面から検証しながら，その展望を多少なりとも試みようと思う．

第1節 APEC の発足と動向[1]

1. APEC 発足の前史

APEC 発足に先立つアジア太平洋地域の経済協力構想が，戦後の日本において最初に盛り上がったのは1960年代後半であった．当時一橋大学教授であった小島清氏は65年「太平洋自由貿易地域構想」を提唱した[2]．それは，アジア太平洋地域が EC の発足によってヨーロッパから締め出されるのではないかという懸念からであった．同教授の構想と当時外務大臣の三木武夫氏による「アジア太平洋構想」（67年）を基にして，68年に「太平洋貿易開発会議」が発足した．この会議は太平洋地域の経済協力問題に関心をもつ研究者によって構成された．同時に実業界にあっても，同地域における経済協力に対する関心が高まり，財界の調査機関である日本経済調査協議会が発表した報告書「太平洋経済協力の方向について」（62年5月）を契機として，「太平洋経済委員会」が67年に発足した．

アジア太平洋地域の経済協力構想が再び盛り上がったのは，70年代末から80年代初めにかけてであった．当時首相であった大平正芳氏は78年に「環太平洋連帯構想」を提唱した．大平首相は80年1月に同構想を携えてオーストラリアを訪問し，当時のオーストラリアの首相フレーザー氏と「太平洋共同セミナー」を提唱して開催した．同セミナーの開催を契機として，「太平洋経済協力会議」が発足した．同会議は財界，官界，学界の3者がすべて個人の資格

で参加して，太平洋地域の経済協力について話し合う場であった．

こうしたアジア太平洋地域における経済協力に対する70年代末から80年代初めにかけての動きは，60年代後半の動きとは経済的背景においてつぎの点で異なっていた．それは日本及びアジアNIEsが経済的に台頭してきたこと，アメリカの輸出市場としてのアジアの重要性が高まったことなどであった．

80年代後半以降になると，アジア地域でも東アジア諸国・地域を中心として，経済が急速に発展し，世界経済に占める地位も向上した．その過程で，後述するように，東アジア諸国・地域間の貿易依存度は上昇し，直接投資の拡大や技術移転の進展なども活発化して，これら諸国・地域の経済的な相互依存関係は緊密化していった．しかし，その裏で，これら諸国・地域がさらに発展していく上での課題もいくつか顕在化した．たとえば，アジア諸国・地域がアメリカ市場に過度に依存していること，これら諸国・地域間の貿易不均衡が大幅であること，技術力が不足していること，インフラ整備が遅れていること，経営者や技術者といった人材が不足していることなどである．

これらアジア諸国・地域は80年代になって，こうした課題の顕在化が同地域の経済発展を阻害する恐れがあるという認識をもちはじめた．同時に，一国のみでこれらの課題を解決するのは困難であり，関係諸国が協力して解決していくべきであるという認識ももたれはじめた．特に，この頃，アメリカが米加自由貿易協定（89年1月実施）を締結するなどの動きから，アメリカとアジアを結びつけるアジア太平洋地域という枠組みのなかでの経済協力の必要性が叫ばれた．この果実がAPECの発足であったといえるだろう．

2. APECの発足とその経過

1989年1月，当時オーストラリアの首相であったホーク氏は韓国を訪問した際に，アジア太平洋地域における閣僚級の会議を含む協議システムの創設を提唱した．その目的はウルグアイ・ラウンドを促進することや，同地域の貿易障壁の軽減及び共通の経済的利益の確認と政策協調の可能性などを協議することであった．

日本にあっては，当時首相であった竹下登氏が同年4月から5月にかけてASEAN諸国を歴訪した際に，アジア太平洋協力の3原則（ASEANの考え方を尊重すべきこと，世界に開かれた活力ある自由貿易体制を維持・強化すること，多面的かつ着実な協力を推進すること）を表明した．

これらの提唱及び表明を受けて，当時アメリカの国務長官であったベーカー氏は同年6月に，コンセンサスが得られるならばホーク首相の閣僚会議開催の提案を支持するとの演説をおこなった．また，同年7月にブルネイで開催されたASEAN拡大外相会議[3]でも，オーストラリア提案についての議論がおこなわれたが，参加国からの反対意見もなく，同提案は一気に現実味を帯びた．そして，同年8月には，ホーク首相から関係国首脳に対して，同年11月6,7日の閣僚会議開催に関する招待状と会議の議案が送られたのである．

こうして，第1回APEC閣僚会議は89年11月にオーストラリアで開催され，アジア太平洋地域で初めての政府レベルの会議が創設された．89年11月といえば，東西冷戦体制の象徴でもあったベルリンの壁が崩壊した年である．その意味で，この年は世界経済にとっても，そしてアジア太平洋地域にとっても，新しい経済秩序を模索する歴史的な第一歩であったように思われる．APEC発足後の経過についての概要は，つぎのようである[4]．

第1回閣僚会議（89年11月6〜7日，オーストラリア・キャンベラにて開催）

第1回は，アジア太平洋地域12カ国（ASEAN6カ国，日本，アメリカ，カナダ，オーストラリア，ニュージーランド，韓国）が参加して開催された．本会議ではAPECの継続的な開催，ASEAN域内と域外との交互開催，閣僚会議の準備とフォローアップを担う高級事務レベル会合の役割，開放的で相互平等な地域協力の原則，そして中国と香港と台湾の参加を前向きに検討することなどが合意された．特に，APECは外に開かれた地域協力をめざすべきであること，排他的な経済ブロックになってはならないこと，この地域の多様性から相互の意見を尊重しあって協力していくべきであること，という基本原則が合意された．この合意はAPECの性格を規定する上で意義深いものであった．

第 2 回閣僚会議（90 年 7 月 30～31 日，シンガポールにて開催）

同会議において特筆すべきことは，当時交渉が行き詰まっていた GATT ウルグアイ・ラウンドの成功に向けて強い政治的コミットメントが表明されたことと，高級事務レベル会合で合意された 7 プロジェクト（データ・レビュー，貿易振興，投資・技術移転，人材育成，エネルギー，海洋資源保護，テレコミの進捗状況）について了承されたことである．

第 3 回閣僚会議（91 年 11 月 12～14 日，韓国・ソウルにて開催）

同会議において注目すべき点は，中国と香港と台湾の参加が実現して，APEC は 15 カ国・地域に拡大したことである．このことによって，アジア NIEs 4 カ国が勢揃いし，アジア最大の経済ポテンシャルを有する中国の参加で，APEC の発展に拍車をかけることになった．また，今後の APEC の基本理念と目的と活動内容等をとりまとめた APEC ソウル宣言が採択された．さらにプロジェクトについても，新たに漁業，運輸，観光の 3 分野が追加されて，全部で 10 プロジェクトとなった．

第 4 回閣僚会議（92 年 9 月 10～11 日，タイ・バンコクにて開催）

同会議では，事務局の設置及び予算制度の創設といった APEC の機構化についての合意がなされ，事務局は 93 年 1 月よりシンガポールに設置し，初年度予算は 200 万ドルとすることが決定された．この他に，同地域の中期的な貿易の姿と制約要因等について検討するための賢人会議が設置された．

第 5 回閣僚会議（93 年 11 月 17～19 日，アメリカ・シアトルにて開催）

同会議での注目点は，議長国であるアメリカの意向を反映して，貿易・投資の自由化に最大の焦点があてられ，貿易投資委員会の設立について定めた「貿易投資枠組み宣言」が採択されたことである．その結果，通関手続きといった問題への対応や中小企業の貿易・投資の促進等について取り組むことになった．しかし，同地域を貿易・投資の障壁を下げるべき市場として位置付けるアメリカと，アメリカの性急な自由化要求に対して懸念を表明したアジアの途上国との相違が顕在化することになった．また，同会議において，メキシコとパプアニューギニアの参加が新たに認められ，APEC 参加国・地域は 17 とな

り，チリが94年の閣僚会議から参加することで合意した．

第1回非公式首脳会議（93年11月20日，アメリカ・シアトルにて開催）

APECは93年に新たな展開をみせた．それはアメリカのクリントン大統領が同年7月に日米を軸とした「新太平洋共同体」構想を打ち上げ，APECの首脳レベルへの昇格を提案したことであった．後者の提案はアメリカ・シアトルでの第5回閣僚会議直後に，第1回APEC非公式首脳会議として実現した．この首脳会議には，アメリカ主導によるAPECの運営に強い懸念を示したマレーシアと，新規加盟国のメキシコ及びパプアニューギニアを除いた14カ国・地域の首脳（香港は財務長官，台湾は経済建設委員会主任）が参加した．議題は21世紀に向けてのアジア太平洋地域の挑戦と機会，APECメンバーの取り組むべき優先課題，そして目標達成のための手段についてであった．

第6回閣僚会議（94年11月11～12日，インドネシア・ジャカルタにて開催）

同会議では，アジア太平洋地域の投資を促進することを目的とした「APEC非拘束投資原則」や「人材育成枠組み宣言」などが採択された．また，新たにチリが参加して，APECの参加国・地域は18となり，世界に占める割合はGNPで5割，人口及び貿易で4割，面積で3割を有する規模になった．

第2回非公式首脳会議（94年11月13日，インドネシア・ボゴールにて開催）

同会議において特筆すべき点は，通称「ボゴール宣言」が採択されたことである．同宣言はアジア太平洋地域の貿易・投資の自由化と今後の開発協力の方向性についてうたったものであり，先進国は2010年，途上国は2020年までに貿易・投資の自由化をめざす目標を設定した．しかし，その具体的な内容や進め方については次回の閣僚会議に持ち越された．

第7回閣僚会議（95年11月16～17日，日本・大阪にて開催）

同会議の最大のテーマは，「ボゴール宣言」を具体化するための「行動指針（アクション・アジェンダ）」の策定であった．すなわち，①貿易・投資の自由化を先進国は2010年，途上国は2020年までに達成，②税関手続きの簡素化

や製品の安全基準・規格の整合化などによる貿易・投資の円滑化, ③人材育成や科学技術などの経済・技術協力の3分野について, 中長期的な筋道を示すことであった. このうち①の推進策としては, 各国が自主的に目標を示して進める「協調的自主的行動」と, APEC全体で取り組む「共同行動」の2本立てとすることで合意した. 内容的には関税, サービス, 投資規制, 関税手続き, 知的所有権, 規制緩和などの15分野が検討されることになった. しかし, 自由化については例外なしとする意見と, 分野によっては配慮が必要とする意見とが対立した.

第3回非公式首脳会議（95年11月19日, 日本・大阪にて開催）

同会議は貿易・投資の自由化を達成するための筋道を示した「大阪行動指針」を採択し, 自由化を97年1月から実施するとの「大阪宣言」を発表した. その結果, 各国・地域はどれだけ具体的な自由化計画をつくることができるのかという課題を背負うことになった.

第8回閣僚会議（96年11月22～23日, フィリピン・マニラにて開催）

同会議では参加国・地域の政府が民間と連携しながら, 貿易・投資の自由化と経済・技術協力を一段と促進させるとの共同声明を採択し, 各国・地域は自由化のための個別行動計画（マニラ行動計画）を97年1月から実施することとした. 同時に, 途上国の自由化を支えるために, 従来型の先進国の援助とは異なる「相互尊重」「互恵」の立場で開発協力を促す「経済協力・開発の強化に関する宣言」も採択した. また, 中国のWTO加盟問題については明言を避けたものの,「あらゆる国・地域はWTOに加盟すべき」であるとして, 中国などの加盟に道を開く考えを示した. 同様に, 米中の駆け引きとなった情報技術協定問題など, 意見が対立したテーマについても踏み込んだ表現を避けた. 同会議は例年以上に米中の2大パワーに振り回されたものであった.

第4回非公式首脳会議（96年11月25日, フィリピン・スービックにて開催）

つづく首脳会議は「ビジョンから行動へ」と題した宣言を採択して閉幕した. 宣言では, 2020年の域内の貿易・投資の自由化に向けて, APECが民間

企業を完全なパートナーとして行動することを強調し，アジア太平洋地域の連帯性をうたっている．また，参加国・地域が具体的な自由化への取り組みとしてもち寄った「マニラ行動計画」を最初の一歩として評価し，今後見直しと協議をつづけながら拡充することを約束した．さらに，半導体などの情報技術関連製品の関税を2000年までに撤廃する情報技術協定については，同年12月9日からシンガポールで開催されるWTOの第1回閣僚会議までに締結するよう呼びかけた．そして，APECメンバーのWTO加盟については閣僚声明を踏襲し，中国のAPECを利用したWTO加盟戦略に弾みをつけた．異例なことは，いったん閣僚会議で決まったAPEC新規参加国・地域[5]のスケジュールが，マレーシア首相の早めるべきであるとの意見で，97年のカナダ会議までに見直すことが決まったことである．

3. APECの枠組みとその変質

以上のような歩みを経て進展してきたAPECであるが，その体質は年を重ねるにしたがって，つぎのように変化してきている．

APEC発足の背景はASEAN諸国において，その経済発展のなかで顕在化してきた人材やインフラの不足を日本やアメリカなどの先進国の協力で解消して，同地域における持続的な経済成長を図ろうとすることにあった．したがって，APEC発足当初の活動は，ASEAN諸国が関心を寄せる人材育成，投資・技術移転，貿易振興，エネルギーなどのプロジェクトの推進に重点が置かれていた．また，会議も参加国・地域が何らかの拘束を受けるような協定・条約の締結をおこなうのではなく，あくまでも合意の形成を目的とした「穏やかな協議体」としてスタートしたのである．

ところが，その後，APECはいくつかの点で変質してきた．第1は，参加国・地域の数が増加したことである．発足当初はASEAN6カ国と非ASEAN6カ国という構図であった．それが91年に中国と香港と台湾が参加し，93年にはメキシコとパプアニューギニアが加わり，94年にはチリが参加して，APECの地域的な構図が変化した．加えて，新たに参加を申請している国・地域が11

ある．このように，非 ASEAN 諸国が ASEAN 諸国に対して協力するという発足当初の構図は，APEC を活用して各国・地域の目的を達成しようとする構図に変わってきたといえるだろう．

　第2は，事務局の設置，予算制度の創設，高級事務レベル会合に対して勧告をおこなう行財政管理委員会の設置などにみられるように，APEC の機構化が進展しつつあることである．こうした動きは，事務処理の効率化を図る上で必要であるとはいえ，APEC が穏やかな協議体から組織体へと進みつつあるように思われる．

　第3は，APEC の活動及び組織が多重構造になって，政策決定のメカニズムが複雑化したことである．すなわち，発足当初は外務・通産大臣による閣僚会議を頂点として，その下に高級事務レベル会合や各プロジェクトが存在するのみであった．しかし，閣僚会議の上位に首脳会議が創設され，不定期ながら蔵相会議や環境担当大臣会議なども開催されて，組織・活動は複雑化の一途をたどっている．

　第4は，第5回閣僚会議（第1回非公式首脳会議）から顕在化してきているが，APEC が通商交渉の場になりつつあるということである．これはアメリカの意向が強く働いているものと思われるが，APEC の議題が貿易・投資の自由化などの政策論議に年々比重を移しつつあるということである．そのために，APEC を通してアジア諸国の市場開放を促進することに最大の力点を置くアメリカとアジア諸国との対立，あるいは域内の2大パワーである米中の対立という構図が目立つようになった．

　最後に，APEC は政治対話の場であるのか，経済政策の調整や共同研究をする OECD 型なのか，あるいは通貨統合までめざす EU 型になろうとしているのか，さらには地域貿易圏なのかというように，その方向性が不透明であることを指摘しておこう．

第2節　世界と APEC 域内の為替相場制度の動向

1. 国際通貨制度の現状

　ところで，通貨の異なる国家間で資金の国際移動がスムーズにおこなわれるためには，為替相場制度のあり方が重要な意味をもつ．前述したように，APEC が貿易・投資の自由化を推進しようとするなかで，このことと表裏一体関係にある為替相場制度が APEC 参加国・地域内でどのように展開し，将来どのような方向に進もうとしているのか．このことを検証する前に，現行の国際通貨制度の実態について概観しておくことにする．

　現行の国際通貨制度は総フロート制移行後，ペッグ制からフロート制までその中身も含めて実に多様化した[6]．すなわち，ペッグ制は単一通貨ペッグ制（対米ドル，対仏フラン，対その他通貨）と通貨バスケット・ペッグ制（対 SDR，対その他通貨バスケット）に分けられ，フロート制は限定的フロート制（単一通貨フロート制，共同フロート制）と弾力的フロート制（特定指標フロート制，管理フロート制，単独フロート制）とに分けられる．はじめに，ペッグ制について概説すると，単一通貨ペッグ制は文字どおり，ある単一通貨に自国通貨価値をペッグさせる為替相場制度である．その単一通貨は採用国と経済的政治的に密接な関係にある国の通貨が選択される．そうすることによって，この制度の採用国はペッグ先国との為替リスクを少なくして，ペッグ先国との貿易を促進することができるであろう．この制度の採用国は途上国に多く見られ，ペッグする単一通貨は主として先進国通貨が選ばれる．代表的には，米ドルと仏フランである．1995 年末ではこの他に，南アフリカ・ランド，印ルピー，独マルク，伊リラ，豪ドルが採用されている．過去には，英ポンド，スペイン・ペセタ，露ルーブル，エチオピア・ビルも採用されていた．

　通貨バスケット・ペッグ制は，自国通貨価値を複数通貨の加重平均値にペッグする為替相場制度である．この制度には，SDR ペッグ制とその他通貨バスケット・ペッグ制とがある．前者の制度においてペッグする SDR 価値は，74 年 7 月 1 日から 80 年末までは 16 カ国通貨の加重平均値，81 年 1 月 1 日以降

は主要先進5カ国通貨の加重平均値からなる標準バスケット方式によって設定されている[7]．これに対して，その他通貨バスケット・ペッグ制は採用国が独自にその通貨バスケットの中身を設定するが，採用国の多くはその中身を貿易相手国通貨の重要度に応じて設定しているようである．95年末現在，その他通貨バスケット・ペッグ制の採用国は19カ国と多いが，SDRペッグ制はミャンマーとリビアとセイシェルの3カ国のみである．

つぎに，フロート制についてであるが，限定的フロート制のうち，単一通貨フロート制は採用国の為替レートが米ドルに限定してフロートする為替相場制度である．この制度の採用国は95年末現在，アラブ首長国連邦，カタール，サウジアラビア，バーレーンの米ドル建て決済による石油輸出4カ国である．他方，共同フロート制は72年4月にEC6カ国によって共同フロート制（スネーク制）として発足し，その後，スネーク制を原則として79年3月に拡大EC12カ国によって再出発したEMSである．EMSは参加国間の為替レートを固定維持するために必要な為替市場介入資金を融資しあう相互資金援助制度と，ERMと呼ばれる為替市場介入に関する取り決めからなっている．しかし，EMS参加国以外の国の通貨に対してはフロートしているので，限定的フロート制に分類される．95年末現在，EMS参加国は旧EC諸国を中心とした西欧10カ国（ドイツ，フランス，ベルギー，オランダ，ルクセンブルク，デンマーク，オーストリア，アイルランド，ポルトガル，スペイン）である．

もう一方の弾力的フロート制のうち，特定指標フロート制は採用国が設定した特定指標に基づいて，為替レートを一定期間（2～3カ月）ごとに小刻みに調整する為替相場制度で，クローリング・ペッグ制とも呼ばれる．かつてはブラジル，チリ，コロンビア，ペルーなどが採用していたことから南米方式とも呼ばれたが，95年末ではチリとニカラグアの2カ国だけである．管理フロート制は採用国が独自に為替ガイドライン・レートを設定して，その為替レートを柔軟に管理する為替相場制度である．この制度の採用国の多くは実効為替レートを主要な指標としているようである．実効為替レートは他の国の通貨すべてに対する2国間為替レート指数の加重平均値であり，既述した複数通貨価

値の加重平均値による通貨バスケットと類似している．どちらの制度も採用国にかなりの裁量権が与えられていることから，運用面で国際的な非難を受けかねない．単独フロート制は完全フロート制とも独立フロート制とも呼ばれ，いかなる国の通貨及び通貨バスケットにもリンクせず，すべての国の通貨に対してフロートする為替相場制度である．とはいえ，現実には，通貨当局は為替レートの乱高下やオーバーシューティングを阻止するために為替市場に介入している．このことから日本などが採用しているフロート制を「管理フロート制」と呼ぶことがあるが，これは前述した管理フロート制とは「管理」の内容が異なっている．

このように，総フロート制移行後，現行の国際通貨制度は多様化したが，これら各種の為替相場制度が過去11年間においてどのように推移してきたかを，つぎに述べておくことにする．

2. 世界の為替相場制度の動向[8]

表6-1は1985～95年までの11年間において，IMF加盟各国で採用してきた為替相場制度がどのように推移してきたかを示したものである．特筆すべき点はつぎのようである．

第1は，ペッグ制の採用国が85年末の93カ国（以下構成比62.8％）から95年末の66カ国（36.7％）に激減したことである．この背景には，78年4月1日に発効したIMF協定第二次改定が考えられる．また，89年11月のベルリンの壁の崩壊後にみられる旧ソ連・東欧諸国の解体とその動向も，ペッグ制採用国とフロート制採用国の構成に大きな変化をもたらしたと思われる．ペッグ制採用国が激減した最大の要因は，単一通貨ペッグ制のうちの米ドル・ペッグ制の採用国が，85年末の31カ国（20.9％）から95年末の22カ国（12.2％）に激減したことにあった．こうした米ドル・ペッグ制離れの動きはアフリカ地域，東アジア地域，西アジア地域で目立っていた．その反面，仏フラン・ペッグ制は85年末以降，アフリカ14カ国によって固定している．

第2は，逆にフロート制の採用国が85年末の55カ国（37.2％）から95年

第6章 APECの動向と現行国際通貨制度 195

表6-1 世界の為替相場制度の動向

項　目	各種為替相場制度の採用国数及び構成比(%)の推移											採用継続年数及び国数		
種類＼年末	1985	1986	1987	1988	1989	1990	1991	1992	1993	1994	1995	23-20年	19-10年	10年未満
ペッグ制	93(62.8)	91(60.7)	92(61.3)	94(62.7)	91(60.3)	86(56.2)	80(51.6)	84(50.3)	73(41.7)	71(39.9)	66(36.7)	27	19	20
単一通貨ペッグ制	50(33.8)	50(33.3)	57(38.0)	55(36.6)	50(33.1)	45(29.4)	42(27.1)	50(29.9)	43(24.6)	46(25.9)	44(24.4)	22	11	11
うち対米ドル	31(20.9)	31(20.7)	38(25.4)	36(24.0)	31(20.5)	25(16.3)	24(15.5)	24(14.4)	21(12.0)	23(12.9)	22(12.2)	9	7	6
対仏フラン	14(9.5)	14(9.3)	14(9.3)	14(9.3)	14(9.3)	14(9.2)	14(9.0)	14(8.3)	14(8.0)	14(7.9)	14(7.8)	11	3	
対その他通貨	5(3.4)	5(3.3)	5(3.3)	5(3.3)	5(3.3)	6(3.9)	4(2.6)	12(7.2)	8(4.6)	9(5.1)	8(4.4)	2	1	5
通貨バスケット・ペッグ制	43(29.1)	41(27.4)	35(23.3)	39(26.1)	41(27.2)	41(26.8)	38(24.5)	34(20.4)	30(17.1)	25(14.0)	22(12.2)	5	8	9
うちSDR	11(7.4)	10(6.7)	8(5.3)	8(5.3)	7(4.7)	6(3.9)	6(3.9)	5(3.0)	4(2.3)	4(2.2)	3(1.7)	1	2	
その他通貨バスケット	32(21.6)	31(20.7)	27(18.0)	31(20.8)	34(22.5)	35(22.9)	32(20.6)	29(17.4)	26(14.8)	21(11.8)	19(10.6)	4	6	9
フロート制	55(37.2)	59(39.3)	58(38.7)	56(37.3)	60(39.7)	67(43.8)	75(48.4)	83(49.7)	102(58.3)	107(60.1)	114(63.3)	13	19	82
限定的フロート制	13(8.8)	13(8.6)	12(8.0)	12(8.0)	13(8.6)	14(9.2)	14(9.0)	13(7.8)	13(7.4)	14(7.9)	14(7.8)	7	4	3
うち共同フロート制	8(5.4)	8(5.3)	8(5.3)	8(5.3)	9(6.0)	10(6.6)	10(6.4)	9(5.4)	9(5.1)	10(5.7)	10(5.6)	5	2	3
単一通貨フロート制	5(3.4)	5(3.3)	4(2.7)	4(2.7)	4(2.6)	4(2.6)	4(2.6)	4(2.4)	4(2.3)	4(2.2)	4(2.2)	2	2	
弾力的フロート制	42(28.4)	46(30.7)	46(30.7)	44(29.3)	47(31.1)	53(34.6)	61(39.4)	70(41.9)	89(50.9)	93(52.2)	100(55.5)	6	15	79
うち特定指標フロート制	5(3.4)	6(4.0)	5(3.3)	5(3.3)	5(3.3)	5(3.3)	5(3.3)	3(1.8)	4(2.3)	3(1.7)	2(1.1)	1		1
管理フロート制	20(13.5)	21(14.0)	23(15.4)	22(14.7)	22(14.6)	23(15.0)	27(17.4)	23(13.8)	29(16.6)	31(17.4)	44(24.4)	2	6	36
単独フロート制	17(11.5)	19(12.7)	18(12.0)	17(11.3)	20(13.2)	25(16.3)	29(18.7)	44(26.3)	56(32.0)	59(33.1)	54(30.0)	4	8	42
世　界　計	148(100)	150(100)	150(100)	150(100)	151(100)	153(100)	155(100)	167(100)	175(100)	178(100)	180(100)	40	38	102

(資料) 1. 本表の「各種為替相場制度の採用国数と構成比」については、IMF, *International Financial Statistics* 各号より作成。
　　　 2. 本表の「採用継続年数と国数」については、IMF, *Annual Report on Exchange Restrictions* 各号と IMF, *International Financial Statistics* 各号より作成。
(注) 1. 本表の「世界計」は当該時点でIMFに採用している為替相場制度を報告した国のみの集計数であるために、IMF加盟国総数とは一致しない。
　　 2. 本表の調査時点は各国とも各年度12月31日現在である。
　　 3. 本表の「採用継続年数及び国数」とは、1995年末から遡って、同一の為替相場制度を同一国で連続的に採用してきた年数とその国数を示している。

末の114カ国（63.3%）に激増したことである．なかでも単独フロート制の採用国は，85年末の17カ国（11.5%）から95年末の54カ国（30.0%）へと増加した．特に増加した時期は85年末から91年末にかけての17カ国から29カ国と，92年末から94年末にかけての44カ国から59カ国であった．単独フロート制は，小国や途上国にとっては高いリスクとコストを伴うことから不向きであるといわれてきた．それにもかかわらず，95年末の単独フロート制採用54カ国のうち，20カ国がアフリカ地域，9カ国が中南米地域，8カ国が旧ソ連・東欧地域であった．こうした国々がなぜ単独フロート制へ走るのだろうか．それは，単独フロート制がいまやこれら諸国にとって行き場のない避難所的な役割を担っているからであると思われる．

　第3は，管理フロート制もフロート制採用国の激増に寄与していることである．管理フロート制は単独フロート制よりも早い時期から採用する国が多く，82年末にはすでに20カ国で採用していた．同時期，単独フロート制は8カ国にすぎなかった．その後，管理フロート制の採用国は多少の増減を繰り返しながらも，95年末には44カ国（24.4%）と飛躍的に増加した．このように急増した最大の要因は，旧ソ連・東欧8カ国が94年末までの単独フロート制から移行したことにあった．これら諸国が政治的経済的に不安定であることを考慮すると，管理フロート制の採用国が今後とも増加して，将来フロート制のなかでもっとも一般的な為替相場制度になると判断することはできないだろう．しかし，管理フロート制の採用国が旧ソ連・東欧諸国についで，経済発展の著しい東アジア諸国に多いことはきわめて注目に値する．特に，東アジア20カ国（北朝鮮とブルネイを除く）のうち，韓国，インドネシア，シンガポール，マレーシア，中国，ベトナム，カンボジアなど，近年めざましい経済成長を遂げてきている諸国を含む半数がこの制度を採用してきたことは，為替相場制度の選択と経済発展との係わりで軽視できない点であろう[9]．

　第4は，世界の為替相場制度の動向をその採用国数から判断すると，大勢としてペッグ制からフロート制へとシフトしているようにみえるが，その定着度（表6-1の採用継続年数及び国数）からみると，ペッグ制はフロート制よりも

はるかに定着度が高く，なかでも対米ドルと対仏フランの単一通貨ペッグ制の定着度の高さはきわだっていることである．すなわち，23～20年間にわたって継続的に単一通貨ペッグ制を採用してきた22カ国のうち，9カ国が米ドル・ペッグ制であり，アメリカと経済的政治的に関係の深い中東諸国と中米諸国が中心である．また，採用継続年数が19～10年のなかにも，やはりアメリカと密接な関係をもつ中米7カ国が含まれている．こうしたことから，中米諸国を中心とした米ドルによる通貨圏の形成は，混迷する現行の国際通貨制度にあって，今後いっそう強化されることも考えられる．同様のことは，仏フランについてもいえるだろう．仏フラン・ペッグ制を23～20年間にわたって継続的に採用してきた国は11カ国もあり，10年以上の採用国を合わせると14カ国にもなる．そのすべての国が旧フランス植民地であったアフリカ諸国である．これら諸国はCFAフラン（通称アフリカ・フラン）圏を形成し，仏フランと固定レートでペッグしている．

　第5は，逆に，世界の為替相場制度を全体的にみると，定着度の低さはペッグ制よりもフロート制の方がきわだっていることである．とりわけ，単独フロート制の定着度の低さは顕著である．すなわち，表6-1に示すように，単独フロート制の採用継続年数が20年以上の国は日本，アメリカ，カナダ，レバノンの4カ国にすぎないのに対して，継続年数が10年未満の国は42カ国にものぼる．そのうち，33カ国はなんと5年未満である．これら42カ国を地域的にみると，アフリカ16カ国，中南米8カ国，旧ソ連・東欧8カ国と，途上国あるいは金融・為替市場の未発達な国々が圧倒的に多い．

　その反面，イギリス，イタリア，スイス，スウェーデン，フィンランドの西欧5カ国が5年未満であることも特筆すべきことである．これは，EMSへの参加と離脱に揺れ動いているEUの内情とも無関係ではないだろう．換言すれば，これら諸国はEMSへの参加と離脱を睨みながら，単独フロート制を一時的な避難場所として利用している節がある．同様のことは前者の42カ国についてもいえるが，両者には大きな相違点がある．それは，後者のようにEMSという行く当てのある場とを往復する一時的な避難場所として単独フロート制

を利用している国と，前者のように行く場を失ってやむなく単独フロート制へ移行せざるをえないと思われる国との違いである．いずれにしても，単独フロート制の避難所的な役割はこの定着度分析によっても明らかであろう．

　第6は，管理フロート制についても同様に，各国でなかなか定着しきれないでいる実態が表6–1で読み取ることができる．前述したように，管理フロート制の採用国は確かに急増の傾向にあるが，それはごく最近のことである．すなわち，採用の継続年数が10年未満である36カ国のうち，実際には29カ国がここ1～3年の間に管理フロート制へ移行した国である．これに対して，継続年数が20年以上の国は2カ国にすぎない．しかし，ここで再度注目しておきたい点は，管理フロート制の採用継続年数が19～10年の採用6カ国のうち5カ国が東アジア諸国であり，5～19年の採用13カ国のうち8カ国が同じく近年めざましい経済発展を遂げてきている東アジア諸国であるということである．

　以上の諸点から，世界の為替相場制度の動向をつぎのように要約することができるだろう．すなわち，世界の為替相場制度の趨勢はペッグ制からフロート制へと移行しているかのように思われる．ところが，実質的には必ずしもそうとはいいきれない．というのは，ペッグ制とフロート制とをその定着度でみた場合，フロート制の定着度はペッグ制よりもきわめて低いからである．低い定着度のフロート制のなかでも，単独フロート制と管理フロート制の定着度の低さはきわだっている．反対に，定着度の高いペッグ制のなかでも，単一通貨ペッグ制（特に，米ドル・ペッグ制と仏フラン・ペッグ制）の定着度の高さがきわだっている．したがって，現行の国際通貨制度が名実ともにフロート制へ移行したとはいいがたく，大多数の国で右往左往しているのが実態であるといえるだろう．

3. APEC域内の為替相場制度の動向

　それでは，APEC参加国・地域における為替相場制度の現状はどうであろうか．

　表6–2はAPEC18参加国・地域のうち，現在IMFに加盟している15カ国

第6章 APECの動向と現行国際通貨制度　199

表6-2　APEC参加15カ国の為替相場制度の動向

種類＼年末	1985	1986	1987	1988	1989	1990	1991	1992	1993	1994	1995
ペッグ制	5カ国	4カ国	3カ国	3カ国	3カ国	3カ国	3カ国	3カ国	2カ国	1カ国	1カ国
バスケット・ペッグ制 その他通貨制	タイ マレーシア パプアニューギニア シンガポール 中国	タイ マレーシア パプアニューギニア シンガポール	タイ マレーシア パプアニューギニア	タイ マレーシア パプアニューギニア	タイ マレーシア パプアニューギニア	タイ マレーシア パプアニューギニア	タイ マレーシア パプアニューギニア	タイ マレーシア パプアニューギニア	タイ パプアニューギニア	タイ	タイ
フロート制	10カ国	11カ国	12カ国	12カ国	12カ国	12カ国	12カ国	12カ国	13カ国	14カ国	14カ国
特定指標フロート制	チリ メキシコ	チリ メキシコ	チリ メキシコ	チリ メキシコ	チリ メキシコ	チリ メキシコ	チリ メキシコ	チリ メキシコ	チリ メキシコ	チリ	チリ
管理フロート制	韓国 インドネシア 中国	韓国 インドネシア 中国	韓国 インドネシア 中国 シンガポール	韓国 インドネシア 中国 シンガポール	韓国 インドネシア 中国 シンガポール	韓国 インドネシア 中国 シンガポール マレーシア	韓国 インドネシア 中国 シンガポール マレーシア	韓国 インドネシア 中国 シンガポール マレーシア	韓国 インドネシア 中国 シンガポール マレーシア	韓国 インドネシア 中国 シンガポール マレーシア	韓国 インドネシア 中国 シンガポール マレーシア
単独フロート制	アメリカ 日本 カナダ フィリピン オーストラリア ニュージーランド	アメリカ 日本 カナダ フィリピン オーストラリア ニュージーランド	アメリカ 日本 カナダ フィリピン オーストラリア ニュージーランド	アメリカ 日本 カナダ フィリピン オーストラリア ニュージーランド	アメリカ 日本 カナダ フィリピン オーストラリア ニュージーランド	アメリカ 日本 カナダ フィリピン オーストラリア ニュージーランド	アメリカ 日本 カナダ フィリピン オーストラリア ニュージーランド	アメリカ 日本 カナダ フィリピン オーストラリア ニュージーランド	アメリカ 日本 カナダ フィリピン オーストラリア ニュージーランド	アメリカ 日本 カナダ フィリピン オーストラリア ニュージーランド メキシコ パプアニューギニア	アメリカ 日本 カナダ フィリピン オーストラリア ニュージーランド メキシコ パプアニューギニア

(資料) IMF, *International Financial Statistics* 各号より抽出作成.
(注) 1. APEC参加国・地域のうち, IMF非加盟国である台湾, 香港, ブルネイは除く.
　　 2. 各国各年度の各種為替相場制度はその年末時点での採用で記載している.

が過去11年間において，どのような為替相場制度を採用してきたのかを示したものである．同表から判読できる諸点を列挙すると，つぎのようである．

第1に，APEC参加国・地域の為替相場制度は，ペッグ制の採用国の激減が世界の動向よりも顕著であるということである．総フロート制移行後の1970年代におけるアジア諸国は，その大多数の国がペッグ制を採用し，そのほとんどの国が米ドル・ペッグ制であった．たとえば，韓国（73～79年），中国（73～78年），インドネシア（73～77年），そしてタイ（73～77年）がそうであった．加えて，メキシコ（73～75年）とオーストラリア（73年）も当初は米ドル・ペッグ制を採用していた．しかし，これら諸国もその後つぎつぎと米ドル・ペッグ制から離脱して，現在APECのなかで米ドル・ペッグ制を採用している参加国・地域はなくなった．

第2は，世界の動向と同じように，APEC参加国・地域においてもフロート制の採用国が急増したことである．特に，単独フロート制の採用国は95年末現在で8カ国と，APEC参加国・地域のなかで最も採用国の多い為替相場制度である．このうち，アメリカと日本とカナダの3カ国は総フロート制移行後から23年間にわたって継続的に単独フロート制を採用してきたが，他の国は必ずしもそうではなかった．たとえば，フィリピンは総フロート制移行後1年だけ単独フロート制を採用していたが，その後管理フロート制へ移行し，単独フロート制へ復帰したのは85年からである．オーストラリアの場合は，米ドル・ペッグ制（73年）からその他通貨バスケット・ペッグ制（74～75年）へ移行し，さらに管理フロート制（76～82年）へ移行し，そして83年から単独フロート制へ移行した．また，ニュージーランドの場合は，その他通貨バスケット・ペッグ制（73～78年）から管理フロート制（79～84年）へ移行し，そして85年に単独フロート制へ移行した．メキシコとパプアニューギニアも表6-2で示すように，他の為替相場制度から単独フロート制へ移行した．このように，アメリカと日本とカナダを除く各国が単独フロート制を採用したのは83年以降であり，それも複数の為替相場制度を経験してきた末での移行であった．

第3は，世界の動向と類似しているが，管理フロート制の採用国が単独フ

ロート制についで多いということである．特に，その採用国がAPEC参加国・地域のなかでアジア諸国のみであることは，再三述べてきたように，これら諸国における近年の経済発展との係わりで注目に値することである．このうち，韓国は73〜79年まで米ドル・ペッグ制を採用したあと，80年以降継続して管理フロート制を採用してきた．インドネシアの場合は，米ドル・ペッグ制（79〜77年）から単一通貨フロート制（78〜82年）へ移行し，83年から管理フロート制を採用した．中国の場合は，米ドル・ペッグ制（73〜79年）からその他通貨バスケット・ペッグ制（80〜85年）へ移行し，86年から管理フロート制へ移行した．シンガポールの場合は逆に，単独フロート制（73〜74年）からその他通貨バスケット・ペッグ制（75〜86年）へ移行したあと，87年から管理フロート制へ移行した．同様に，マレーシアも単独フロート制（73〜74年）からその他通貨バスケット・ペッグ制（75〜92年）へ移行したあと，93年から管理フロート制へ移行した．こうしてみると，APEC参加国・地域における管理フロート制の採用は，米ドル・ペッグ制から管理フロート制への移行と単独フロート制から管理フロート制への移行とに大別されるだろう．その中継ぎとして，その他通貨バスケット・ペッグ制が採用されるケースが多いことも特筆すべきことである．

　これらのことから，APEC参加国・地域の為替相場制度はタイ（その他通貨バスケット・ペッグ制採用）とチリ（特定指標フロート制採用）を除けば，管理フロート制採用国グループと単独フロート制採用国グループとに分けられる．それは同時に，日本とフィリピンを除けば，アジア・グループと非アジア・グループとに分けることもできる．このことは，最近のAPEC会議で目立ちはじめたASEAN加盟国を中心としたアジア諸国と，アメリカを中心とした非アジア諸国との対立にあい通じるところがあるように思われる．

第3節　APEC域内の貿易・通貨体制の現状と展望

1.　APECの選択——リージョナリズムかグローバリズムか

　以上の論点を踏まえながら，つぎにAPEC域内における貿易問題と通貨問

題を一体化させて考えてみることにする．そこでまず，基本的理念としての APEC のあるべき方向性について私見を述べておくことからはじめる．

B．バラッサは地域的経済統合をその進展段階によって，つぎの5段階に分けた[10]．すなわち，①自由貿易地域——域内において関税などの貿易障壁をすべて撤廃して，単一の生産物市場を形成しようとするものであり，代表的には EFTA（1960年発足），LAIA（80年発足）があり，近年では NAFTA（94年発足）がある．ASEAN（67年発足）もこれに準ずると考えることもできるだろう．②関税同盟——歴史的にはいずれの統合よりも先行しており，古くはドイツ関税同盟（1834年発足）がよく知られている．関税同盟と自由貿易地域の違いは，前者は加盟国すべてが域外共通関税をかけるのに対して，後者は加盟国がそれぞれ独自に域外関税を設けていることである．第二次大戦直後には主としてヨーロッパやアフリカで12の関税同盟があったといわれ，EC は68年に関税同盟を実現させた．③共同市場——統合化の対象が生産物にとどまらず，労働や資本などの生産要素にまで及び，制度面の共通化なども含んでいる．EC は92年末までに共同市場を完成させた．④経済同盟——加盟国が財政政策（税制・国家予算を含む）や金融政策（中央銀行と共通通貨の創設を含む）や産業政策などに関して統一的な政策を実現させるものである．EC は93年11月のヨーロッパ連合条約（マーストリヒト条約）の発効によって，地域的経済統合を共同市場から経済同盟に進めるべき EU を発足させ，99年には創設予定の共通通貨ユーロの導入に向けて完成段階に入っている．⑤完全な経済統合——これらに政治的統合が含まれた場合，地域的経済統合は最終段階を達成したことになる[11]．

このような地域的経済統合の図式のなかで，APEC 自体は現在までところ，この図式のどこにも該当していないといえるだろう．というのは，APEC は EU や NAFTA のような協定・条約に基づく統合体でないからである．現段階の APEC は会議による全会一致方式に基づく「緩やかな協議体」であり，声明や宣言の内容はあくまでも自発的な努力目標であって，参加国・地域はそれに拘束されないからである．こうした APEC のあり方については，参加国・地域

内において賛否両論がある．たとえば，アメリカなどはAPECの制度化や機構化を推進して，拘束力のある協定などに基づく地域的経済統合をめざす立場に立つのに対して，中国やASEAN諸国の一部は緩やかな協議体に留まるべきであるという立場をとっている．

そこで，APECはどうあるべきかということになるが，つぎのような理由によって，「新しい地域的経済統合」をめざすべきであると考える．ここでいう新しい地域的経済統合とは，APEC発足当初の「開かれた地域主義」を基本理念とした「緩やかな協議体」を堅持することを意味している．その第1の理由として，APECは経済発展段階，経済規模，政治・経済体制，宗教，社会・文化的伝統など多くの面で著しく異なる国・地域の集合体であるということである．また，APECは南北問題を内部化しているといわれるように，少数の先進国と多数の途上国とが混在している集合体でもある．このような集合体を一律の協定・条約で拘束することには無理があるように思われる．

第2の理由も類似しているが，APECはASEANやNAFTAなどに加えて，これとは性格の異なる，自然発生的に形成された局地経済圏の集合体でもあるということである．その例としては，華南経済圏（中国広東・福建両省と台湾，香港によって形成），成長の三角形（シンガポールとマレーシア・ジョホール州及びインドネシア・バタム島にまたがる地域），バーツ経済圏（タイを中心としたインドシナ3国に拡がる地域）などがある．これらの経済圏は市場経済に基づく民間企業の経済活動から自然発生的に形成されたものであるといわれている．したがって，APECは，これらの局地経済圏の経済活動を制度化された地域的経済統合によって阻害してはならないように思われる．

第3の理由として，APEC参加国・地域の多くはこれまで，GATTの理念に基づくグローバルな世界貿易体制のもとで高い経済成長を遂げてきた．したがって，APEC参加国・地域が今後とも高い経済成長を維持するためには排他的な地域的経済統合でなく，WTOのもとで自由な貿易・投資の拡大を図っていく「開かれた地域主義」を貫くことが不可欠であるように思われる[12]．このことは，つぎの視点からも明らかであろう．

2. APEC 域内の貿易拡大と為替相場制度の選択

表6-3 は，APEC 参加各国・地域（ブルネイ[13]を除く）の世界貿易に占めるシェアを 5 年間隔で示したものである．同表からはつぎのことが指摘できよう．

表6-3 APEC 参加国・地域の対世界貿易比率

(単位：％)

項目・年度 国 名	世界貿易総額に占めるシェア			世界輸出総額に占めるシェア			世界輸入総額に占めるシェア		
	1985	1990	1995	1985	1990	1995	1985	1990	1995
アメリカ	15.5	13.3	13.5	12.1	11.5	11.7	18.8	15.1	15.2
カナダ	4.7	3.7	3.6	5.0	3.7	3.8	4.3	3.6	3.3
メキシコ	1.0	0.9	1.0	1.2	0.8	1.0	0.7	0.9	0.9
チ リ	0.2	0.2	0.3	0.2	0.2	0.3	0.2	0.2	0.3
日 本	8.4	7.7	7.8	9.8	8.4	8.9	6.9	6.9	6.6
中 国	1.9	1.7	2.8	1.5	1.8	3.0	2.3	1.6	2.5
韓 国	1.7	2.0	2.6	1.7	1.9	2.5	1.7	2.0	2.7
台 湾	1.4	1.8	2.1	1.7	2.0	2.2	1.1	1.6	2.0
香 港	1.7	2.4	3.7	1.7	2.4	3.5	1.6	2.4	3.8
シンガポール	1.4	1.7	2.5	1.3	1.5	2.4	1.4	1.8	2.5
マレーシア	0.7	0.9	1.5	0.8	0.9	1.5	0.6	0.9	1.5
インドネシア	0.8	0.9	0.9	1.1	0.8	0.9	0.5	0.6	0.8
タ イ	0.5	0.9	1.3	0.4	0.7	1.1	0.5	1.0	1.5
フィリピン	0.3	0.3	0.5	0.3	0.2	0.4	0.3	0.4	0.6
オーストラリア	1.4	1.2	1.2	1.3	1.2	1.1	1.4	1.2	1.2
ニュージーランド	0.2	0.3	0.3	0.0	0.3	0.3	0.3	0.3	0.3
パプアニューギニア	0.0	0.0	0.0	0.0	0.0	0.1	0.0	0.0	0.0
合 計	41.4	39.4	45.7	40.1	38.3	44.7	42.6	40.5	46.7

(資料) 1985 年については，IMF, *International Financial Statistics*, December 1990, 1990 年については IMF, *ibid*, Dec. 1995, そして 1995 年については IMF, *ibid*, July 1996 によって算出作成．

第 1 は，APEC 参加国・地域の世界貿易に占めるシェアが著しく高まったことである．すなわち，世界輸出総額に占めるシェアは 1985～95 年の 10 年間で 4.6 ポイント，世界輸入総額に占めるシェアは 4.1 ポイント上昇した．これを EC 加盟国[14]の世界貿易に占めるシェアと比較してみると，EC は同じ 10 年間で世界輸出総額に占めるシェアが 2.9 ポイント（80 年 36.1％→90 年 39.0％）

上昇したにすぎず,世界輸入総額に占めるシェアは-0.7ポイント(80年39.5→90年38.8%)と低下した．APEC参加国・地域における世界貿易のシェアがいかに拡大したかを知るであろう．

第2は,APEC参加国・地域の世界貿易が拡大したとはいっても,それは域内全体でみた場合である．国・地域別にみると,10年間で世界貿易総額に占めるシェアが上昇した参加国・地域グループ(韓国,台湾,香港,シンガポール,中国,マレーシア,タイ)と,低下した参加国・地域グループ(アメリカ,カナダ,日本)と,横ばいの参加国・地域グループ(メキシコ,チリ,インドネシア,フィリピン,オーストラリア,ニュージーランド,パプアニューギニア)との3グループに分極化している．こうしたことから,APECは経済発展の著しいアジアの新興工業国・地域と,経済成長に伸び悩んでいる先進国と,その両者の狭間でもがいている国というサンドイッチの構図が浮かび上がってくる．この構図は本章2節で述べたように,そのままAPEC首脳・閣僚会議における複雑な対立としてあらわれているように思われる．

第3として,こうしたAPECの貿易構造は,貿易と表裏の関係にあるAPECの為替相場制度にもあらわれている．すなわち,表6–2で示したように,世界貿易総額に占めるシェアが上昇したAPEC参加国・地域グループの多くは管理フロート制を採用し,低下した参加国・地域グループ及び横ばいの参加国・地域グループの多くは単独フロート制を採用している．後者のうち,シェアが低下したアメリカ,カナダ,日本は73年にフロート制へ移行したあと一貫して単独フロート制を採用してきたが,シェアが横ばいにある国は他の為替相場制度をいくつか渡り歩いてきた末に単独フロート制へ移行している．シェアが横ばいの国は為替相場制度の選択においても,シェアが上昇したグループと先進国との狭間に陥っているように思われる．

3. APEC域内の日米貿易依存の低下と為替相場制度の多様化

表6–4と表6–5は,APEC参加国・地域間の主要輸出・輸入先比率を示したものである．この2つの表から指摘できることは,つぎの諸点である．

表6-4 APEC参加国・地域間の主要輸出先比率

(単位：%)

主体＼相手先	年度	アメリカ	日本	中国	韓国	台湾	香港	シンガポール	マレーシア	タイ	インドネシア	フィリピン	カナダ	オーストラリア	APEC内計	APEC外計
アメリカ	1985		10.6		2.8	2.2	1.3	1.6					22.2	2.6	43.3	14.6
	90		12.4		3.7	2.9	1.7	2.0					21.1	2.2	53.2	16.2
	94		10.4		3.5	3.3	2.2	2.5					22.3	1.9	56.0	13.1
日本	1985	37.1		7.1	4.0	2.9	3.7	2.2	1.2	1.2	1.2	0.5	2.6	3.1	66.8	8.4
	90	31.5		2.1	6.1	5.4	4.6	3.7	1.9	3.2	1.8	0.9	2.3	2.4	65.9	13.3
	94	29.7		4.7	6.2	6.0	6.5	5.0	3.1	3.7	1.9	1.5	1.5	2.2	72.0	9.9
中国	1985	8.6	22.3		―	―	26.1	7.5	0.7	0.4	0.4	1.1	0.8		67.9	6.0
	90	8.6	14.8		0.7	0.5	43.7	3.3	0.6	1.4	0.6	0.3	0.7		75.2	6.8
	94	17.7	17.8		3.6	1.9	26.7	2.1	9.3	9.6	0.9	0.4	1.2		91.2	8.4
韓国	1985	35.6	15.0			0.6	5.2			0.5	0.6		4.1		61.6	7.9
	90	29.9	19.4			1.9	5.8			1.5	1.7		2.7		62.9	9.9
	94	21.4	14.1			2.8	8.3			1.9	2.6		1.4		52.5	8.2
台湾	1985	48.1	11.3		0.8		8.3	3.5	0.8			3.1		75.9	6.3	2.6
	90	32.3	12.4		1.8		12.8	4.5	2.1			2.3		68.2	10.8	10.1
	94	26.2	11.0		1.9		22.9	6.0	2.6			1.6		72.2	7.7	8.6
香港	1985	14.0	5.2		3.7	4.1		4.2					―		74.9	2.6
	90	21.2	5.9		3.1	5.1		3.0					1.6		66.7	10.1
	94	22.2	5.8		1.7	2.4		2.1					1.5		69.8	8.6
シンガポール	1985	21.2	9.4	43.7		1.8	6.4		15.5	4.2				3.3	63.3	8.2
	90	21.3	8.7	26.8		3.6	6.5		13.1	6.6				2.5	63.8	9.5
	94	18.8	7.0	34.1		4.0	8.7		19.8	5.6				2.4	68.5	8.0
マレーシア	1985	12.8	24.6	1.5	5.9	2.3	1.3	19.4		3.4				1.7	72.4	13.8
	90	16.9	15.3	1.5	4.6	2.2	3.2	23.0		3.5				1.7	72.5	12.1
	94	21.2	11.9	2.2	2.8	3.0	4.6	20.7		3.8				1.6	72.9	10.3
タイ	1985	19.7	13.4	1.0	1.9	1.6	4.0	7.9	5.0				1.2		54.7	16.8
	90	22.7	17.2	2.1	1.7	1.5	4.5	7.4	2.5				1.3		58.8	18.4
	94	23.3	18.0	3.3	1.3	2.3	5.3	9.7	2.7				1.4		64.0	12.9
インドネシア	1985	21.7	46.2	0.5	3.5	1.9	1.9	8.7						0.8	85.2	5.7
	90	13.1	42.5	3.2	5.3	3.3	2.4	7.4						1.6	78.8	9.9
	94	16.8	30.9	3.8	6.8	5.1	3.0	7.4						2.0	75.8	13.6
フィリピン	1985	35.9	19.0	1.8	1.6	1.9	4.1	5.4		1.8			1.6		73.1	9.9
	90	37.9	19.8	0.8	2.8	2.6	4.0	2.9		1.9			1.5		74.2	11.8
	94	38.5	15.0	1.2	2.2	3.4	4.8	5.3		1.9			1.4		73.7	11.7

(資料) 日本については大蔵省『外国貿易概況』(1994年12月版)、その他の国については日本銀行国際局『外国経済統計年報』(1994年版) によって算出作成。

(注) 1. APEC内計は、同表に記載された主要輸出国先の数字を合計したものである。
2. アメリカのAPEC内計はメキシコを含む。また、空欄は無を意味しない。
3. APEC外計は、アメリカ、日本、中国、台湾、韓国、フィリピンについては英・独・仏・伊の4カ国合計、香港については英・独・仏の3カ国合計、シンガポールについては英・独・仏・サウジアラビア・クウェートの5カ国合計、マレーシアについては英・独・オランダ・インドの4カ国合計、タイ、インドネシアについては英・独・仏・伊・オランダの5カ国合計である。

第6章 APECの動向と現行国際通貨制度 207

表6-5 APEC参加国・地域間の主要輸入先比率

(単位:％)

主体 相手先	年度	アメリカ	日本	中国	韓国	台湾	香港	シンガポール	マレーシア	タイ	インドネシア	フィリピン	カナダ	オーストラリア	APEC内計	APEC外計
アメリカ	1985		20.0		3.0	4.9	2.5	1.2		0.8		1.0	19.2	0.8	51.6	15.8
	90		18.0		3.7	4.6	1.9	2.0		1.8		0.9	18.1	0.9	55.2	14.9
	94		17.8		3.0	4.1	1.5	2.3		3.0		1.0	19.1	0.5	55.6	13.3
日本	1985	20.0		5.0	3.1	2.6	0.6	1.2	3.3		7.8		3.7	5.7	54.8	5.5
	90	22.3		5.1	5.0	3.6	0.9	1.5	2.3		5.4		3.6	5.3	57.7	12.5
	94	22.8		10.0	5.0	3.9	0.8	1.7	3.0		4.7		3.3	5.0	64.2	10.1
中国	1985	12.3	35.9			—	11.3	0.6	0.5	0.6	0.8	0.2	2.7		64.9	11.4
	90	12.4	14.4		0.4	4.2	27.3	1.6	1.6	0.7	1.6	0.2	1.2		65.6	13.3
	94	12.1	22.8		6.3	12.2	28.2	2.1	1.4	0.7	1.4	0.2	0.2		87.6	12.0
韓国	1985	21.1	24.3			1.1	1.4			0.5	2.2		2.0		52.6	6.9
	90	24.3	26.6			2.1	0.9			0.7	2.3		2.1		59.0	9.9
	94	21.1	24.8			1.8	0.6			0.6	2.8		2.0		53.7	10.3
台湾	1985	23.6	27.6		0.9		1.6	3.8	0.7			1.8		60.0	7.9	
	90	23.0	29.3		2.5		2.6	4.4	0.8			1.5		64.1	10.5	
	94	21.1	29.0		3.5		1.8	5.6	1.3			1.5		63.8	10.8	
香港	1985	9.5	23.1	25.5	3.6	9.0		4.9							75.6	8.1
	90	8.1	16.1	36.8	4.4	9.0		4.1							78.5	8.0
	94	7.1	15.6	37.6	4.6	8.6		5.0							62.9	7.0
シンガポール	1985	15.2	17.1	8.6		3.3	1.9		14.4	2.1				2.7	65.3	13.2
	90	16.0	20.2	3.4		4.3	3.1		13.6	1.9				1.9	65.2	15.1
	94	15.3	22.0	2.8		3.8	3.4		16.4	4.8				1.5	70.0	12.6
マレーシア	1985	15.3	23.0	2.0	2.2	2.7	1.7	15.8		3.5				4.1	70.3	11.9
	90	16.9	24.2	1.9	2.5	5.6	1.9	14.8		2.4				3.4	73.6	12.7
	94	16.6	26.7	2.3	3.2	5.1	2.0	14.1		2.5				3.0	75.5	11.4
タイ	1985	11.4	26.5		2.0	3.1	1.2	7.4	5.9				1.2	1.7	60.4	11.8
	90	10.8	30.4		3.1	5.2	1.9	7.4	3.4				1.1	1.7	64.3	11.5
	94	11.4	30.6		3.8	4.7	1.7	4.7	4.9				0.7	2.0	64.5	11.8
インドネシア	1985	16.7	25.7		2.0	2.8	0.5	8.2					1.9	4.5	62.3	15.3
	90	11.5	24.8		4.5	6.1	1.2	5.8					1.9	5.5	61.3	16.4
	94	10.1	27.6		9.1	5.2	3.3	5.8					1.2	5.2	67.5	16.4
フィリピン	1985	25.1	14.0	5.4	4.0	3.4	3.9	2.4		1.0			0.7		59.9	6.8
	90	19.5	18.4	1.4	3.8	6.4	4.4	3.9		1.2			1.4		60.4	8.4
	94	18.5	24.2	1.4	5.2	5.6	5.1	6.6		0.9			0.7		68.2	7.3

(資料) 表6-4と同じ。
(注) 1. APEC内計は、同表に記載された主要輸出国先の数字を合計したものである。
2. アメリカのAPEC内計はメキシコを含む。また、表中の空欄は必ずしも無を意味しない。
3. APEC外計は、アメリカ、日本、中国、韓国、台湾、マレーシア、タイ、フィリピンについては英・仏・伊の4カ国合計、香港については英・仏・伊・独の4カ国合計、スイスの4カ国合計、シンガポールについては英・仏・サウジアラビア・クウェートの5カ国合計、インドネシアについては英・独・伊・仏・オランダの5カ国合計である。

第1は，APEC域内における貿易比率がきわめて高いことである．輸出入ともに，APEC参加各国・地域における域内比率は，1985年のアメリカを除いて5割を超している．なかでも，94年の中国の域内輸出比率は9割を超す高い水準である．

　第2は，APEC域内における日米貿易依存が全体として高いことである．なかには，中国のように輸出入ともに日米よりも香港との貿易依存が高く，香港は輸出入ともに中国との貿易依存が圧倒的に高い国もある．また，台湾のように輸入については日米依存が高いが，輸出についてはアメリカについで香港への依存が高い国もある．さらに，シンガポールのように近年では輸出についてはマレーシアへの依存を高め，輸入については日本についでマレーシアへの依存を高めている国もある．同様に，マレーシアも近年では輸出についてはアメリカについでシンガポールへの依存を高め，輸入についても日米についでシンガポールへの依存を高めている国もある．しかし，全体としては，APEC域内貿易における日米の存在は依然として大きい．

　第3は，その日米間の貿易に変化がみられることである．すなわち，アメリカの対日本・カナダ輸出入依存はAPEC域内では圧倒的に高いが，輸出については対日本・カナダ依存が横ばいであるのに対して，対韓国・台湾・香港・シンガポール依存は上昇傾向にある．日本の場合は対米輸出依存を急速に低下させて，対中国・香港・シンガポール・マレーシア・台湾・タイなどへの輸出依存を高めてきている．このように，APEC域内における両先進国はいずれもアジアのAPEC参加国・地域に接近している．それでは，そのアジアのAPEC参加国・地域はどうであろうか．

　そこで最後に，日米に対するアジアのAPEC参加国・地域についてみると，意外にも日米離れが目立つ．たとえば，85年と94年で比較した輸出についてみると，韓国，台湾，シンガポール，インドネシアは対米依存を低下させ，中国，韓国，台湾，シンガポール，マレーシア，インドネシア，フィリピンは対日依存を低下させている．同様に輸入についてみると，中国，台湾，香港，インドネシア，フィリピンは対米依存を低下させ，中国，香港は対日依存を低下

させている.

　このように，アジアのAPEC参加国・地域は日米貿易依存を低下させている一方で，アジアのAPEC参加国・地域どうしの相互依存を高めようとしている．たとえば，85年と94年で比較した輸出のみについてみると，中国は対香港・日本との高い依存関係を対アメリカ・マレーシア・タイ・韓国・台湾・インドネシア・カナダへとシフトさせている．韓国は従来の日米依存を低下させる一方で，対台湾・香港・タイ・インドネシアとの依存関係を高めようとしている．シンガポールも同様に日米依存を低下させる一方で，マレーシアを筆頭にして対中国・台湾・香港・タイとの依存を高めようとしている．マレーシアの場合には対日依存が低下する一方で，シンガポールを筆頭にして対アメリカ・中国・台湾・香港・タイとの依存を高めようとしている．インドネシアの場合には対日米依存が大幅に低下している一方で，対中国・韓国・台湾・香港・オーストラリアとの依存を大幅に高めてきている．逆に，タイの場合には日米依存を大幅に高めながらも，対台湾・香港・シンガポールとの貿易依存も高めている．フィリピンもほぼ同様に，対日依存は低下したものの，対米依存を高めながら対韓国・台湾・香港・タイとの依存も高めている．こうしてみると，アジアのAPEC参加国・地域は日米一辺倒の貿易でなく，その貿易相手国を徐々に多様化してきていることを知るだろう．

　こうしたアジアのAPEC参加国・地域における貿易相手国の多様化は，実はこれら諸国が選択した為替相場制度と合致しているのである．すなわち，日米依存あるいは対日依存，対米依存を低下させて貿易相手国を多様化してきている中国，韓国，シンガポール，マレーシア，インドネシアは，例外なく管理フロート制を採用している．日米依存を高めながら貿易相手国を多様化しようとしているタイは，その他通貨バスケット・ペッグ制を採用している．また，対日依存を低下させて対米依存を高めながら貿易相手国を多様化しようとしているフィリピンは，単独フロート制を採用している．

　管理フロート制は既述したとおり，その採用国の多くは実効為替レートを主要な指標とする為替ガイドライン・レートを独自に設定して，その為替レート

を柔軟に管理している．実効為替レートは貿易相手国の通貨に対する為替レート指数の加重平均値であるから，米ドル・ペッグ制のような単一通貨ペッグ制とは異なり，貿易相手国の多様化に順応できる為替相場制度である．したがって，日米貿易依存を薄めて，貿易相手国の多様化を図っている国々が管理フロート制を採用するのは頷けるだろう．

また，タイが複数通貨価値の加重平均値によるその他通貨バスケット・ペッグ制を採用するのも頷けるだろう．なぜならば，タイが日米依存を高めながら貿易相手国の多様化を図ろうとするのであれば，一方で為替リスクの少ないペッグ制を採用する必要があるだろうし，他方で通貨バスケット方式を採用することによって貿易相手国の多様化に対応できると考えられるからである．そして，対米依存を高めながら貿易相手国の多様化を図ろうとしているフィリピンは単独フロート制を採用しているが，フィリピンが採用している単独フロート制の実態は後述するように，日本やアメリカが採用しているものとは大いに異なり，米ドルを中心とした管理フロート制ないし単一通貨フロート制に近い為替相場制度である．

4. APECの選択──単一通貨圏か複数通貨圏か

こうしたことから，APEC域内の貿易構造と通貨体制の現状は，つぎの4つのグループから成る構図によっているといえるだろう．すなわち，第1グループは世界貿易に占めるシェアが拡大した国・地域→管理フロート制採用国・地域（中国，韓国，台湾[15]，香港[16]，シンガポール，マレーシア），第2グループは世界貿易に占めるシェアが横ばいの国→単独フロート制採用国（フィリピン，オーストラリア，ニュージーランド，パプアニューギニア，メキシコ），第3グループは世界貿易に占めるシェアが縮小した国→単独フロート制採用国（日本，アメリカ，カナダ），第4グループは上記の3グループに属さない国で，インドネシア（世界貿易に占めるシェアが横ばいの国→管理フロート制採用），タイ（世界貿易に占めるシェアが拡大した国→その他通貨バスケット・ペッグ制採用），チリ（世界貿易に占めるシェアが横ばいの国→特定指標フ

ロート制採用）である．第1グループの多くは日米貿易依存を低下させながら貿易構造を多様化させてきている国である．また，第2グループと第4グループ（インドネシアを除く）の多くは対日米あるいは対日，対米貿易依存が高い国である．

　ところで，APEC 参加国・地域が採用している為替相場制度の運用の実態はどうであろうか[17]．まず第1グループの多くの国・地域が採用している管理フロート制であるが，たとえば，韓国は前日の銀行間相場を取引額で加重平均したウォンの対米ドル相場を基準相場として，ここから一定の範囲内で当日の銀行間相場を決定している．シンガポール通貨管理局は主要貿易通貨の加重調整バスケットに対するシンガポール・ドル相場を監視し，介入通貨である米ドルとその他のすべての通貨に対するシンガポール・ドル相場は為替市場で自由に決めている．マレーシア・リンギは主要貿易相手国及び決済通貨に対して加重調整した通貨バスケットを基準にして決定され，介入通貨である米ドルに対するリンギ相場は為替市場において決定し，マレーシア中央銀行は通貨バスケットに対するリンギ相場の日々の不安定な変動を相対的に安定させる目的でのみ市場介入している．

　第2グループに属する多くの国が採用している単独フロート制は，たとえば，フィリピンの場合には為替相場を為替市場の需給関係に基づいて決定しているが，当局は為替市場の秩序維持や中期的政策目標に従い，必要に応じて市場介入しており，ペソの対米ドル相場が前日の終値から上下 1.5% を超えて変動した場合には，銀行間取引を2時間停止する制度を導入している．第3グループが採用している単独フロート制は，たとえば，日本の場合には為替相場を為替市場における需給関係に基づいて決定しているが，当局は市場秩序の混乱に対処するために必要に応じて市場介入しており，そのさいの主な介入通貨は米ドルである．アメリカも同様に為替相場を為替市場の需給関係によって決定しているが，為替市場の混乱に対処する必要がある場合には市場介入している．やはりカナダも同様であり，その主な介入通貨は米ドルである．

　第4グループのタイが採用しているその他通貨バスケット・ペッグ制である

が，バーツの為替レートはタイの主要貿易相手国の調整通貨バスケットとその他の要因に基づいて決定されている．これが管理フロート制と異なるのは，為替平衡基金が基準通貨である米ドルに関して，同基金と一般商業銀行間の売買相場を毎日発表していることである．さらに，同基金は米ドル，独マルク，日本円，マレーシア・リンギ，英ポンド，シンガポール・ドルによる一般顧客との取引において，商業銀行が守らなければならない公定相場（最低買い相場と最高売り相場）を毎日発表していることである．また，チリが採用している特定指標フロート制についてであるが，チリ・ペソは米ドルを基準通貨とするリンク制で，公定為替相場は前月の国内インフレ率から推定国際インフレ率を引いた相場を基礎にして定めた表に従って，毎日調整されている．そして，公認の外国為替取扱機関及び業者はいかなる相場でも自由に取引きすることができるが，公定為替相場の上下限に達した場合には中央銀行が為替市場に介入する．

こうしてみると，フロート制へ移行した現行の国際通貨制度にあっても，米ドルはAPEC域内においてなお基準通貨あるいは介入通貨として広く機能していることをあらためて知るだろう．だからといって，APECが米ドルによる単一通貨圏を形成しているわけでもないし，今後もその可能性があるというわけでもないだろう．なぜならば，既述したように，APEC域内にはドル離れして貿易相手国の多様化を図ろうとしている参加国・地域が多くみられるからである．かつてAPEC域内においても多くの参加国・地域が採用していた米ドル・ペッグ制が完全に姿を消して，通貨バスケット方式によるペッグ制ないしフロート制などに取って代わったことも，その一つのあらわれだろう．

それでは，APEC域内においてアメリカにつぐ貿易相手国である日本円による単一通貨圏の形成が可能であるかというと，その可能性も低いように思われる．その理由として，円通貨圏がAPEC域内あるいはアジア地域に出現するためには，円が国際通貨のもつ諸機能を発揮して国際化する必要がある．現段階でのアジアにおける円はその使用において，日本との貿易取引に限定されていること，資本取引も日本の公的部門である経済援助関連が中心であること，そしてこの両者に伴う公的部門の準備通貨として円がアジア各国・地域で保有

されているのが現状である．こうした現状から脱却して，円通貨圏がAPEC域内あるいはアジア地域に形成されるためには，円が日本との貿易取引以外でも各国・地域で媒介通貨として広く使用されること，さらには市場介入通貨として使用されることなどが要求されるだろう[18]．その点では，APEC域内における円の地位は現在なお米ドルの足元にも及ばないだろう．こうしたことから，APEC域内における米ドルないし日本円による単一通貨圏の形成は当面不可能であり，したがって，ドル・円複数通貨圏の形成も考えにくいだろう．

むすびに代えて

以上の論点を整理して，本章のむすびとする．

本章第1節では，APECの問題をその発展史を通じて通商面から接近してみた．ここで浮き彫りになったことはつぎの点である．①発足当初のAPECはASEAN6カ国と非ASEAN6カ国で構成され，前者において顕在化しはじめていた人材やインフラなどの不足を後者（特にアメリカ，日本など先進国）の協力によって解消し，同地域における持続的な経済成長を図ることに狙いがあった．②その後参加国・地域が増加して，APECは参加各国・地域間の利害対立－アメリカ（先進国）とアジア諸国（途上国）の対立，あるいはアメリカと中国の対立の場に変質してきた．この傾向は参加申請11カ国の処遇しだいではいっそう強まると予想される．③また，APECは会議による全会一致方式に基づく「穏やかな協議体」としてスタートしたが，事務局の設置や予算制度の創設，行財政管理委員会の設置などによって「組織体」へと変質してきた．こうした動きに対して，本章第3節1では，APECが政治，経済，社会，宗教，文化など様々な面で大きく異なる国・地域の集合体であること，少数の先進国と多数の途上国とが混在している集合体であること，ASEANやNAFTAなどに加えて自然発生的に形成された同地域内の局地経済圏の集合体であることなどから，一律な協定・条約によって制度化された地域的経済統合としてのAPECは相応しくなく，協議体であるべきことを指摘した．こうしたAPECの集合体性は，第3節2，3で検証したAPEC参加国・地域における貿易相手国の多

様性傾向にも通ずる．

　本章第2節では，APECの通貨問題を域内における為替相場制度面から接近してみた．ここで明らかになったことはつぎの点である．①APEC域内ではペッグ制の採用国が世界の動向よりも著しく減少したこと，②なかでも，総フロート制移行後，大多数の国・地域で採用していた米ドル・ペッグ制の採用国が激減したこと，③逆に，APEC域内でもフロート制の採用国が激増したこと，④特に単独フロート制の採用国が最も多く，ついで管理フロート制の採用国が多いこと，⑤しかも，管理フロート制の採用国はAPEC域内においてはアジア諸国のみであり，それも近年著しい経済発展を遂げている国・地域であることなどである．そこで，第3節2，3では，APEC参加国・地域の貿易構造と為替相場制度との関連を検証してみた．その結果，つぎのような構図が浮かび上がった．すなわち，APEC参加国・地域のなかで，①世界貿易に占めるシェアの上昇グループ→管理フロート制採用→貿易相手国の多様化→日米依存の低下，②シェアの低下グループ（アメリカ，日本，カナダ）→単独フロート制採用→アジア諸国への接近，③シェアの横ばいグループ→単独フロート制採用→高い日米依存，④シェアの横ばいグループ→その他為替相場制度採用→高い日米依存というように，APECは4つの異なる通商・通貨グループによって構成されている．ここでもAPECの集合体性が明示され，この集合体性こそがAPECの通商・通貨体制の現状であり特性であるといえるだろう．

1) 佐々木孝明「APECの仕組みと経緯」青木健・馬田啓一編著『検証APEC』日本評論社，1995年，第1章参照．
2) 小島清『太平洋経済圏の生成』世界経済研究協会，1980年は，アジア太平洋版OECDともいうべき「太平洋貿易開発機構」を提唱し，同地域における途上国の経済水準の向上を目的とした先進国による政府間協議の必要性を説いた．
3) 同会議はASEAN 6カ国（シンガポール，インドネシア，マレーシア，タイ，フィリピン，ブルネイ）と非ASEAN 6カ国・地域（日本，アメリカ，カナダ，オーストラリア，ニュージーランド，EU）が参加しておこなわれた．
4) 第1～6回までのAPEC閣僚会議及び第1～2回までのAPEC非公式首脳会議の

概要については佐々木孝明「前掲論文」参照，第7〜8回閣僚会議及び第3〜4回非公式首脳会議については「日本経済新聞」参照．
5) APEC参加申請国・地域は，インド，パキスタン，マカオ，モンゴル，ペルー，ロシア，パナマ，コロンビア，スリランカ，ベトナム，エクアドルの11である．
6) 以下の論点の詳細については，倉科寿男「世界の外国為替相場制度（上）（下）」『世界経済評論』世界経済研究協会，1995年10，11月号，同「世界の為替相場制度の動向と展望」『経済学論纂』（中央大学）第37巻第5・6合併号，1997年参照のこと．
7) 16カ国通貨とは，74年7月1日から78年6月末までは米ドル，英ポンド，独マルク，仏フラン，日本円，伊リラ，加ドル，豪ドル，オランダ・ギルダー，ベルギー・フラン，スウェーデン・クローネ，オーストリア・シリング，ノルウェー・クローネ，スペイン・ペセタ，デンマーク・クローネ，南アフリカ・ランドであり，78年7月1日から80年末までは上記のうちのデンマーク・クローネと南アフリカ・ランドがサウジアラビア・リアルとイラン・リアルとに入れ替わった．また，5カ国通貨とは，米ドル，英ポンド，独マルク，仏フラン，日本円である．
8) 以下は，倉科寿男「前掲論文（1995年）」「前掲論文（1997年）」の論点を要約したものである．
9) この点についての詳細は，打込茂子・村上美智子・萩原陽子「東アジア諸国における為替相場政策と円の役割」東京銀行調査部『東銀経済四季報』1995年秋，及び倉科寿男「アジア諸国の為替相場制度と経済発展」土屋六郎編『アジア太平洋経済圏の発展』同文舘，1997年，第6章参照．
10) B. バラッサ，中島正信訳『経済統合の理論』ダイヤモンド社，1963年．
11) 斎藤優「地域経済統合」土屋六郎編著『国際経済学』東洋経済新報社，1997年，第7章参照．
12) 以上の論点については，馬田啓一「APECと今後の世界貿易体制」青木・馬田編著『前掲書』第10章，池本清「グローバリズムとリージョナリズム」『世界経済評論』，1997年2月号参照．
13) 1994年におけるブルネイの対世界輸出シェアは0.05%，対世界輸入シェアは0.07%であった．また，同国における同年の主要輸出先シェアは日本49.9%，イギリス19.2%，タイ9.8%，主要輸入先シェアはシンガポール28.5%，イギリス18.9%，アメリカ13.2%であった．日本貿易振興会監修『The World 1996』（世界各国経済情報ファイル）参照．
14) ここでいうEC加盟国は，ベルギー，デンマーク，フランス，ドイツ，ギリシャ，アイルランド，イタリア，ルクセンブルク，オランダ，ポルトガル，スペイン，イギリスの12カ国である．
15) 台湾の為替相場制度については，交流協会『台湾の経済事情』（1996年9月）参照．
16) 香港の為替相場制度については，IMF, *Annual Report on Exchange Arrangements and Exchange Restrictions*, 1995参照．
17) 為替相場制度の運用の実態については，IMF, *ibid*, 1995参照．

18) 中條誠一「アジアにおける円の国際化と円通貨圏」土屋編著『前掲書』第9章参照.

〔1997年2月脱稿〕

第 7 章

東アジア通貨圏と円の国際化

はじめに

　1985年9月のプラザ合意以降の急速な円高・ドル安は，わが国経済だけでなく，東アジアの経済発展にも大きな影響を及ぼした．なかでも日本，米国，東アジアといったAPEC地域に属する国・地域の貿易構造や直接投資先への影響は大きい．日米を含む18カ国から構成されるAPECは「開かれた地域主義」をうたっているものの，環太平洋地域での地域主義は強まる傾向にある．

　今日の世界経済の特徴としては，グローバル化の進展とともにリージョナリズムが台頭していることがあげられる．例えば，EU（欧州連合），NAFTA（北米自由貿易協定），そしてAFTA（ASEAN自由貿易地域）といった，欧州，北米，アジアの三極構造である．地域経済統合の段階としてはEUが最も経済統合が進んでおり，AFTAはNAFTAほどの地域統合のレベルには達していないが，東アジアにおける経済統合を考える上で重要な位置にある．

　EUにおいては，1999年1月より参加条件を満たした11カ国で欧州通貨統合がスタートし，共通通貨"ユーロ"が導入され，EUの金融政策の運営については欧州中央銀行が担っている．ここで，EU，米国，日本のGDPおよび人口の規模についてみると，1996年のEU（ユーロランド11カ国）のGDPは

6.74兆ドル，米国は7.58兆ドル，日本は4.38兆ドル，人口はそれぞれ2.87億人，2.63億人，1.25億人と，EUと米国のGDPと人口の規模はほぼ同じである．したがって，ユーロはそのスタート時点から国際通貨として出発しているために，今後基軸通貨としての米ドルの相対的な地位の低下が予想されることから，日本円が国際通貨としてどのような位置づけとなるかが関心の的になっている．

アジア地域は1980年代後半から90年代半ばにかけて劇的な経済成長を遂げ，地域内でもブロック経済圏が成立している状況にある．世界貿易の拡大にともなって，通常の外国為替取引や資本取引が膨らむ一方，デリバティブ（金融派生商品）の登場などによる投機資金の巨大化で，為替相場は不安定性を増している．

1997年7月にタイで発生した通貨・金融危機は，インドネシア，マレーシア，韓国といった東アジア諸国へと波及した．これは，ほとんどの東アジア諸国が通貨バスケット制を採用し，事実上，米ドル・ペッグ制であったために，95年秋以降の急速な円安・ドル高の影響が顕著に表れた結果となった．このような観点からも，東アジア地域における為替レート制度の見直しとともに，国際通貨制度の安定性，すなわち決済制度の安定性を考えることの重要性がここにある．このような状況のなかで，安定成長を続けようとする世界経済，そして東アジア経済にとっては，安定的な国際通貨制度の構築が課題である．

益村（1988）においては，最適通貨圏の観点から，EC（欧州共同体，現在のEU）におけるEMS（欧州通貨制度）のような形で，アジア地域におけるASEAN通貨圏構想の実現可能性について議論した．当時の1980年代後半は，アジアNIEs諸国が著しい経済成長を遂げているなか，ASEANの経済は最適通貨圏の条件を満たすほどには経済が成熟しておらず，その構想は非現実的であるとの結論に達した．それは，プラザ合意以降の急速な円高・ドル安による影響が東アジア地域に十分に浸透する前に著したものであることによるが，その後日本と東アジア諸国との経済関係はさらに深まっていることから，本稿では，東アジア地域における通貨圏の議論のなかでも，とくに円圏の可能性があ

るかどうかについて検討することを目的とする．ここで，東アジアとは，NIEs（韓国，台湾，香港，シンガポール），ASEAN（タイ，マレーシア，インドネシア，フィリピン），および中国を指す．

第1節　東アジア通貨圏をめぐる議論

　日本が1980年代後半に世界最大の債権国となった頃から，円が国際通貨としての機能を高め，世界の基軸通貨の一翼を担うことにより，アジアを中心とした「円圏」を形成すべきであるとの議論が高まってきた．これは，現在のドルを基軸通貨とする国際金融システムでは，米国の経済的動揺はそのまま国際金融システム全体に伝わるために，アジアにおいて円圏が形成されればそのような状況が緩和され，国際金融システムの安定性につながるというメリットを強調した議論である．

　東アジア通貨圏をめぐる議論について代表的なものを紹介するとつぎのようなものがある．ここで東アジア通貨圏とは，①東アジアにおける通貨同盟，②東アジア諸国における為替レートの相互の固定，③東アジア諸国通貨間のターゲット・ゾーン制度の形成を指し，必ずしも円圏に規定した議論ではない．国際金融システムの観点からの議論として，鈴木（1987）は，パックス・アメリカーナに代わるものは，多極的な国際協調システムであり，米ドル，日本円，ECUを基軸通貨とする「三極通貨制度」をめざすべきであり，日本はそのなかで積極的に国際公共財を供給することを考えねばならないとする．岩田（1988）は，国際通貨価値の安定に関しては，米ドル，日本円，ECUによる「オリゴポリー」に基づく「複数基軸通貨制度」を確立すべきであるとし，その時日本は「円通貨圏」を西太平洋地域に確立することが求められ，また三通貨間のレートの調整は「穏やかな形でのターゲット・ゾーン制度」を採用することが望ましいとする．一方，価値尺度としての国際通貨の安定性は，パラレル・カレンシーの導入（欧州ではECU，円通貨圏ではACU（アジア版ECU），世界レベルではバスケット通貨としてのSDRの活用）によって達成されるとする．

　次に最適通貨圏からの議論として，Bayoumi and Eichengreen（1994）は，需要

側と供給側のショックによる影響を分析した結果，供給面でのショックに関して，日本，韓国，台湾の3カ国と，香港，インドネシア，マレーシア，シンガポールの4カ国は，それぞれ対称性が高く，需要面でのショックに関しても後者のグループにおいて対称性が高いために両グループは最適通貨圏の条件を満たしているとの結論である．また，Goto and Hamada(1994)は，日本を分析対象に含めておらず円圏の議論が中心ではないが，アジア地域が最適通貨圏の条件を満たしているとの結論に達している点は興味深い．彼らの研究は，アジア各国間と欧州各国間を比較すると，主要経済指標（貨幣供給，金利，消費者物価指数，実質経済成長率，投資の対GNP比など）の連動性については，アジア各国間にも欧州各国間とほぼ同程度の連動性があり，一方，実物的ショックと貨幣的ショックについては，アジア各国間の実物的ショックは欧州のそれよりも対称的であるが，貨幣的ショックは欧州のそれとほぼ同程度の対称性がみられるとの分析結果から，アジア地域が最適通貨圏の条件を満たしているとの結論に達している．そして関(1995)は，最適通貨圏の条件の一つである経済構造の同質性に焦点をあてて分析した結果，日本の貿易構造は発展段階の進んでいるNIEsの4カ国との同質性が比較的高いことから，日本とNIEsは一つの最適通貨圏を形成する可能性が高く，また急速に経済発展が進み，NIEsの段階にさしかかっているマレーシアとタイが次の候補となると結論している．

一方，円圏の可能性は小さいとする議論として，次のものがある．富田(1994)は，東アジア地域において円がドルに替わる国際通貨となる可能性は高いものの，円を中心とする通貨圏が形成される素地は乏しいとしている．河合(1994)もまた円圏の可能性は小さいとする．それは，GDPで通貨圏の規模を測った場合，米ドル圏の相対的規模は46％，ユーロ圏は35％，円圏は18％であり，しかも日本以外の円圏の規模が極めて小さいとの試算結果がその根拠にある．アジア各国にとって最も合理的な為替レート制度は，それぞれが類似の通貨バスケット（円，ユーロ，ドルを含む）を設定し，そのバスケットに対してみずからの通貨をルーズな形で安定化させることを提案している．

Taguchi(1994)は，太平洋地域（日本，米国，アジア各国）の外的ショック

の影響について分析した結果，アジア各国の金利と株価は日本よりも米国との連動性が強いものの，1980年代前半から後半にかけては日本との連動性も強くなってきていることから，今後，日本とアジア各国との相互依存関係がさらに強まるにつれて，通貨統合の可能性が出てくるとの結論に達している．その他のアジア通貨圏をめぐる議論として興味深いものとしては，近藤（1996）のように，米ドル，円，中国元，韓国ウォン，タイバーツなどのAPEC主要国の通貨カクテルといった「APEC共通通貨単位」の創設を提案しているものや，アジア版ECUつまりACUの創設を提案する議論もいくつかある．

以上のように，アジア通貨圏をめぐる議論としては，円圏の創設の段階まで至らなくともいくつかの議論があるが，その前段階として円の国際化を進展させることによる為替レート制度の安定化をはかることの重要性も窺える．ここで，円の国際化と円圏についての議論を区別しておく必要がある．前者は国際通貨としての機能と役割の観点からの議論であり，後者はある地域またはいくつかの国々の間で資源配分の効率性とマクロ経済の安定性を基準とする最適通貨圏の観点からの議論である．このように円圏をめぐる議論は，日本と東アジア地域との経済関係が緊密化するのに伴って盛んに行われるようになったが，最初に東アジア地域で円が国際通貨としての機能を果たしているのかどうかについての議論を中心に展開する．

第2節　円の国際通貨化と円の使用状況

1.　国際通貨としての円の機能

円の国際化が議論にのぼるようになったのは，1984年5月の「日米円・ドル委員会報告書」および「金融の自由化，円の国際化についての現状と展望」を受けて，1985年3月に「円の国際化について」の答申が出されてからである．この答申において，円の国際化のもつ国内的側面（わが国企業の為替リスク管理や資金調達の容易化など）と国際的側面（基軸通貨であるドルの補完としての意義）が認識され，円の国際化の意義を踏まえた積極的な金融・資本市場の自由化が進められた．ここで，円の国際化とは，「国際取引における円の

使用割合や資産保有における円建て比率の高まり」(大蔵省『国際金融年報』)と定義される．円の国際化とは，日本の国内通貨である円が国際通貨として用いられることを意味し，通貨の基本機能である①計算単位（価値尺度），②取引手段（決済手段），③富の保蔵手段の一部または全部を，円が国際取引に関しても果たすようになることである．円の国際通貨としての機能について，これらの基準に則して以下で順次考察する．

① 国際取引における計算単位または価値尺度としての機能

民間部門にとっては貿易取引の表示・決済通貨を意味し，公的部門にとっては平価の設定や為替レート政策運営上の基準となる通貨の機能を意味する．

日本の円建て輸出入契約の割合や国際間の資金貸借契約が円建てで行われる割合が増加すれば，契約通貨としての円の国際化が進んでいることになる．円建て契約の増加は日本企業の情報コストを低下させることから，日本の企業にとって有利な状況になる[1]．

② 国際取引の決済手段としての機能

民間部門にとっては外国為替市場における媒介通貨を意味し，公的部門にとっては外国為替市場における介入通貨を意味する．

支払い通貨としての円の使用が増大しているならば，円の国際化が進展していることになる．これは，個人および企業にとって取引コストの低下を意味する．また，外国の通貨当局の外国為替市場への介入通貨として（公的機関による取引手段である）円を使用している割合が多ければ，円の国際化は促進される．さらに，一国が国際通貨を発行するようになると，通貨発行権に伴う利益（シニョレッジ・ゲイン）を享受することができる．

③ 国際的な富の保蔵手段（投資通貨）としての機能

民間部門にとっては，国際金融・資本取引における契約通貨を意味し，公的部門にとっては準備通貨となる．

円が国際取引の決済に用いられるようになると，外国の民間経済主体は，資産としての円建て流動資産を保有するようになる．これは，他の通貨を円

に交換することは取引費用がかかるからである．

　円の国際化によって経常・資本取引は多様化し，海外での円資産の保有の増加は短期的には円高要因となる．ただし，円のまま流出し，海外での円資産のストックが増加した場合には円売り圧力となり，円安要因となる．海外での円資産保有が増加すれば，円の国際流動性は高まり，ドルの短期資産と金利・為替の裁定が働くように，ドルと円との資産の代替性が高まることになる．そしてこれは輸出入決済通貨としての円の使用を高めることにつながるのである．

2. 東アジアにおける円の使用状況

　1986年の本邦オフショア市場創設後，わが国と東アジアとの資金フローは急激に増加しているが，本節では実際に東アジアにおいて国際通貨としての円の機能と役割がどのように展開されているかについて検討する．最初に，わが国の東アジア諸国との貿易取引の変化について概観し，その後，貿易取引，金融・資本市場での取引における円の使用状況について考察する．

　最初に，日本と東アジア諸国との経済関係がどのように変化したかについてみる．表7-1は，APECのなかの日本，米国，東アジアに焦点をあて，これらの地域の輸出依存度が1980年から95年にかけてどのように変化したかについてみたものである．東アジア諸国の米国と日本に対する輸出依存度は依然として高いものの，それはほとんどの国で年々低下傾向を示している一方，NIEs諸国とASEAN諸国，そしてこれらの地域間の相互依存関係は年々強まっていることが窺える．それに対して中国の対日・対米輸出依存度が高まっていることはこれらの地域とは対称的である．またわが国については，対米輸出依存度は高いものの，その割合は低下傾向を示し，東アジアに重点を移した輸出形態となっているのが特徴的である．

(1) 貿易取引における円の使用状況

　わが国が貿易取引において東アジアへと重点を移しているのに伴って，東ア

表 7-1　APEC 諸国・地域の対域内輸出依存度（1980, 85, 90, 95 年）（単位：％）

	米国	日本	韓国	台湾	香港	シンガポール	NIEs	マレーシア	タイ	フィリピン	インドネシア	ASEAN	中国	東アジア	APEC
米　国		9.4 10.6 12.4 11.0	2.1 2.8 3.7 4.4	n.a 2.2 2.9 3.3	1.2 1.3 1.7 2.4	1.4 1.6 2.0 2.6	4.7 7.9 10.4 12.7	0.6 0.7 0.9 1.5	0.6 0.4 0.8 1.1	0.9 0.6 0.6 0.9	0.7 0.4 0.5 0.6	2.8 2.1 2.8 4.2	1.7 1.8 1.2 2.0	9.2 11.8 14.4 18.9	36.8 48.4 50.3 62.1
日　本	24.5 37.6 31.7 27.5		4.1 4.0 6.1 7.1	n.a 2.9 5.4 6.5	3.7 3.7 4.6 6.3	3.0 2.2 3.7 5.2	10.8 12.8 19.7 25.1	1.6 1.2 1.9 3.8	1.5 1.2 3.2 4.5	1.3 0.5 0.9 1.6	2.7 1.2 1.8 2.3	7.1 4.1 7.8 12.1	3.9 7.1 2.1 5.0	21.8 24.0 29.6 42.1	51.3 66.6 66.5 74.2
韓　国	26.4 35.6 31.7 19.3	17.4 15.0 20.9 13.6		n.a 0.6 2.1 3.1	4.7 5.2 5.6 8.5	1.5 1.6 2.5 5.3	6.2 7.4 10.3 16.9	1.1 1.5 1.0 2.4	0.9 0.5 1.4 1.9	0.9 0.8 0.8 1.2	2.1 0.6 1.4 2.4	5.0 3.4 4.5 7.8	0.0 0.9 n.a 7.3	11.2 10.8 14.8 32.1	58.4 70.6 72.4 69.0
台　湾	n.a 53.4 36.0 27.0	n.a 11.9 12.8 12.8	n.a 1.2 2.1 2.3		n.a 0.0 11.2 14.9	n.a 2.6 3.9 4.6	n.a 3.8 17.2 21.8	n.a 0.9 2.4 3.5	n.a 0.8 2.5 3.1	n.a 0.7 1.3 13.9	n.a 1.0 2.0 1.8	n.a 3.5 8.3 22.3	n.a n.a n.a n.a	n.a 7.3 25.5 44.1	n.a 78.3 79.5 89.0
香　港	26.1 30.8 24.1 21.8	4.6 4.2 5.7 6.1	1.2 1.8 2.3 1.6	n.a 2.4 4.2 2.7		4.4 2.8 3.2 2.8	5.5 7.0 9.7 7.1	0.9 0.7 0.7 0.9	1.1 0.7 1.3 0.9	1.7 1.0 1.0 1.2	3.1 1.1 0.9 0.6	6.8 3.5 4.0 3.6	6.3 26.0 24.8 33.3	18.7 36.5 38.5 44.1	54.2 73.4 71.8 75.5
シンガポール	12.5 21.2 21.3 18.3	8.1 9.4 8.8 7.8	1.5 1.2 2.2 2.7	n.a 1.7 3.6 4.1	7.7 6.4 6.5 8.6		9.2 9.3 12.3 15.4	15.0 15.7 13.0 19.2	4.4 4.2 6.6 5.8	1.4 1.0 1.3 1.6	n.a n.a n.a n.a	22.2 20.9 21.9 27.8	1.6 1.5 1.5 1.3	33.0 31.7 35.8 45.5	60.1 70.1 69.5 75.0
NIEs	21.6 38.9 28.3 21.5	9.7 10.4 11.6 9.7	0.9 1.2 1.7 1.6	n.a 1.4 2.5 2.5	4.1 2.4 5.5 7.1	2.0 2.0 2.6 3.2	7.0 6.9 12.3 14.4	5.8 3.1 3.7 5.9	2.2 1.2 2.7 2.7	1.3 0.8 1.1 4.0	1.7 0.7 1.1 1.1	11.5 6.2 8.8 14.0	2.8 6.1 8.1 13.2	21.3 19.2 29.2 41.6	57.5 73.6 73.4 76.7
マレーシア	16.4 12.8 17.0 20.7	22.8 24.6 15.3 12.7	2.0 5.9 1.2 2.8	n.a 2.3 2.2 3.1	1.9 1.3 3.2 5.4	19.1 19.4 23.0 20.3	23.0 28.9 32.9 31.6		1.5 3.4 3.5 3.9	1.5 2.4 1.3 0.9	0.3 0.4 1.2 1.3	3.4 6.2 6.3 6.6	1.7 1.0 2.1 2.7	28.1 36.1 41.3 40.8	69.6 73.2 76.3 77.4
タ　イ	12.7 19.7 22.7 17.8	15.1 13.4 17.4 16.7	0.8 1.9 1.8 1.4	n.a 1.6 1.6 2.4	5.1 4.0 4.6 5.2	7.7 7.9 7.4 14.0	13.6 15.4 15.3 22.9	4.5 5.0 2.6 2.7		0.4 0.7 0.7 0.7	3.6 0.6 0.7 1.4	8.6 6.3 4.2 5.0	1.9 3.8 1.2 2.9	24.1 25.5 20.7 30.8	53.4 59.9 64.0 68.2
フィリピン	27.5 35.9 38.0 35.8	26.6 19.0 19.9 16.0	3.5 1.6 2.8 2.6	n.a 1.9 2.6 3.3	3.3 4.0 4.1 4.8	2.0 5.4 2.9 5.2	8.8 12.9 12.3 15.9	1.6 3.8 1.6 2.1	1.1 1.8 1.9 4.5		1.8 0.4 0.7 0.7	4.6 6.0 4.2 7.3	0.8 1.8 0.8 1.3	14.2 20.7 17.3 24.4	71.2 75.1 78.0 78.8
インドネシア	19.6 19.6 13.1 16.7	49.3 44.9 42.5 29.8	1.3 2.4 5.3 7.0	n.a 2.1 3.3 4.5	0.7 2.3 0.0 3.4	11.3 8.4 7.4 0.0	13.4 15.2 16.0 14.9	0.3 0.6 1.0 2.6	0.2 0.6 0.7 1.4	0.8 0.3 0.3 1.3		1.3 1.9 2.4 5.4	n.a 0.9 3.2 4.3	14.6 18.0 21.7 24.6	85.7 84.5 79.7 75.4
ASEAN 4	17.8 19.7 18.9 19.5	37.7 29.9 25.1 18.0	1.6 3.5 4.0 3.2	n.a 1.1 2.4 3.1	1.8 2.8 2.6 4.6	1.4 0.5 2.1 2.1	14.7 17.9 21.2 23.0	0.8 1.3 1.1 1.5	0.9 1.5 1.7 2.3	0.9 0.4 0.4 0.0	0.7 0.3 0.6 1.0	3.5 4.1 4.6 5.8	0.7 1.5 2.0 2.9	19.0 23.6 27.8 31.7	76.7 75.8 74.5 72.4
中　国	5.4 8.5 10.6 16.6	22.3 22.3 14.1 19.1	n.a n.a n.a 3.2	n.a n.a n.a 2.1	24.0 26.2 40.1 24.2	2.3 7.5 2.9 2.4	26.3 33.7 43.0 31.8	1.0 0.7 0.6 0.9	1.7 0.4 1.3 1.2	1.4 1.1 0.3 0.7	0.1 0.5 0.6 1.0	4.3 2.7 2.8 3.7		30.6 36.4 45.7 35.5	60.4 63.5 72.2 73.9
東アジア	17.7 30.2 23.4 20.4	23.0 15.4 14.9 13.3	1.0 1.5 1.9 2.3	n.a 1.1 2.1 2.6	6.0 6.8 10.6 9.5	5.9 4.1 4.6 5.1	12.9 13.5 19.2 19.4	3.1 2.4 2.6 4.1	1.6 1.2 2.3 2.4	1.2 0.8 1.9 2.7	1.1 0.6 0.9 1.1	7.2 5.1 6.9 10.5	1.5 4.2 5.5 8.7	21.7 22.9 31.6 38.6	65.8 72.5 73.5 75.7
APEC	17.2 28.5 22.8 23.3	11.8 9.3 10.2 13.2	2.1 2.9 3.4 3.7	n.a 2.2 3.0 3.4	2.7 3.3 5.2 5.7	2.9 1.9 3.2 5.8	7.5 10.3 14.8 16.6	1.4 1.5 1.7 2.8	1.0 0.7 1.8 2.2	1.0 0.6 0.7 1.7	1.2 0.7 1.0 1.1	4.6 3.5 5.2 7.9	2.2 2.9 5.1 5.1	14.3 17.0 22.9 29.6	52.8 64.8 66.0 77.2

（注）NIEs は，韓国，台湾，香港，シンガポール，ASEAN は，マレーシア，タイ，フィリピン，インドネシアを指す．
（資料）IMF, *The Direction of Trade Statistics* より作成．

ジアのなかで円がどの程度国際通貨としての機能と役割を果たしているかどうかについて検討する．表7-2はわが国の輸出入決済の通貨別構成をみたものである．対米向け輸出の8割強が米ドル建てであり，1995年以降，円建て取引は低下傾向にある．一方，東南アジア向け輸出は，円建てと米ドル建ての割合がほぼ半数であることは興味深い．そして93年9月までは円建て取引が増

表7-2 わが国の輸出入決済の通貨別内訳 (%)

輸出	世界 円	米ドル	その他	米国 円	米ドル	その他	EU 円	米ドル	その他	東南アジア 円	米ドル	その他	NIEs 円	米ドル	その他	ASEAN 円	米ドル	その他	中国 円	米ドル	その他
1987年	33.4	55.2	11.4	15.0	84.9	0.1	44.0	8.2	47.8	41.1	56.5	2.4	-	-	-	-	-	-	-	-	-
88年	34.3	53.2	12.5	16.4	83.5	0.1	43.9	7.6	48.5	41.2	56.0	2.8	-	-	-	-	-	-	-	-	-
89年	34.7	52.4	12.9	16.4	83.5	0.1	42.2	7.0	50.8	43.5	53.6	2.9	-	-	-	-	-	-	-	-	-
90年	37.5	48.8	13.7	16.2	83.7	0.1	42.1	6.4	51.5	48.9	48.1	3.0	-	-	-	-	-	-	-	-	-
91年	39.4	46.8	13.8	16.5	83.4	0.1	42.0	6.8	51.2	50.8	45.9	3.3	-	-	-	-	-	-	-	-	-
92年9月	40.1	46.6	13.1	16.6	83.2	0.1	40.3	11.1	48.4	52.3	41.6	5.9	-	-	-	-	-	-	-	-	-
93年3月	42.8	45.6	11.7	18.0	81.6	0.3	42.7	7.2	50.1	52.4	44.4	3.2	-	-	-	-	-	-	-	-	-
93年9月	39.9	48.4	11.7	16.0	83.5	0.2	41.0	7.5	51.5	52.5	44.3	3.2	-	-	-	-	-	-	-	-	-
94年3月	40.7	48.6	10.7	19.4	80.5	0.1	40.9	8.5	50.6	52.0	45.1	2.9	-	-	-	-	-	-	-	-	-
94年9月	39.7	48.3	12.0	19.0	80.8	0.2	36.6	9.0	54.4	49.0	47.9	3.1	-	-	-	-	-	-	-	-	-
95年3月	37.6	51.5	10.9	17.5	82.3	0.2	37.2	11.3	51.5	47.2	49.9	2.9	-	-	-	-	-	-	-	-	-
95年9月	36.0	52.5	11.5	17.0	82.9	0.1	34.9	12.2	52.9	44.3	53.4	2.3	-	-	-	-	-	-	-	-	-
96年3月	35.9	53.1	10.9	15.9	83.9	0.2	36.1	12.5	51.3	44.1	53.5	2.3	44.5	52.9	2.6	37.6	59.0	3.3	44.4	54.5	1.1
96年9月	35.2	53.3	11.5	14.5	85.4	0.1	33.3	12.4	54.4	46.3	51.3	2.4	46.4	51.0	2.6	41.8	55.0	3.2	48.3	51.2	0.5
97年3月	35.8	52.8	11.3	16.6	83.2	0.2	34.3	13.4	52.3	45.5	51.7	2.7	45.8	51.5	2.7	41.3	55.3	3.5	41.2	58.0	0.8
97年9月	35.8	52.1	12.1	15.3	84.5	0.2	34.2	12.3	53.5	47.0	50.2	2.7	47.5	49.5	3.0	42.0	55.2	2.8	44.1	55.0	0.9
98年3月	36.0	51.2	12.9	15.7	84.1	0.1	34.9	13.2	51.9	48.4	48.7	2.9	52.3	44.7	3.0	37.4	58.5	4.1	43.4	56.0	0.6

輸入	世界 円	米ドル	その他	米国 円	米ドル	その他	EU 円	米ドル	その他	東南アジア 円	米ドル	その他	NIEs 円	米ドル	その他	ASEAN 円	米ドル	その他	中国 円	米ドル	その他
1987年	10.6	81.7	7.7	9.2	90.6	0.2	26.5	21.0	52.5	11.5	87.6	0.9	-	-	-	-	-	-	-	-	-
88年	13.3	78.5	8.2	10.0	89.9	0.1	27.1	22.6	49.7	17.5	81.2	1.3	-	-	-	-	-	-	-	-	-
89年	14.1	77.3	8.6	10.2	89.5	0.3	28.3	21.4	50.3	19.5	79.0	1.5	-	-	-	-	-	-	-	-	-
90年	14.4	75.9	9.7	11.6	88.2	0.2	27.3	18.3	54.3	19.4	78.8	1.8	-	-	-	-	-	-	-	-	-
91年	15.6	75.4	9.0	11.2	88.7	0.1	31.8	16.8	51.4	21.6	76.5	1.0	-	-	-	-	-	-	-	-	-
92年9月	17.0	74.5	8.5	13.8	86.0	0.1	31.7	17.9	50.4	23.8	73.9	2.2	-	-	-	-	-	-	-	-	-
93年3月	18.2	75.0	6.8	16.2	83.6	0.2	35.7	24.2	40.1	23.4	74.8	1.8	-	-	-	-	-	-	-	-	-
93年9月	20.9	72.4	6.7	13.8	86.1	0.2	45.0	18.2	36.8	25.7	72.0	2.3	-	-	-	-	-	-	-	-	-
94年3月	21.5	72.1	6.4	12.4	87.5	0.3	44.1	19.4	26.5	30.1	67.4	2.5	-	-	-	-	-	-	-	-	-
94年9月	19.2	73.9	6.9	13.3	86.4	0.7	38.6	21.9	39.5	23.6	74.2	2.2	-	-	-	-	-	-	-	-	-
95年3月	24.3	68.9	6.8	18.4	80.9	0.1	40.6	20.2	39.2	34.1	64.2	1.7	50.7	47.5	1.8	18.2	79.5	2.2	11.6	88.1	0.3
95年9月	22.7	70.2	7.1	21.4	78.4	0.1	44.8	16.1	39.1	26.2	71.9	1.9	37.9	59.7	2.4	16.3	81.2	2.4	19.0	80.4	0.6
96年3月	20.5	72.2	7.3	17.5	82.7	0.1	40.9	15.3	43.0	23.9	74.1	2.0	36.0	61.7	2.3	14.7	83.0	2.3	16.1	83.3	0.7
96年9月	20.6	72.4	6.9	16.4	83.2	0.4	46.1	12.5	41.5	24.0	73.8	2.3	35.8	61.4	2.9	14.6	82.8	2.5	17.6	81.9	0.5
97年3月	18.9	74.0	7.1	14.2	85.7	0.1	41.3	17.0	41.7	23.3	74.9	1.7	35.8	61.4	2.8	15.1	82.8	2.1	18.6	80.8	0.5
97年9月	22.6	70.8	6.6	22.0	77.8	0.2	49.3	13.1	37.7	25.0	73.0	1.9	36.9	60.5	2.6	16.3	81.4	2.3	17.2	82.3	0.5
98年3月	21.8	71.5	6.7	16.9	83.0	0.1	44.3	14.3	41.4	26.7	71.6	1.7	39.2	58.9	2.0	15.8	82.0	2.1	21.2	78.4	0.3

(資料) 輸出：1991年までは通産省「輸出確認統計」，93年9月までは「輸出報告書通貨建動向」，94年3月以降は「輸出決済通貨建動向調査」
　　　 輸入：1991年までは通産省「輸入確認統計」，93年9月までは「輸入報告書通貨建動向」，94年3月以降は「輸入決済通貨建動向調査」

加傾向にあり，それ以降は米ドル建て取引が増加傾向を示していたが，96年9月以降になると米ドル建て取引の割合が再び低下傾向を示し，円建て取引やその他の通貨建て取引の割合が増加するようになっている．なお，対ASEAN諸国や対中国向けでは米ドル建て取引の割合が依然として高いものの，NIEs諸国向けの輸出の円建て取引の割合が増加傾向にあることは興味深い．

　一方，わが国の輸入については対米，対ASEAN，対中国向け取引の8割強がドル建てである．そして対NIEs向け取引はそのほとんどは米ドル建てであるものの，97年から円建て取引の割合が増加しているのが特徴的である．東南アジア向け輸出は円建てとドル建ての割合がほぼ半数である一方，輸入については米ドル建てが圧倒的に高い割合を占めているなかで，EUからの輸入については米ドル建てよりも円建ての割合が95年以降は4割強と安定していることは興味深い．

　次に，わが国の品目別輸出決済の通貨構成を1998年3月についてみると，表7-3で示されるように，NIEs向け輸出は，食料品，一般機械，輸送用機械，精密機械，ASEAN向けは，輸送用機械，精密機械，そして中国向けは輸送用機械，といった競争力の強い製品に円建て比率の割合が高い．なかでも中国向け輸送用機械（乗用車および部品等）の輸出については100％近くが円建て決済になっている．一方，わが国の品目別輸入決済通貨についてみると，表7-4で示されるように，アジアからの輸入についてはそのほとんどがドル建てで行われている．一方，NIEsからの金属製品，半導体等，自動車の輸入については比較的円建て取引が多く，ASEANからの自動車の輸入や中国からの半導体等の輸入については圧倒的に円建て決済となっている点が特徴的である．なお，1996年9月時点ではASEANからの自動車輸入は100％ドル建てであったのが1998年3月には100％円建てへ，一方中国からの自動車輸入は1996年9月には52.6％が米ドル建て，32.1％が円建て取引であったものが98年3月には100％米ドル建て取引へと取引通貨をシフトさせている点は興味深い．

　次に，わが国と比較的経済構造が似ている韓国において，どの通貨での貿易取引が多いかについてみる[2]．表7-5から明らかなように，韓国では輸出入と

表7-3 わが国の品目別輸出決済通貨（1998年3月，金額ベース） (単位：%)

輸出	対全世界 円	対全世界 米ドル	対全世界 その他	対米国 円	対米国 米ドル	対米国 その他	対東南アジア 円	対東南アジア 米ドル	対東南アジア その他	対NIEs 円	対NIEs 米ドル	対NIEs その他	対ASEAN 円	対ASEAN 米ドル	対ASEAN その他	対中国 円	対中国 米ドル	対中国 その他
食料品	52.7	42.9	4.4	17.6	82.4	−	59.2	35.6	5.2	70.2	24.8	5.0	23.7	74.1	2.3	50.6	49.4	−
繊維及び同製品	35.7	59.0	5.3	16.3	83.3	0.5	28.2	70.8	1.0	29.8	69.4	0.8	34.0	62.1	3.8	47.5	52.4	0.1
化学製品	29.7	61.5	8.8	29.0	70.5	0.5	29.8	68.5	1.8	30.5	68.0	1.4	27.8	68.4	3.8	14.2	85.9	0.3
非金属鉱物製品	41.8	50.9	7.3	18.4	81.3	0.4	53.1	43.1	3.8	48.7	47.0	4.3	48.3	43.6	8.1	36.8	63.2	−
金属及び同製品	21.3	74.3	4.4	11.2	88.8	0.0	23.2	76.2	0.6	24.8	74.5	0.7	21.4	77.7	0.9	18.9	81.2	0.1
一般機械	38.1	50.2	11.7	17.7	82.1	0.2	59.7	37.7	2.6	63.7	33.2	3.1	44.0	51.8	4.2	50.4	49.2	0.4
電気機械	32.4	55.6	11.9	13.6	86.4	0.1	42.7	53.4	3.9	48.0	48.8	3.2	30.9	63.4	5.7	50.1	48.5	1.4
（うちIC）	21.4	68.9	9.6	9.3	90.5	0.1	26.7	70.8	2.5	28.5	69.6	2.0	18.9	78.8	2.4	44.5	49.4	6.1
（うち通信機）	24.8	59.2	15.9	10.8	89.2	−	34.0	48.6	17.5	31.8	53.7	14.5	36.0	40.3	23.7	8.9	91.1	−
輸送用機械	43.4	40.4	16.3	12.6	87.4	−	81.3	15.4	3.3	93.9	1.3	4.8	60.9	36.5	2.6	97.3	2.5	0.2
（うち乗用車）	37.6	40.7	21.7	13.6	86.4	−	87.7	2.6	9.7	88.4	0.6	10.9	64.1	20.2	15.6	99.5	−	0.5
（うち部品等）	39.3	53.8	7.0	12.4	87.6	−	81.1	17.8	1.1	96.4	2.2	1.5	43.9	53.5	2.6	99.3	0.7	−
精密機械	37.1	45.6	17.3	20.9	78.9	0.2	61.5	37.1	1.5	61.4	37.4	1.3	60.8	37.4	1.8	27.2	71.1	1.7
その他	27.2	55.6	17.1	16.6	83.2	0.2	40.3	54.9	4.8	42.6	51.4	6.0	28.4	68.9	2.8	31.3	67.8	0.9
全品目	36.0	51.2	12.9	15.7	84.1	0.1	48.4	48.7	2.9	52.3	44.7	3.0	37.4	58.5	4.1	43.4	56.0	0.6

（資料）通産省「輸出決済通貨建動向調査」

表7-4 わが国の品目別輸入決済通貨（1998年3月，金額ベース） (単位：%)

輸入	対全世界 円	対全世界 米ドル	対全世界 その他	対米国 円	対米国 米ドル	対米国 その他	対東南アジア 円	対東南アジア 米ドル	対東南アジア その他	対NIEs 円	対NIEs 米ドル	対NIEs その他	対ASEAN 円	対ASEAN 米ドル	対ASEAN その他	対中国 円	対中国 米ドル	対中国 その他
食料品類	27.4	66.7	5.8	21.4	78.6	0.0	30.7	68.8	0.6	53.0	46.2	0.7	17.7	81.4	0.9	22.6	77.2	0.2
原料品	6.8	91.3	1.8	1.2	98.7	0.0	14.8	84.6	0.6	36.0	62.5	1.4	13.9	85.2	0.9	5.4	94.6	−
鉱物性燃料	1.3	98.6	0.1	4.5	95.5	−	1.0	98.7	0.0	2.5	97.5	0.0	1.0	98.7	0.4	0.1	99.9	−
製品類	28.2	62.2	9.5	16.9	83.0	0.1	33.7	63.9	2.4	40.0	57.8	2.3	23.5	72.8	3.6	24.7	74.9	0.4
化学製品	32.1	61.2	6.6	14.8	85.1	0.0	22.8	71.5	5.7	29.7	66.5	3.8	14.0	74.8	11.2	9.9	90.1	0.1
繊維製品	18.5	72.5	9.0	11.1	88.6	0.3	16.6	82.0	1.4	16.6	81.7	1.7	22.2	76.4	1.4	12.8	86.8	0.5
金属製品	27.2	69.7	0.7	14.4	85.6	−	51.6	46.9	1.5	67.4	30.8	1.7	18.7	77.7	4.0	12.0	87.8	0.3
機械機器	31.2	57.3	11.4	19.8	80.3	0.1	37.7	60.1	2.2	44.8	53.3	1.9	25.1	71.6	3.2	47.4	52.3	0.4
（事務用機器）	31.9	65.4	2.7	32.6	67.3	0.1	34.9	63.1	2.0	33.5	64.4	2.1	31.1	66.5	2.4	27.1	72.9	−
（半導体等）	51.6	47.4	1.1	23.2	76.8	0.0	54.3	45.6	0.1	68.8	31.2	0.0	10.7	89.0	0.3	92.6	7.4	−
（自動車）	43.0	14.2	42.8	26.0	73.9	0.1	90.5	7.6	1.9	65.2	27.3	7.0	100.	−	−	−	100.	−
その他製品	20.8	67.4	11.7	14.7	85.2	0.1	24.5	72.7	2.8	25.4	71.4	3.3	23.2	74.2	2.6	10.8	88.4	0.8
全品目	21.8	71.5	6.7	16.9	83.0	0.1	26.7	71.6	1.7	39.2	58.9	2.1	15.8	82.0	2.1	21.2	78.4	0.3

（資料）通産省「輸入決済通貨建動向調査」

もに米ドル建て取引が圧倒的に多い．韓国の対日輸出依存度は円安・ドル高局面にあった1995年には13.6%（表7-1参照）に低下していることを反映して，同年の円建て取引も低下している．また韓国の対米輸出依存度は年々低下し，95年には19.3%にすぎないことを考慮すれば，米国以外の地域に対しても米ドル建て取引で行われていることになる．

　ここで，円よりも米ドルが取引通貨として支配的である理由としては，以下のことが考えられる．

表 7-5　韓国の貿易の通貨別構成比 (単位：%)

	輸出			輸入		
	円	米ドル	その他	円	米ドル	その他
1980年	1.2	96.1	2.7	3.7	93.2	3.1
85年	3.7	94.7	1.6	12.3	82.4	5.3
87年	5.7	91.7	2.6	13.8	80.3	5.9
90年	7.8	88.0	4.2	12.7	79.1	8.2
95年	6.5	88.1	5.4	12.7	79.4	7.9
97年	5.0	89.2	5.8	10.0	82.1	7.9

(資料) The Bank of Korea, *Economic Statistics Yearbook* より作成.

(a) わが国の短期金融市場は，ニューヨークやロンドンほど十分には発達していないために，円は便利な通貨ではない．したがって，わが国の短期金融市場の育成とともに円の国際化を早急に進める施策が重要であると思われる．

(b) 日本の最大の輸出相手国は米国であり，輸入についてもドル建て中心の原材料等の一次産品貿易である．また，日本が東アジアから輸入している財はドル建てが多い．これらのことから，工業製品は交渉上の優位性を背景に自国通貨でインボイスする傾向があるという R. I. マッキノンの仮説が妥当するものの，対米輸出入取引決済をみれば，貿易財取引の多い先進諸国間貿易において自国通貨建て比率が高いというグラスマンの法則は必ずしも成立していないことが明らかである．

(2)　金融・資本取引における円の使用状況

　東アジア諸国で金融・資本取引に円がどのくらい使用されているかについてみる．日本の NIEs 向け借款についてみると，負債額は 1987 年の 3,700 万ドル，88 年の − 3,700 万ドルから，89 年には 114.6 億ドルへと急速に増加し，90 年に 340.4 億ドル，91 年に 360.7 億ドル，そして 92 年には 143.3 億ドルと，89 年から 91 年にかけて借款の負債が急激に膨れ上がっている．これは，アジア諸国が 1980 年代から 90 年代初めにかけてドル債務から円債務へと転換したことを意味する．この理由として，佐藤 (1997) は，NIEs から日本へ借款形態

で長期資本が流入しているのは，1986年12月の東京オフショア市場（JOM）発足以降，日本と香港，シンガポール間のインターバンク取引，すなわち JOM を通じた迂回取引が拡大し，これが NIEs から日本への借款の流入増大に大きな影響を与えているからであるとする．

一方，日本の長期資本収支は1989年の赤字額の減少から90年には黒字に転じ，90年225.5億ドル，91年388.2億ドル，92年121.8億ドルと大幅な黒字を計上しているが，佐藤（1997）はこれも JOM を通じた迂回取引が拡大したためであると指摘している．

これを確認するために，資金調達についてみる．非居住者ユーロ円債および円建て外債の発行状況についてみると，表7-6から明らかなように，ユーロ市場で発行される非居住者ユーロ円債が東京市場で発行される円建て外債を大幅に上回る傾向にあり，特に国際金融取引の自由化，円の国際化の観点からユーロ円債発行のガイドラインが撤廃された93年以降，著しい増加を示している．なお表7-7は東アジア諸国の円建て外債の発行状況についてみたものであるが，韓国，香港，タイ，中国が近年円建て外債の発行により資金調達を行っているのものの，その割合は大きくない．また，アジア諸国の国際資本市場からの調達方法についてみると，表7-8でも確認されるように，特に NIEs や ASEAN 諸国では外債よりもユーロ債による資金調達が近年増加傾向にあることが特徴としていえる．これは，平島・中川・萩原（1996）でも指摘されているように，これらの諸国の経済成長に伴ってその地域の政府機関，民間企業の資金需要が高まった結果，より効率的な資金調達ニーズが簡便で発行コストも安いユーロ債の発行が選好されたためであると考えられる．しかしこのよう

表7-6 非居住者ユーロ円債および円建て外債の発行状況（単位：件，億円）

		1985年	1987年	1989年	1991年	1993年	1995年
円建て外債	件数	59	25	51	20	53	44
	金額	12,725	4,975	9,990	5,035	16,584	9,765
非居住者ユーロ円債	件数	66	151	395	314	38	2,509
	金額	14,457	29,939	35,579	32,904	51,021	108,844

（資料）大蔵省『国際金融年報』（平成8年版）

表7-7 アジア諸国の円建て外債の発行額推移　（単位：百万ドル）

		1987	88	89	90	91	92	93	94
NIEs		0.0	78.9	282.2	249.2	663.5	309.1	753.9	1859.6
	香港	0.0	78.9	74.0	64.9	36.1	0.0	0.0	489.8
	台湾	0.0	0.0	0.0	0.0	0.0	0.0	0.0	0.0
	韓国	0.0	0.0	208.2	184.3	627.4	309.1	753.9	1369.8
	シンガポール	0.0	0.0	0.0	0.0	0.0	0.0	0.0	0.0
ASEAN		0.0	231.8	228.5	0.0	0.0	0.0	625.0	500.3
	マレーシア	0.0	231.8	228.5	0.0	0.0	0.0	0.0	0.0
	インドネシア	0.0	0.0	0.0	0.0	0.0	0.0	450.9	0.0
	タイ	0.0	0.0	0.0	0.0	0.0	0.0	174.1	500.3
	フィリピン	0.0	0.0	0.0	0.0	0.0	0.0	0.0	0.0
中国		581.6	194.2	150.4	0.0	0.0	0.0	672.2	1131.9
東アジア合計		581.6	504.9	661.1	249.2	663.5	309.1	2051.1	3491.8

（資料）Financial Statistics Monthly（OECD）
（出所）平島・中川・萩原（1996）

な日系企業のユーロ市場を迂回しての資金の調達は金融の国際化にプラスの反面，東京市場の国際化とそれを支える円の国際化を遅らせることになった．

　邦銀の海外進出が増加するのに伴って，わが国為銀も中長期の国際的銀行与信業務に積極的に参加するようになった．また，わが国の国際収支が黒字基調を続けていたことを背景に，1987年5月からは短期対外貸付が，同年7月からは中長期対外貸付が規制撤廃されたのに伴い，わが国為銀の中長期対外貸付が急増するようになった．表7-9で示されるように，円建て対外貸付は円の国際化の進展および逐次の自由化措置に伴い，特にOECD諸国が大半を占め，年々増加傾向にあるものの，アジア向け貸付は91年以降低下傾向を示している．また，表7-10で示されるように，83年以降の一連のユーロ円貸付の自由化措置に伴い，本邦為銀の非居住者向け貸付は増加傾向にあったが，わが国でバブル経済が崩壊した90年以降は低下傾向を示すようになり，居住者向けの貸付が著しく増加した．これは円の国際化が十分には進展していないことを意味する．

表 7-8 アジア諸国の国際資本市場からの調達推移

1. ユーロ債
(単位：百万ドル)

		1987	88	89	90	91	92	93	94	95.1-6
NIEs		560.3	255.6	445.0	1156.1	1848.2	1060.3	8152.6	8769.1	2832.6
	香 港	0.0	125.6	0.0	50.0	75.0	0.0	5025.9	3417.8	306.5
	台 湾	0.0	0.0	200.0	0.0	229.0	0.0	36.0	1851.3	0.0
	韓 国	332.3	130.0	120.0	1031.1	1544.2	1060.3	3090.7	3400.2	2526.1
	シンガポール	228.0	0.0	125.0	75.0	0.0	0.0	0.0	99.8	0.0
ASEAN		183.1	404.7	375.0	875.0	727.2	520.0	3583.0	7366.3	875.0
	マレーシア	133.1	60.1	200.0	0.0	290.2	0.0	0.0	1615.0	150.0
	インドネシア	50.0	221.1	175.0	825.0	372.0	345.0	465.0	2194.0	90.0
	タ イ	0.0	123.5	0.0	50.0	65.0	175.0	1888.0	2498.8	395.0
	フィリピン	0.0	0.0	0.0	0.0	0.0	0.0	1230.0	1058.5	240.0
中 国		833.6	717.4	0.0	0.0	0.0	761.8	1861.3	1970.6	0.0
東アジア合計		1577.0	1377.7	820.0	2031.1	2575.4	2342.1	13596.9	18106.0	3707.6

2. 外 債
(単位：百万ドル)

		1987	88	89	90	91	92	93	94
NIEs		0.0	78.9	282.2	549.2	1281.4	2121.3	3763.2	3747.3
	香 港	0.0	78.9	74.0	64.9	36.1	0.0	1165.6	1431.1
	台 湾	0.0	0.0	0.0	0.0	0.0	0.0	42.0	359.8
	韓 国	0.0	0.0	208.2	484.3	1245.3	2121.3	2555.6	1956.4
	シンガポール	0.0	0.0	0.0	0.0	0.0	0.0	0.0	0.0
ASEAN		82.5	438.1	460.2	200.0	65.5	737.1	1559.4	1452.7
	マレーシア	82.5	300.6	228.5	200.0	0.0	0.0	0.0	600.0
	インドネシア	0.0	0.0	0.0	0.0	34.1	266.0	1260.9	0.0
	タ イ	0.0	137.5	231.7	0.0	31.4	471.1	278.5	828.9
	フィリピン	0.0	0.0	0.0	0.0	0.0	0.0	20.0	23.8
中 国		581.6	194.2	150.4	0.0	0.0	0.0	1095.5	1831.9
東アジア合計		664.1	711.2	892.8	749.2	1346.9	2858.4	6418.1	7031.9

(資料) Financial Statistics Monthly (OECD)
(出所) 表 7-7 に同じ

表 7-9　中長期対外貸付残高

《ドル建て》　　　　　　　　　　　　　　　　　　　　　　（単位：億ドル，％）

	総　額	国際機関	OECD 諸国	アジア向け
1983年	586 (100)	9 (1.5)	229 (39.1)	73 (12.5)
85	731 (100)	9 (1.2)	297 (40.6)	94 (12.9)
87	1,274 (100)	16 (1.3)	711 (55.8)	135 (10.6)
89	2,165 (100)	14 (0.6)	1,472 (68.0)	253 (11.7)
91	2,741 (100)	14 (0.5)	2,000 (73.0)	386 (14.1)
93	2,498 (100)	6 (0.2)	1,734 (69.4)	423 (16.9)
95	2,672 (100)	1 (0.0)	1,791 (67.0)	626 (23.4)

《円建て》　　　　　　　　　　　　　　　　　　　　　　（単位：10億円，％）

	総　額	国際機関	OECD 諸国	アジア向け
1983年	4,491 (100)	1,230 (24.9)	1,311 (26.5)	625 (12.6)
85	8,842 (100)	1,861 (21.0)	3,227 (36.5)	1,449 (16.4)
87	13,000 (100)	2,093 (16.1)	5,367 (41.3)	2,326 (17.9)
89	15,657 (100)	2,302 (14.7)	7,253 (46.3)	2,576 (16.5)
91	14,439 (100)	2,208 (15.3)	7,672 (53.1)	2,321 (16.1)
93	11,604 (100)	1,974 (17.0)	6,220 (53.6)	1,733 (14.9)
95	11,431 (100)	1,657 (14.5)	6,928 (60.6)	1,511 (13.2)

(注) 1. 括弧内の数字はシェア.
　　 2. 各年末の残高.
　　 3. 円建てはユーロ円を含む.
(資料) 大蔵省『国際金融年報』各年版より作成.

表 7-10　本邦為銀の海外店のユーロ円貸付金残高の推移　(単位：10億円)

	対非居住者	短　期	中長期	対居住者	短　期	中長期
1983年	192	192	—	—	—	—
84	468	468	—	84	84	—
85	1,399	1,112	277	133	133	—
86	2,385	1,567	818	1,072	1,072	—
87	3,253	1,759	1,494	5,180	5,180	—
88	3,321	1,425	1,896	7,488	7,488	—
89	3,946	1,819	2,126	13,238	10,955	2,283
90	3,121	1,533	1,588	22,864	15,123	7,741
91	2,835	1,392	1,443	25,814	12,976	12,838
92	2,583	1,422	1,161	27,047	12,322	14,725
93	2,309	1,361	948	27,586	12,432	15,154
94	2,309	1,205	1,104	27,173	13,204	13,969
95	2,225	1,090	1,135	34,580	20,898	13,682

(注) 1. 各年末の貸出残高.
　　 2. 邦銀海外店の非居住者向けユーロ円貸付の場合，短期貸付は83年6月から，中長期貸付は85年4月から自由化された．また，居住者向け貸付については，短期貸付は84年6月から，中長期貸付は89年5月から自由化された．
(資料) 大蔵省『国際金融年報』平成8年版．

表 7–11 アジア諸国の長期債務・通貨別内訳 (単位:％)

		1970年	1980年	86年	87年	88年	89年	90年	91年	92年	93年	94年	95年	96年	97年
中　国	円	N.A.	12.8	51.4	47.7	40.9	33.3	30.4	28.4	22.6	21.0	23.2	20.7	15.9	11.8
	米ドル	N.A.	15.4	26.6	27.7	31.4	30.4	29.1	36.3	48.3	54.3	53.6	58.1	65.0	74.6
	その他	N.A.	71.8	22.0	24.6	27.7	36.3	40.6	35.3	29.2	24.8	23.2	21.2	19.1	13.6
インドネシア	円	11.5	20.0	33.6	39.2	39.4	36.8	34.6	37.8	36.4	37.6	38.0	35.3	34.5	32.9
	米ドル	35.9	43.5	26.6	19.6	19.0	19.1	20.9	14.4	19.9	19.9	20.0	21.5	24.3	27.2
	その他	52.6	36.5	39.8	41.2	41.6	44.1	47.5	47.8	47.3	46.1	42.0	43.2	41.2	39.9
タ　イ	円	6.0	25.3	40.8	44.3	44.1	41.6	42.9	45.0	47.0	49.9	50.8	47.9	44.7	38.8
	米ドル	21.6	41.0	19.7	16.2	19.4	22.6	15.8	20.2	21.7	21.6	22.8	27.1	32.4	47.0
	その他	72.4	33.7	39.5	39.5	36.5	35.8	39.2	34.8	29.6	26.1	26.4	25.0	22.9	14.2
マレーシア	円	2.2	19.0	29.7	34.8	36.4	33.9	36.5	32.3	35.4	37.5	37.5	34.6	28.2	26.5
	米ドル	14.0	36.7	44.4	36.2	33.7	32.6	31.8	28.1	27.2	29.4	35.1	48.5	55.6	55.8
	その他	83.8	44.3	25.9	29.0	29.9	33.5	35.9	39.6	40.6	37.4	27.4	16.9	16.2	17.7
韓　国	円	5.1	16.6	21.8	27.5	29.9	27.1	31.5	31.4	29.7	32.0	34.1	38.2	32.4	22.9
	米ドル	82.1	53.5	49.6	32.2	30.1	35.3	33.0	39.3	45.1	45.7	38.5	38.5	47.8	59.9
	その他	12.8	29.9	28.6	40.3	40.0	37.6	35.5	29.3	25.2	22.3	27.4	23.3	19.8	17.2
フィリピン	円	2.7	21.9	24.0	29.7	32.2	30.8	31.0	34.3	34.6	38.2	40.4	39.5	38.1	36.8
	米ドル	62.1	51.6	48.5	42.4	40.5	40.2	36.2	32.7	33.9	30.4	28.0	27.5	29.8	33.9
	その他	35.2	26.5	27.5	27.9	27.3	29.0	33.0	33.0	31.7	31.5	31.6	33.0	32.1	29.3

(資料) "World Debt Tables"(世界銀行)

次に，資本取引面での円の国際化についてみる．表 7–11 で示されるように，アジア諸国の長期債務における円建て比率は，中国を除いて，1994 年頃までは年々上昇傾向にある．これは，アジア諸国が歴史的に円借款，円建て外債による資金調達に大きく依存してきたことを示している．しかし，1995 年頃から円建比率は低下しはじめ，ドル建比率が上昇するようになった．

(3)　準備通貨としての円の使用状況

準備通貨としての円の国際化の進展状況についてみるために，各国通貨当局保有外貨の通貨別構成をみると，表 7–12 から明らかなように，1990 年代初めまでは円の国際化が年々進み，米ドルの割合の低下をマルクと円が補完するという関係が生まれてきていたと思われる．これは先進国，開発途上国のいずれにも共通して言えることである．アジア諸国の準備通貨残高に占める円の割合も年々上昇しているが，これは円債務に係わる為替リスクをヘッジするという

表7-12　各国通貨当局保有外貨の通貨別構成比

(単位:%)

		76年末	80年末	85年末	90年末	91年末	92年末	93年末	94年末	95年末	96年末	97年末
全世界	円	2.0	4.4	7.3	7.9	8.4	7.6	7.7	7.9	6.5	5.7	4.9
	米ドル	76.5	68.6	55.3	49.4	50.0	54.2	55.6	55.7	56.4	59.6	57.1
	独マルク	9.0	14.9	13.9	17.0	15.6	13.6	14.0	14.4	13.8	13.1	12.8
	英ポンド	1.8	2.9	2.7	2.8	3.2	3.0	2.9	3.3	3.2	3.4	3.4
	仏フラン	1.6	1.7	0.8	2.3	2.8	2.5	2.2	2.4	2.3	1.8	1.2
	ECU	−	−	11.6	10.1	10.6	10.1	8.6	8.1	7.1	6.2	5.0
	その他	9.1	7.5	8.4	10.5	9.4	9.0	9.0	8.2	10.7	10.2	15.6
先進国	円	1.8	3.3	7.6	8.5	9.5	7.5	7.7	8.2	6.6	5.6	5.4
	米ドル	87.0	77.2	50.1	44.9	43.1	48.4	49.9	50.8	51.8	56.1	57.5
	独マルク	6.2	14.3	16.7	19.4	18.0	14.9	16.2	16.3	16.4	15.6	16.6
	英ポンド	0.8	0.8	1.6	1.4	1.6	2.2	2.0	2.3	2.1	2.0	1.9
	仏フラン	0.5	0.7	0.1	2.3	3.0	2.8	2.5	2.4	2.3	1.7	0.9
	ECU	−	−	20.1	14.5	16.6	16.7	15.2	14.6	13.4	12.0	10.7
	その他	3.7	3.7	3.8	9.0	8.2	7.5	6.5	5.4	7.4	7.0	7.0
開発途上国	円	2.2	5.4	6.8	6.6	7.0	7.9	7.6	7.5	6.3	5.9	4.4
	米ドル	68.8	59.9	62.5	59.5	62.0	63.1	63.1	61.7	61.6	63.3	56.7
	独マルク	11.4	15.4	9.8	11.5	11.5	11.5	11.1	12.1	10.9	10.5	9.5
	英ポンド	2.6	5.1	4.3	6.1	5.8	4.2	4.0	4.5	4.4	4.8	4.7
	仏フラン	2.5	2.7	1.9	2.3	2.5	2.1	1.9	2.4	2.2	2.0	1.4
	ECU	−	−	−	−	−	−	−	−	−	−	−
	その他	12.5	11.5	14.7	14.0	11.2	11.2	12.3	11.8	14.6	13.5	23.3

(注) 76年末、及び80年末については、ECUを通貨として区分していない。
(出所) 国際通貨基金「年次報告」

目的もあるが，1985年のプラザ合意から87年のルーブル合意までの急速な円高・ドル安局面で円の割合が急増していることから，アジアの中央銀行が米ドルの趨勢的低下のもとで準備通貨のウェイトを円やマルクにシフトしているという背景があると考えられる．しかし，95年以降に円の保有の割合が低下傾向を示しているのは，同年後半からの米ドルの趨勢的上昇を反映した結果であると考えられる．

　また，外為取引における通貨別構成をみると，表7–13で示されるように，日本，シンガポール，香港のいずれの地域においても対米ドル取引が90％以上を占め，米ドル対円の取引はシンガポールと香港市場で3割弱にすぎないことからみても，媒介通貨としての円の地位はいまだに低いということになる．これは東アジア諸国が事実上対米ドル・レート重視の為替レート制度を採用していることがその背景にある．

　次に，日本の銀行間外国為替市場における取引通貨構成を表7–14で詳しくみる．現在ボイスブローカーによって扱われているアジア通貨は香港ドル，シンガポールドル，マレーシアリンギ，タイバーツ，インドネシアルピアの5通貨であるが，すべて米ドル対価での取引であり，直物取引とスワップ取引である．この表7–14から明らかなように，東京市場における取引規模の大きい通貨の組み合わせは，円・米ドルが圧倒的に多く，次いで米ドル・マルク，円・マルクの順であり，しかも国内－国内取引のほとんどが円・米ドル取引に集中している．しかしアジア通貨の取引規模は極めて小さいものの，増加傾向にあることが確認できる．

　以上の結果から，貿易取引，資本取引，準備通貨としての円の国際化の進展は上昇傾向を示してはいるものの，それが東アジアにおける円圏成立までの段階にいたっているとは言いがたい．それは，東アジア諸国の通貨がこれまで事実上米ドルにペッグしていたために，円の対アジア通貨レートが不安定であったことも，円の使用・保有割合が低い理由の一つであると考えられる．

表7–13 外国為替取引の通貨別構成（全取引，1日平均，1992年4月，1995年4月）

(単位：100万ドル，( )内は%)

国・地域		全通貨	対ドル取引					ドル以外の通貨同士			
				自国通貨ドル	ドル対その他通貨	ドル対マルク	ドル対円	取引	対マルク取引	自国通貨対マルク	マルク対その他通貨	対円取引

国・地域		全通貨	対ドル取引	自国通貨ドル	ドル対その他通貨	ドル対マルク	ドル対円	ドル以外の通貨同士	対マルク取引	自国通貨対マルク	マルク対その他通貨	対円取引
日本	1992年4月	126,104 (100.0)	116,498 (92.4)	85,084 (67.5)	31,415 (24.9)	17,753 (14.1)	— (—)	9,605 (7.6)	5,708 (4.5)	4,715 (3.7)	994 (0.8)	3,416 (2.7)
	1995年4月	161,316 (100.0)	151,150 (93.7)	121,929 (75.6)	29,221 (18.1)	18,866 (11.7)	— (—)	10,166 (6.3)	6,818 (4.2)	6,020 (3.7)	798 (0.0)	2,861 (1.8)
シンガポール	1992年4月	75,806 (100.0)	68,594 (90.4)	2,220 (2.9)	66,373 (87.5)	21,944 (28.9)	20,865 (27.5)	7,267 (9.6)	5,852 (7.7)	19 (0.0)	5,833 (7.7)	44 (0.1)
	1995年4月	105,421 (100.0)	95,818 (90.9)	5,545 (5.3)	90,273 (85.6)	25,852 (24.5)	26,820 (25.4)	9,603 (9.1)	7,745 (7.3)	27 (0.0)	7,718 (7.3)	65 (0.0)
香港	1992年4月	60,906 (100.0)	54,961 (90.2)	8,241 (13.5)	46,720 (76.7)	16,325 (26.8)	15,665 (25.7)	5,945 (9.8)	3,427 (5.6)	n.a. (n.a.)	n.a. (n.a.)	n.a. (n.a.)
	1995年4月	90,198 (100.0)	84,155 (93.3)	14,286 (15.8)	69,869 (77.5)	22,554 (25.0)	25,866 (28.7)	6,043 (6.7)	3,192 (3.5)	n.a. (n.a.)	n.a. (n.a.)	n.a. (n.a.)

(注) 1) インターバンク取引の内の国内－国内取引におけるダブル・カウント調整済み．
　　 2) 円対マルク取引を除く．
　　 3) n.a.は not available の略．
(資料) Monetary and Economic Department of BIS, *Central Bank Survey of Foreign Exchange Market Activity in April 1992*, Basle, March 1993 : Monetary and Economic Department of BIS, *Central Bank Survey of Foreign Exchange Market Activity in April 1995*, Basle, May 1996 より作成．
(出所) 佐藤清隆 (1997)

表7-14 日本の銀行間外国為替市場における取引通貨構成（ボイスブローカー取り扱い）※

(単位：%、( ) は百万ドル)

年　月	1995／1-6			1995／7-12			1996／1-6		
取引相手	合　計	国内－国内	国内－海外	合　計	国内－国内	国内－海外	合　計	国内－国内	国内－海外
全通貨	100 (1,292,361)	100 (630,622)	100 (661,739)	100 (1,151,081)	100 (579,442)	100 (571,639)	100 (947,011)	100 (446,779)	100 (500,232)
ドル対貨の取引	87.5 (1,131,401)	90.8 (572,396)	84.5 (559,005)	86.3 (993,246)	89.2 (516,961)	83.3 (476,285)	85.7 (812,031)	88.8 (396,690)	83.0 (415,341)
円	59.2 (764,493)	73.4 (462,801)	45.6 (301,692)	64.9 (747,160)	77.4 (448,528)	52.2 (298,632)	60.7 (575,074)	74.6 (333,318)	48.3 (241,756)
マルク	23.7 (305,884)	15.8 (99,676)	31.2 (206,208)	16.2 (186,932)	10.1 (58,281)	22.5 (128,651)	18.5 (175,574)	11.7 (52,463)	24.6 (123,111)
オーストラリアドル	1.6 (20,886)	0.6 (4,067)	2.5 (16,819)	2.1 (24,149)	0.9 (4,953)	3.4 (19,196)	3.0 (28,047)	1.3 (5,979)	4.4 (22,068)
ポンド	1.8 (22,714)	0.6 (3,695)	2.9 (19,019)	1.5 (17,503)	0.5 (2,886)	2.6 (14,617)	1.4 (13,184)	0.6 (2,687)	2.1 (10,497)
スイスフラン	0.7 (8,800)	0.2 (1,234)	1.1 (7,566)	0.6 (6,736)	0.1 (762)	1.0 (5,974)	0.7 (6,953)	0.2 (880)	1.2 (6,073)
カナダドル	0.3 (3,267)	0.1 (425)	0.4 (2,842)	0.2 (2,630)	0.1 (640)	0.3 (1,990)	0.2 (1,604)	0.0 (209)	0.3 (1,395)
香港ドル	0.1 (839)	0.0 (201)	0.1 (638)	0.1 (752)	0.0 (272)	0.1 (480)	0.1 (1,048)	0.1 (275)	0.2 (773)
シンガポールドル	0.2 (2,030)	0.0 (90)	0.3 (1,940)	0.3 (3,262)	0.0 (252)	0.5 (3,010)	0.1 (1,337)	0.0 (109)	0.2 (1,228)
リンギ	0.1 (1,549)	0.0 (117)	0.2 (1,432)	0.2 (2,661)	0.0 (267)	0.4 (2,394)	0.6 (5,954)	0.1 (496)	1.1 (5,458)
バーツ	0.0 (391)	0.0 (28)	0.1 (363)	0.1 (1,073)	0.0 (58)	0.2 (1,015)	0.3 (2,747)	0.0 (192)	0.5 (2,555)
インドネシアルピア	0.0 (96)	0.0 (3)	0.0 (93)	0.0 (84)	0.0 (4)	0.0 (80)	0.0 (236)	0.0 (12)	0.0 (224)
アジア5通貨#	0.4 (4,905)	0.1 (439)	0.7 (4,466)	0.7 (7,832)	0.1 (853)	1.2 (6,979)	1.2 (11,322)	0.2 (1,084)	2.0 (10,238)
ドル以外の通貨同士	12.5 (160,960)	9.2 (58,226)	15.5 (102,734)	13.7 (157,835)	10.8 (62,481)	16.7 (95,354)	14.3 (134,980)	11.2 (50,089)	17.0 (84,891)
円対マルク	10.8 (139,529)	8.7 (54,658)	12.8 (84,871)	12.9 (149,055)	10.5 (60,733)	15.5 (88,322)	13.6 (128,510)	10.9 (48,563)	16.0 (79,947)

(注)　※：直物取引、#：香港ドル、シンガポールドル、リンギ、バーツ、インドネシアルピアの5通貨。
(出所)　井上 (1997)

第3節　東アジア各国の為替レート政策

　東アジア諸国のほとんどは，自国通貨を事実上米ドルに連動させる為替レート政策をとっていたが，タイは1997年7月にバスケット・ペッグ制から管理フロート制へ，韓国とインドネシアは管理フロート制から変動相場制へと移行した．このことからも明らかなように，今回のアジア通貨危機は，その国の通貨を一つの通貨にペッグさせることのリスクを露呈した結果となった．

　図7-1は，近年の東アジア諸国の実質為替レートの動向についてみたものである．1997年7月にタイで発生した通貨危機以降，韓国やASEAN諸国（なかでもインドネシア）の通貨は大幅に減価している．しかし，98年10月頃からの円高・ドル安を反映して，東アジア通貨は総じて増価傾向で推移し，99年には落ち着いた動きを示している．

　次に，東アジア各国の為替レート政策についてみていく[3]．韓国は，1980年から複数通貨バスケット制が採用されていたが，90年3月より前営業日の銀行間レートの加重平均値を中心に，一定の変動幅（95年12月までは上下各1.5％，それ以降上下各2.25％）の市場平均レート制（管理フロート制）が採られていた．しかし，通貨危機後，97年11月に変動幅を対米ドルで10％に拡大し，12月には完全変動相場制へと移行した．一方，台湾は，1961年から固定相場制が採用されていたが，82年からは前日の市場レートの加重平均値に一定の変動幅（上下2.25％）を許容した市場平均レート制に移行し，さらに89年4月からは変動相場制へと移行した．香港は，1983年10月以降，1米ドル＝7.8香港ドルの米ドルペッグ制が採用されている．シンガポール政府は，シンガポールドルの変動を許容する政策を採用しているが，シンガポール通貨丁は主要貿易相手国との貿易取引量に応じた通貨バスケットに対する価値をモニターし，為替介入は米ドルで行っている．

　タイでは，1984年以降，対米ドルを中心とした通貨バスケット制がとられていたが，通貨危機により97年7月2日から管理フロート制へと移行した．インドネシアは，1978年に米ドルペッグ制が廃止されてから，中央銀行が主

第 7 章 東アジア通貨圏と円の国際化　239

図 7-1　アジア主要国通貨の動向

①日本及びアジアNIEs通貨の動向（対ドルレート）

②中国及びASEAN通貨の動向（対ドルレート）

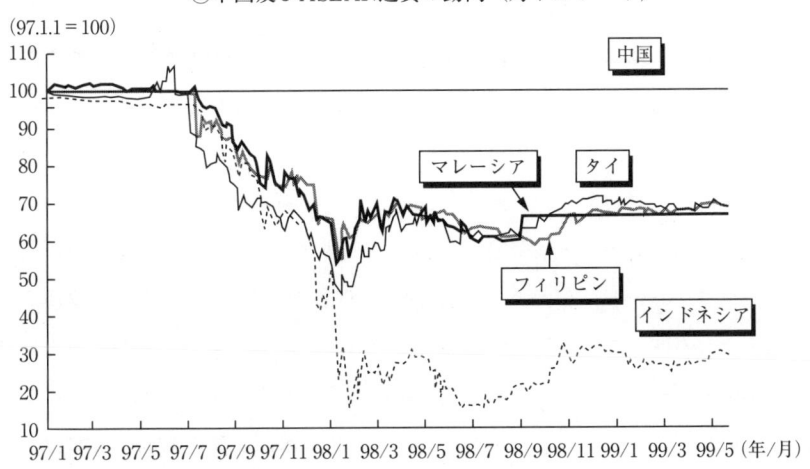

（出所）経済企画庁『アジア経済 1999』

要通貨からなるバスケットに対するルピアの価値から米ドルレートを算出し，公表するという通貨バスケット制を採用していたが，通貨危機後の97年8月からは完全変動相場制へと移行した．マレーシアは1975年以降，通貨バスケット制（管理フロート制）を採用し，中央銀行は，主要貿易相手国の通貨などからなるバスケットに対するリンギの価値をモニターしていたが，98年9月より国内金融市場安定のために資本取引規制とともに，固定相場制（1米ドル＝3.8リンギ）に移行した．フィリピンでは，1984年以降完全変動相場制へと移行している．中国では従来公定レートと市場レートの二重為替レート制度が採用されていたが，1994年1月の外為制度改革により市場レートへと一本化され，中国人民銀行が前営業日の市場レートの加重平均値に基づき当日の対ドル基準レートを公表するが，その基準レートの上下一定幅内で対ドル市場レートは変動することになる．このようにみてみると，1997年7月の通貨危機以降の東アジア諸国では，ほとんどが管理フロート制や変動相場制を採用していることになる．

　変動相場制への移行は，AFTA（ASEAN自由貿易協定）国にとっては，急速な為替レート変動によって国際市場における価格競争力の変動がもたらされる可能性が大きいことを意味する．したがって，東アジア諸国のような小国開放経済においては，そのリスクが高いと考えられる．また，急激かつ巨額の短期資本移動が今回の東アジア通貨危機の一つの要因であることを考慮すれば，資本移動規制と為替レート安定とを両立する制度が望ましいと考えられる．

　東アジアにおいて，どのような為替レート制度が望ましいか，また経済政策の選択肢との観点からも検討する必要がある．これまで東アジアのほとんどは固定相場制であったが，この制度は金融政策の独立性がないために投機による通貨危機を招くということが証明された．その結果，変動相場制へと移行した国々にとっては，そのコストとして為替レートのボラティリティーに直面することになり，為替レートの変動に対するヘッジが必要となる．為替レートの大幅な変動による資源配分の歪みを考慮し，固定相場制と変動相場制での費用と便益を比較することの重要性がここにある．

一方，EUにおけるユーロのように，東アジア地域にも円圏の創設を考える場合には，単一通貨のメリットとして，実体経済の不安定性やリスクの相当部分が取り除かれるが，その反面各国は金融政策の独立性を犠牲とすることになる．

　望ましい国際金融秩序とは，①米国がさらに基軸通貨国としての役割を果たし，②日本とEUが自国通貨の国際性を高めてドルの機能を補完するように努める，そして③IMFの「通貨の番人」の機能を復活させるといった組み合わせが必要である．IMF・世界銀行とWTOとのバランスをうまくとり，新しい秩序を安定させることである．米ドル資産のストック保有が増えすぎると，米ドルのリスク・プレミアムにより米ドルの潜在的売り圧力が発生する．これは恒常的なドル安要因となり，ドルの国際公共財としての便益にかげりがでてくる．ここに円とユーロがその機能を補完することの重要性がある．

　この観点から，東アジア諸国にとっての安定的な為替レート制度を考えるとき，最も緊密な貿易・投資の相互依存関係の強い諸国の通貨，例えば米ドル，ユーロ，円といった国際通貨を含む通貨バスケットにその通貨をペッグすることにより，為替レートを安定化させるといった方策が模索されることになろう．

第4節　円の国際化の進展のための環境整備

　円の国際化とは，国際取引における円の保有・使用割合が高まることをいい，なかでもわが国の世界経済における地位に相応しい形で円の保有・使用が高まることが期待されている．

　東アジア諸国は，通貨・金融危機の教訓から，強いドル依存体質からの脱却をはかっている．そのようななかで，東アジア諸国が通貨バスケットにおける円のウェイトを高め，対円レートを安定化させることは，わが国と経済的結びつきの強いこれらの地域において貿易・資本取引における為替リスクの低減を通じて，マクロ経済の安定化につながるというメリットがある．一方デメリットとしては，円高による輸出競争力の低下が懸念される．また，一次産品の円

建化は価格変動リスクを負うことになりコスト上昇となる可能性がある点に注意する必要がある．

円の価値が安定していて，運用・調達面で使い勝手がよいというように，非居住者にとっての円の利便性を高めるためには，効率的な金融・資本市場の整備が重要であり，円に対する信認を高める努力が要求される．外国の通貨当局が国際準備資産として円建て流動資産を保有する割合が高まり，円建て流動資産の保有が円資産の収益性，安全性，流動性の観点から望ましいようになると，円は介入通貨としてだけでなく，国際的な富の保蔵手段として機能するようになる．

わが国の東アジアにおける経済力に比して円の国際化が進まなかった主な原因として，為替レートの不安定性，円の交換や運用・調達面における利便性の悪さがあげられる．したがって，わが国の金融・資本市場が海外の投資家達にとって魅力的な市場となるために，長短金融市場の整備を行い，円の利便性を高め，安心して利用できるようなインフラの整備といった環境整備を行うことが求められる．例えば，TB（短期国債）市場やFB（政府短期証券）市場の規制緩和・撤廃，ユーロ市場における円建て預金や起債等に関する課税や規制の撤廃を行い，日本経済の将来性，物価安定の展望に対する信頼が深まるようにすることが望まれる．また，日本版ビッグバンの目的である，東京市場をニューヨーク，ロンドン市場と並ぶ世界三大国際金融センターとすることである．このことにより，富の保蔵手段としての円資産保有インセンティブが高まることになり，円の国際化自体が円価値の維持に対する信頼を高め，円の将来価値の安定性を高めるようなファンダメンタルズの変化が円の国際化を進展させるものと考えられる．また，安定的な国際金融システムを考えるとき，リスク分散や国際公共財の提供といった観点からも，円の国際化の進展の必要性があるのである．

むすびにかえて

世界貿易の拡大にともなって，通常の外為取引や資本取引が膨らむ一方，デ

リバティブなどによる投機資金の巨大化で為替相場は不安定性を増している．このような状況のなかで安定的な国際金融システムを構築するためには，①ドル，ユーロ，円の三極体制，すなわちブロック内の通貨，②ドルという一通貨を基軸通貨にする，③ケインズのバンコール案のような新たな共通通貨を国際通貨として導入する，という3つの案が考えられる．EMS（欧州通貨制度）はドル依存体質からの脱却，すなわちブレトン・ウッズ体制の否定を意味し，ターゲット・ゾーン方式の為替レートメカニズムと，介入資金ファイナンス制度，マルクに強く依存したバスケット通貨ECUという3本柱からなるものであった．しかし1999年1月からの共通通貨ユーロの導入は，流動性の確保やマクロ経済政策の安定性といった観点から，一国通貨を基軸通貨とするコストが大きいことへの反省とも考えられる．欧州通貨統合の成否が今後の国際金融システムとしての評価を占う鍵となると思われる．

　EMU（欧州通貨統合）はブレトン・ウッズ体制の否定，NAFTAはドル体制の補強，AFTAはドル体制の拡大であると考えられるが，ドル，ユーロ，円の間での選択は可能である．東アジア諸国ではアジア通貨危機以降，ドルの信認が低下したために，円の使用・保有割合が増加してきている．東アジアにおける日本のGDPと貿易量のシェアはそれぞれ7割，3割を占めている．EUにおけるドイツのGDPと貿易のシェアがそれぞれ約3割弱であることを考えると，東アジアにおける日本の経済力を反映した形でアジア通貨圏が構築されるとすれば，日本円のウェイトが高くなることが予想される．

　今後，円の国際化の進展が図られ，世界全体，そして東アジア地域においても円の信認が得られれば，円圏創設の段階に至ることも可能である．過渡期としての円圏の可能性は考えられるが，円圏のメリット・デメリットを考えると，財政・金融政策のコントロールのコストが大きいなどの理由により，デメリットの方が大きいと考えられる．現段階では，東アジアにおける円圏の可能性は少ないが，ケインズの「バンコール」のように共通通貨を導入し，対外調整をスムーズに行うという方法も考えられる．しかし，現実的には東アジアにおける円の使用・保有の割合を増加して，国際金融システムの安定性を考える

方が先決であると考える．円の役割が高まらなければ，米ドル下落の下支えが困難になる可能性もでてくるからである．

　タイ，インドネシア，韓国といった通貨バスケット制を採用していた国は，アジア通貨危機後，管理フロート制または自由変動相場制に移行した．固定相場制を採用し，事実上米ドルにペッグしていた国は，それゆえにその国の通貨が信認を得ていたが，金融政策の独立性がなく，オフショア市場の創設等により資本移動を自由化しているなかで投機による通貨危機を招き，変動相場制に移行することになったのである．固定相場と資本移動の自由化と金融政策の独立性は両立できないのである．変動相場制のコストとしては，為替レートのボラティリティーや為替レートの大幅な変動による資源配分の歪みがあげられる．そこで，固定相場制と変動相場制での費用と便益の比較が重要である．東アジア諸国にとっての安定的な為替レート制度を考えるとき，最も緊密な貿易・投資の相互依存関係の強い諸国の通貨，例えば米ドル，ユーロ，円といった国際通貨を含む通貨バスケットにその通貨をペッグすることにより，為替レートを安定化させるといった方策も模索されることになろう．

1) 実際には，急速な為替レートの変化がある場合には，ドル決済も可能である．
2) 東アジア諸国のほとんどが貿易取引通貨についての統計を公表しておらず，利用可能な統計資料の制約から，ここでは韓国をとりあげる．
3) 資料出所は，経済企画庁『アジア経済1999』．

参 考 文 献

T.Bayoumi and B.Eichengreen (1994), "One money or Many : Analyzing the Prospects for Monetary Unification in Various Parts of the World", *Princeton Studies in International Finance*, Princeton University, September.

Jeffrey A. Frenkel and Shang-Jin Wei (1994), "Yen Bloc or Dollar Bloc ? Exchange Rate Plolicies of the East Asian Economies", in T.Ito and A.O.Krueger, eds., *Macroeconomic Linkage*, University of Chicago.

J.Goto and K.Hamada (1994), "Economic Preconditions for Asian Regional Integration", in T.Ito and A.O.Krueger, eds., *Macroeconomic Linkage*, University of Chicago.

H.Taguchi（1994）, "On the Internationalization of the Japanese Yen", in T.Ito and A.O. Krueger, eds., *Macroeconomic Linkage*, University of Chicago.

S.Takagi（1996）, "The Yen and Its East Asian Neighbors, 1980-95 : Cooperation or Competition ?", *NBER Working Paper* No.5720, August.

G.S.Tavlas and Y.Ozeki（1992）, "The Japanese Yen as an International Currency", *Occasional Paper*, No.90, IMF, January.

安保哲夫（1996）,「枠組みなき為替変動下の日本システムとアジア通貨圏の展望」『世界経済評論』, 第40巻第7号, 世界経済研究協会.

井上伊知郎（1997）,「アジア通貨取引とタイ, インドネシアの為替相場制度変更」(下),『金融ジャーナル』3月号.

岩田一政（1988）,「日本は最後の貸手たりうるか」『日経ファイナンシャル』, 日本経済新聞社.

打込茂子・村上美智子・萩原陽子（1995）,「東アジア諸国における為替相場政策と円の役割」『東銀経済四季報』, 東京銀行調査部, 秋号.

大蔵省（1996）,「円の国際化と金融・資本市場の自由化・国際化」『国際金融年報』.

勝悦子（1994）,『円・ドル・マルクの経済学』, 東洋経済新報社.

河合正弘（1994）,『国際金融論』, 東京大学出版会.

関志雄（1995）,『円圏の経済学』日本経済新聞社.

国枝康雄（1995）,「円の国際化の進展状況」『東銀週報』, 東京銀行, 5月4日号.

近藤健彦（1996）,『国際通貨とAPEC』大蔵省印刷局.

経済企画庁調査局編（1998）,『アジア経済1998』.

さくら総合研究所環太平洋研究センター編（1996）,『アジア新金融地図』, 日本経済新聞社.

佐藤清隆（1997）,「日本-東アジア間の資金フローと円の国際化」『円の政治経済学』(上川孝夫・今松英悦編著), 同文舘.

鈴木淑夫（1987）,『世界のなかの日本経済と金融』, 日本経済新聞社.

富田俊基（1994）,「金融の国際的統合と三極化」『NRI政策研究シリーズ』No.12, 野村総合研究所.

中條誠一（1997）,「アジアにおける円の国際化と円通貨圏」『アジア太平洋経済圏の発展』, 同文舘.

浜田宏一（1982）,『国際金融の政治経済学』, 創文社.

────（1997）,『国際金融の解明』有斐閣.

平島真一・中川洋一・萩原陽子（1996）,「東京金融市場とアジア主要金融市場の相互補完的発展」『東銀経済四季報』, 東京銀行調査部, Ⅰ.

増田正人（1997）,「基軸通貨ドルの変容と地域経済統合」『円の政治経済学』(上川孝夫・今松英悦編著), 同文舘.

益村眞知子（1988）「EMSとASEAN通貨圏構想」『東北学院大学論集(経済学)』第107号.

〔1999年8月16日記〕

執筆者紹介（執筆順）

坂本　正弘（さかもと　まさひろ）　研究員（中央大学総合政策学部教授）

長谷川聰哲（はせがわとしあき）　研究員（中央大学経済学部教授）

今川　健（いまがわ　たけし）　研究員（中央大学経済学部教授）

小柴　徹修（こしば　てっしゅう）　客員研究員（東北学院大学経済学部教授）

鄭　尚哲（じょん　さんちょる）　元客員研究員（韓国・昌信大学不動産情報科教授）

倉科　寿男（くらしな　としお）　客員研究員（長野県立短期大学教授）

益村眞知子（ますむらまちこ）　客員研究員（九州産業大学経済学部教授）

APEC 地域主義と世界経済　　　　　　　　　　研究叢書　35

2001 年 5 月 25 日　発行

編著者　　今　川　　　健
　　　　　坂　本　正　弘
　　　　　長谷川　聰　哲

発行者　　中央大学出版部
　　　　　代表者　辰　川　弘　敬

東京都八王子市東中野 742-1
発行所　中央大学出版部
電話 0426(74)2351　振替 00180-6-8154

Ⓒ 2001（検印廃止）　　ISBN-8057-2229-0　電算印刷・渋谷文泉閣

中央大学経済研究所研究叢書

1. 経済成長とインフレーション 　　中央大学経済研究所編　A5判　本体1000円
2. 地域開発における新産業都市 　　村田喜代治編　A5判　本体4000円
　　——松本・諏訪地区の研究——
3. 企業集中と産業再編成 　　中央大学経済研究所編　A5判　本体2000円
4. 経済成長と産業構造 　　中央大学経済研究所編　A5判　本体2800円
5. 経済成長と就業構造 　　中央大学経済研究所編　A5判　本体1000円
6. 歴史研究と国際的契機 　　中央大学経済研究所編　A5判　本体1400円
7. 戦後の日本経済——高度成長とその評価—— 　　中央大学経済研究所編　A5判　本体3000円
8. 中小企業の階層構造 　　中央大学経済研究所編　A5判　本体3200円
　　——日立製作所下請企業構造の実態分析——
9. 農業の構造変化と労働市場 　　中央大学経済研究所編　A5判　本体3200円
10. 歴史研究と階級的契機 　　中央大学経済研究所編　A5判　本体2000円
11. 構造変動下の日本経済 　　中央大学経済研究所編　A5判　本体2400円
　　——産業構造の実態と政策——
12. 兼業農家の労働と生活・社会保障 　　中央大学経済研究所編　A5判　本体4500円
　　——伊那地域の農業と電子機器工業実態分析——
13. アジアの経済成長と構造変動 　　中央大学経済研究所編　A5判　本体3000円
14. 日本経済と福祉の計量的分析 　　中央大学経済研究所編　A5判　本体2600円
15. 社会主義経済の現状分析 　　中央大学経済研究所編　A5判　本体3000円
16. 低成長・構造変動下の日本経済 　　中央大学経済研究所編　A5判　本体3000円
17. ME技術革新下の下請工業と農村変貌 　　中央大学経済研究所編　A5判　本体3500円
18. 日本資本主義の歴史と現状 　　中央大学経済研究所編　A5判　本体2800円

中央大学経済研究所研究叢書

19. 歴史における文化と社会　中央大学経済研究所編　A5判　本体2000円
20. 地方中核都市の産業活性化——八戸　中央大学経済研究所編　A5判　本体3000円
21. 自動車産業の国際化と生産システム　中央大学経済研究所編　A5判　本体2500円
22. ケインズ経済学の再検討　中央大学経済研究所編　A5判　本体2600円
23. AGING of THE JAPANESE ECONOMY　中央大学経済研究所編　A5判　本体2800円
24. 日本の国際経済政策　中央大学経済研究所編　A5判　本体2500円
25. 体制転換——市場経済への道——　中央大学経済研究所編　A5判　本体2500円
26. 「地域労働市場」の変容と農家生活保障——伊那農家10年の軌跡から——　中央大学経済研究所編　A5判　本体3600円
27. 構造転換下のフランス自動車産業——管理方式の「ジャパナイゼーション」——　中央大学経済研究所編　A5判　本体2900円
28. 環境の変化と会計情報——ミクロ会計とマクロ会計の連環——　中央大学経済研究所編　A5判　本体2800円
29. アジアの台頭と日本の役割　中央大学経済研究所編　A5判　本体2700円
30. 社会保障と生活最低限——国際動向を踏まえて——　中央大学経済研究所編　A5判　本体2900円
31. 市場経済移行政策と経済発展——現状と課題——　中央大学経済研究所編　A5判　本体2800円
32. 戦後日本資本主義——展開過程と現況——　中央大学経済研究所編　A5判　本体4500円
33. 現代財政危機と公信用　中央大学経済研究所編　A5判　本体3500円
34. 現代資本主義と労働価値論　中央大学経済研究所編　A5判　本体2600円

＊定価には別途消費税が必要です．